教育社会学のフロンティア

1

学問としての展開と課題

教育社会学のフロンティア

1

日本教育社会学会 編
本田由紀・中村高康 責任編集

学問としての展開と課題

岩波書店

目　次

Ⅱ　教育社会学の理論と方法

Ⅲ　教育社会学の新たな課題

装丁＝桂川 潤

序章

日本の教育社会学の七〇年

中村高康

一　教育社会学とは何か

教育社会学とはどのような学問分野なのだろうか。この問いは、これまで教育社会学者自身が長年自らに問いかけてきたものである。社会学の一分野なのか、それとも教育学の一分野なのか。はたまたその中間なのか。人によっては「教育社会」の学だと考える人もいる。

この問題には実は簡単な答えを用意できないのだが、その理由としてもっとも大きいのは、「社会学」のイメージが人によってかなり異なっているということがある。社会学に対して、哲学に近いような思想的考察のイメージをもつ人もいれば、社会学を社会調査の手法と連動させてイメージする人もいる。なんら学問的な背景を明示しなくとも、社会について論評しているものを「社会学」と銘打つこともある。

しかし、その多様な含意をもつ言葉でありながらも、「社会」という言葉にはある共通のイメージが付与されている。それは「単なる個人の寄せ集めではない何ものか」というイメージである。

これはフランスの古典的社会学者、デュルケムが社会学を独立した学問として位置づけるために論じた『社会学的方法の規準』(一九七八)にある「社会」のイメージと重なる。私たちはこの「社会」という言葉によって、一人ひとりの個人の意思からは相対的に独立した大きな存在があることを想定する。したがって、そうした「社会」は、個人の意識や行動の観察だけからは描き切れないものとして、「社会学」なる独立した学問による考察・解明の対象となることを理解することができる(1)。

教育の世界においても、私たち個々人の意思とは直接的な関わりなく存在している教育の制度や構造、規範などが、しばしば私たちの教育に対する関わり方に影響を与えている。すなわち、教育の世界にも社会現象が存在し、それが現実のあり方を方向づける役割をしばしば果たしているのである。こうした教育の社会現象の検討なしには、現実の教育を十分に理解することはできない。

ここに教育社会学が学問として成立する所以がある。教育社会学は、教育の世界に見られる社会現象を解明する。これにより、他の教育○○学とは異なる独自の領域を形成している。そして、その学問的成果は、私たちの教育に関する知のフロンティアを押し広げるのみならず、具体的な教育現場に示唆を与える場合もあれば、個別の教育政策のヒントになる場合もある。あるいは、教育に関わる諸現象を批判する足場にもなる。

この序章では、教育社会学が戦後日本においてどのように展開してきたのかをまず概観し、以降の各章をよりよく理解するための地ならしをしておきたい。

二　日本における教育社会学の成立と発展

教育社会学が学問としての形を整えてくるのは、世界的に見てもさほど古いものではない。学説史に倣えば、学問の成立のメルクマールである学会の設立と専門学術誌の刊行は、たとえばアメリカでは、教育社会学会(National Society for the Study of Educational Sociology)の設立が一九二三年(Brookover 1949)、*Journal of Educational Sociology* 誌の発刊が一九二七年である(カラベル&ハルゼー編 一九八〇)。教育社会学の始祖といわれるデュルケムの書『教育と社会学』(一九七六)も、フランスで刊行されたのは一九二二年である。

日本において「教育社会学」なる名称が用いられるようになったのも、おそらく一九二〇年代である。日本で検索できる書籍タイトルのなかで「教育社会学」がそのまま含まれるタイトルの本でもっとも古いものは、『教育社会学』である(豊沢 一九二七)[2]。日本に比べてアメリカなどのほうが教育社会学の学問としての確立時期が早いのは確かだが、情報としてはそれほど大きなタイムラグはなかったのではないかと思われる。少なくとも、すでに第二次大戦以前には、教育社会学は日本に「輸入」されていたのである。

しかし、こうした戦前の動きは前史の域を出ないとの指摘があるように(菊池 一九九九)、本格的なこの学問分野の成立と発展は戦後になってからである。一九四八年にＩＦＥＬ(The Institute For Educational Leadership)という講習会が、日本の文部省およびＧＨＱのＣＩＥ(Civil Information and Education Section)の共催で、教育関係専門家の養成を目的として開催された。このなかで教育社会学の講習会に参加した大学教授たちが中心となって、日本教育社会学会が設立された。会則等の整備は一九五〇年になるが、ＩＦＥＬを起点と考えれば、ちょうど七〇年経過したことになる[3]。これは現在において日本の教育関係の学会としては最大規模である日本教育心理学会の設立(一九五九年、ただし前身組織は一九五二年設立)[4]よりも早い。また、日本の教育社会学会編集の専門誌である『教育社会学研究』は一九五一年に第一集が発刊された。このあたりが、実質的に日本の教育社会学の成立期だとみてよいように思われる。

その後の教育社会学の発展の土台となった制度的な基盤の一つは、教員養成制度である。教育社会学が大学における教員免許取得のための科目となり、一九六四年には全国のほとんどの国立教員養成学部で教育社会学の学科目が置かれた(橋本・伊藤 一九九九)。現在、日本で教師になるためには、教科に関する科目(数学、理科、英語など)と教職に関する科目(教科指導法、教師論、教育カウンセリングなど)について、法律で決められた単位数を大学において取得することが教育職員免許法上の必要条件となっている。この教職科目のなかで「教育に関する社会的、制度的、経営的事項」に関わる科目を履修することが教員免許を取得するために必要になる。この内容が教育社会学に深く関連することから、全国の教員養成学部において、教育社会学の科目ならびに常勤ポストが今日においても置かれているのである。

研究者養成を行う拠点の国立大学で教育社会学の講座が「実験講座」となり、国の予算を通常よりも多く獲得できるようになったことも、戦後教育社会学の発展にとっては重要な出来事であった。一九七三年に東京大学、名古屋大学、大阪大学にあった教育社会学講座が通常の講座から実験講座になったのをはじめ、全国の国立の研究大学で教育社会学は実験講座化された(橋本・伊藤 一九九九)。これにより、教育社会学専門の研究者を養成できる制度的基盤が整うことになった。

こうした制度的基盤を足掛かりとして、日本の教育社会学は現在に至るまで拡大・発展し続けてきたといえる。現在において、日本教育社会学会の会員数はおよそ一五〇〇名まで拡大した。日本教育社会学会の学会誌『教育社会学研究』も、現在では第一〇〇集まで刊行されている。近年では、教育社会学が教育研究のなかで占める重みはかつてに比べて大きくなっているようにも見える。たとえば、一九九〇年代後半から社会問題ともなった学力低下の議論、二〇〇〇年代の教育基本法改正問題、ごく最近では奨学金問題などについても、政府の教育政策に対する批判的言説を教育社会学者がリードするシーンがよく見られたのである。

このように、戦後七〇年という単位で日本の教育社会学の動向を考えてみると、拡大と発展の歴史の背後で、日本の教育社会学自体の性格や社会的位置づけの変化もあった。そして、この変化は、次の三つの関係に注目することで、よりよく理解できると思われる。一つは、欧米社会学の研究動向との関係であり、もう一つは日本の教育学との関係、そして三つ目は日本社会自体の変容との関係である。

三　欧米社会学の影響

日本における他の多くの学問分野と同様に、教育社会学の場合も、最先端と思われた欧米の理論や方法に敏感に反応した。

先ほども触れたように、戦後教育社会学はアメリカ教育社会学の受容からスタートしているが、その後も日本において影響を与えていたのは、英語圏で定期的に刊行される教育社会学のリーディングスであり、それはすなわち欧米教育社会学の動向であった。特に、A・H・ハルゼー、J・フラウド、C・A・アンダーソン編（一九六三）、J・カラベル、A・H・ハルゼー編（一九八〇）、A・H・ハルゼー、H・ローダー、P・ブラウン、A・S・ウェルズ編（二〇〇五）、H・ローダー、P・ブラウン、J・ディラボー、A・H・ハルゼー編（二〇一二）は代表的リーディングスとして日本で紹介され、いずれも翻訳されてきた。とりわけカラベル&ハルゼー編（一九八〇）の編者たちの冒頭論文「教育社会学のパラダイム展開」は、教育社会学史の定番として、日本の教育社会学者たちに広く読まれることになった。「機能主義」「人的資本論」「方法的実証主義」「葛藤理論」「新しい教育社会学」という五つの学説区分は、教育社会学にさしあたりの参照軸をしばらくの間は与え続けていたといえる。しかしながら、原著で一九九〇年代に刊行された第三のリーディングス（ハルゼー他編 二〇〇五）になると、そうした理論的参照軸が十分には提示されなくなる。それは国際的に八〇年代以降急激に進行した教育改革に、多くの教育研究者の関心が吸い寄せられたことと無関係ではないだろう。結果として、その冒頭のレビュー論文は、日本では先の「教育社会学のパラダイム展開」論文ほどのインパクトはもちえなかったといえる。

では、第四のリーディングス（ローダー他編 二〇一二）の場合はどうか。原著編者たちによる冒頭レビュー論文「教育の展望——個人化・グローバル化・社会変動」は近年の教育社会学の現代的動向を考えるうえで非常に示唆的である。その論文は三部構成となっているが、それぞれの部が、①現在の教育社会学の理論的展望の不透明さ、②それに連動する形での後期近代論に代表されるような現代社会論への傾斜、そして③政策科学的ニーズの強さ、を反映しているようにみえる。そして、図らずもそれが日本の教育社会学の動向と符合しているのである。もはや欧米社会学が一方的に導入されるという関係ではなく、グローバルに動き始めている何物かが、欧米にも日本にも同じように作用し始めているようにも見える。それが現代的な変化なのかもしれない。

戦後教育社会学を欧米社会学との関係で考える場合、翻訳が研究動向に及ぼす影響は小さいとはいえない。リーディングスに限らず、著書の場合も同じである。そのため、欧米の研究成果のうちで翻訳されたかどうかが影響力の大小に比例する傾向があることも、押さえておくべきポイントであろう。日本ではたとえば、ボウルズ&ギンタス(一九八六、一九八七)やウィリス(一九八五)は、経済学者によって翻訳が早くになされていた。そのため、これらの議論は日本の研究においてもよく踏まえられている。そのほか、シコレル&キツセ(一九八五)、コリンズ(一九八四)、ブルデュー&パスロン(一九九一)なども翻訳を通じてよく議論に取り込まれている。しかし、一方で日本語翻訳がほとんどない場合は、当該領域に関心のある研究者のほかにはあまり参照されないことになる。コールマン(Coleman, J.)、アーチャー(Archer, M.)、マイヤー(Meyer, J.)といった欧米でも著名な社会学者たちの教育社会学関係の著書や論文はほとんど翻訳されておらず、当該領域に必ずしも関連のないテーマで研究している教育社会学者がどれだけ読んでいるか微妙である。

また、日本の教育社会学では、第1章で述べるように、教育学との差別化が重要な生き残り戦略となった。そのため、日本の社会学に対するキャッチアップにも熱心だった。たとえば、社会学でパーソンズの構造=機能主義が流行るとそれを教育社会学が取り込んだ。逆にパーソンズ批判が社会学で起こると、それもまた教育社会学に取り込んだ。

エスノメソドロジーが紹介されると、それに影響を受けた研究が現れ、フーコーが面白いとなると、これもまた流行した。最近では、ギデンズやベックの新しい近代論がよく言及されている。したがって、戦後日本の教育社会学は、欧米の研究動向と社会学の研究動向という二つの次元での追いつき戦略をとることにより、社会学の一分野としての基盤を固めていったということができる。しかし、前述のように、近年ではそうした追いつき戦略説では必ずしも学史的動向を追えなくなっている。それは欧米社会学ないし日本の社会学自体に、輸入ないし導入すべきパラダイムが見えにくくなっているという事情も反映しているようにも思われる。

四 教育学との関係

一方で、戦後日本の教育社会学は、教育学との関係においても一定の規制を受けていた。それは教育の領域を主として担当する教育学が先行してすでに存在していたということ、そしてそれが非常に規範的な学問領域だったということである。「規範的言説に満ち満ちた教育という領域を相手にする社会学」という学問的特質によって、戦後日本の教育社会学は、教育を分析対象として突き放して見る社会学的アプローチを採用することで規範的な教育学との差別化を図る一方で、教育現象へ社会学的思考を単に適用するだけでは充足されない教育領域の実践的・規範的関心をも追究するという、微妙なバランスを要する稜線を歩むことになった。そうした路線について、戦後日本の教育社会学を牽引した清水義弘は「政策科学」と呼んだ(清水 一九七八)。清水は、規範学と対峙するものとして事実学を想定し、後者に教育社会学を帰属させようとする議論(かつてブルクオーバー(Brookover 1949)が指摘したEducational SociologyからSociology of Educationへの転換と同じ類の議論)にも異議を唱え、むしろ両者を止揚する形で、事実学でありながらも規範学的要請にもある程度コミットしうるものとして、政策科学を位置づけたのであった。そこには規範的教育学と距離を置くことを重視しつつも、教育社会学を社会学の純粋な学問的関心にすべて解消してしまおうとする考え方への強い抵抗が読み取れる。

いずれにせよ、そうした稜線を歩むことで鍛えられた微妙な「教育社会学的平衡感覚」(中村 二〇一二)は、現代においても受け継がれてきており、こうした路線が実は教育社会学に果実をもたらしてきたともいわれる。たとえば、天野郁夫は教育社会学を「社会学からみても、教育学からみても、その中心からはもっとも遠いところにある学問」だったとし、「辺境」にあったとする。しかし、その「辺境性」こそが、逆にこれまでの学問体系では軽視されてきた試験・学歴・経済発展と教育といった現実的な問題にコミットするという形で、フロンティアを切り開く方向性をもつことができた、というのである(天野 一九九〇)。

しかし、現在の教育社会学の状況は、必ずしもそうした楽観が許されない部分もある。というのも、昨今の先行き不透明な時代状況のなかで、教育に対しても新しい時代に対応した変革を求める声が大きくなり、それに比例して教育社会学者に対して規範的ないし政策提言的なメッセージを求める雰囲気が強まりつつあるからである。実際、多くの教育社会学者は、政府や自治体の審議会の専門委員を務めたり、マス・メディアを通じて社会的発言をしたりしてきたが、今日においてはこれまで以上にそうした傾向が強くなっているように感じられるし、また社会の変化や改革が急なこともあって、社会的に発言せざるをえない立場の教育社会学者も多いように見える。しかし一方で、そのことは教育社会学的平衡感覚を鈍らせ、その結果として教育「社会学」がその名称を名乗るために必要不可欠な社会学的基盤を揺さぶることになっている可能性がある。たとえば、今日の日本の教育社会学を代表するテーマとして、貧困があり、若年不安定雇用があり、学力低下がある。いずれのテーマも規範的命題と密接に結びついている。貧困はない、ないしなくさなければならないし、フリーターは減らさなければならない。学力はあげなければならない。そのような規範的命題が背景に織り込まれている以上、それに反する知見を出すのは相当の勇気がいる。逆にいえば、規範に順接する知見は少々実証的裏付けが弱くても出しやすく、批判も受けにくいということでもある。さらには、政策的ないし実践的インプリケーションと称して、脆弱な資料的根拠しかないにもかかわらず規範的言明が結論的に付加される研究も珍しくはなくなった。それはすなわち、論理とデータによって現実を理解しようとする学問的態度の危機でもある。規範的・政策的・実践的要請の強い時代だからこそ、逆に教育社会学におけるアカデミズムが枯渇しないように、今後意識的に目を配っていく必要があるように思われる。

五　教育社会学と日本社会

以上のように、戦後日本の教育社会学は、大まかにいえば、欧米社会学の影響と教育学との微妙な関係に規定されてきた。そして、その波は日本社会の変化そのものも多分に反映したものだった。ここでは、日本の社会変動との関連で、教育社会学の研究動向を整理してみたい。

次の**図1**は、戦後日本の教育システムの変化と社会・経済的な変化を重ね合わせたものである。教育システムの変化をとらえるための重要な要素として、進学状況、子どもの人口動態、政治的状況、経済的状況、教育改革および世論の動向を取り上げ、これらを一つの図で参照できるように書き込んでみた。ここでは特に人口動態を重視しつつ、おおまかに三つの時期にわけて考えてみたい。

第一に、戦後復興から高度成長に差し掛かった一九六〇年代半ばまでの時期である。この時期の前半は、政治的にも自由民主党一党支配の時代の前であり、教育政策もまだ戦後のアメリカ占領統治の影響が強く、民主的な進歩主義教育の影響が強かった時期である。後半は政治的安定と経済成長がスタートする。保守合同による自由民主党の一党支配体制が確立し、安定した保守与党政権がこのあとしばらく続く。経済成長も軌道に乗り、教育の世界でも国家統

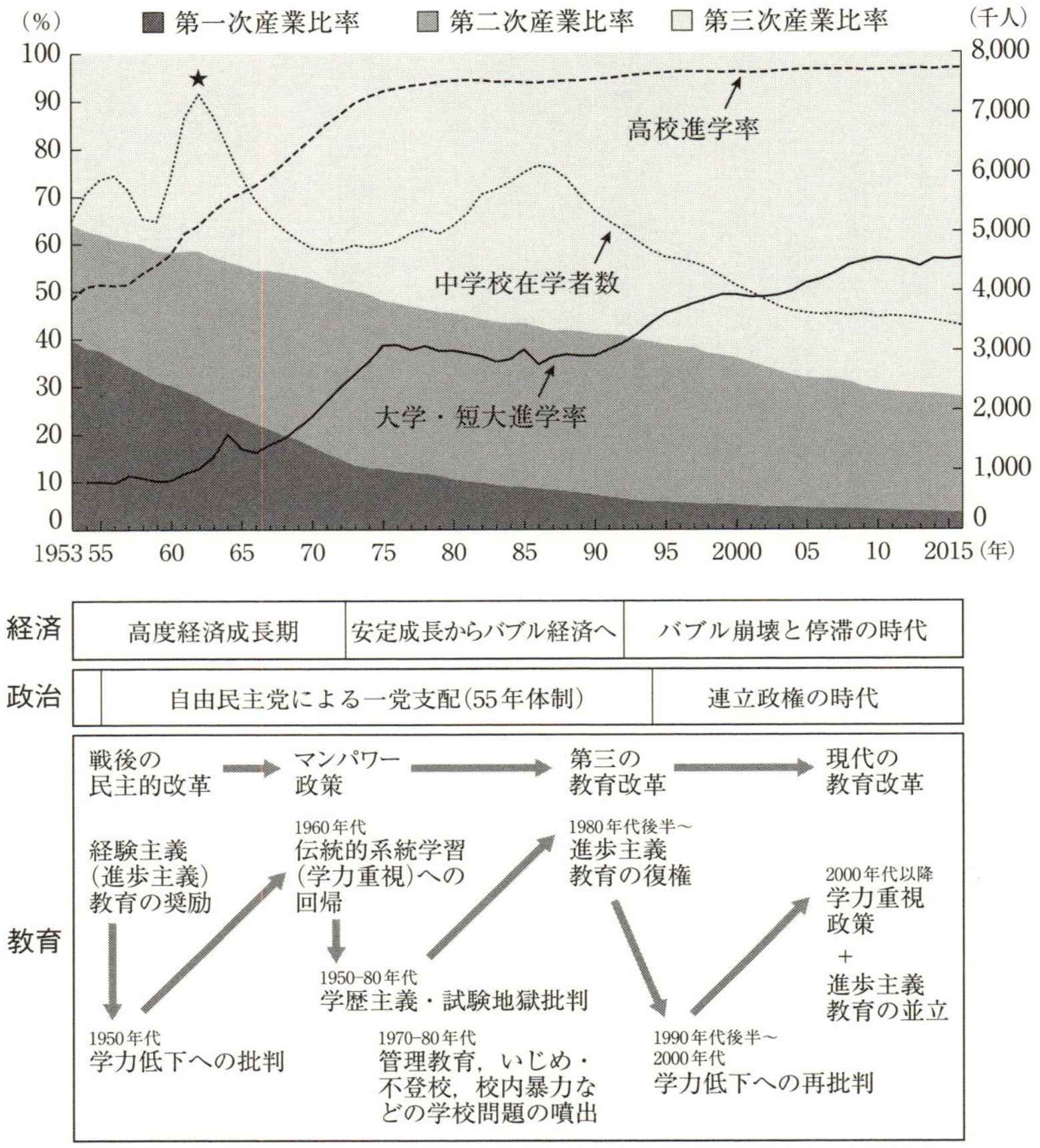

図1　戦後日本における社会変動と教育動向

出典：文部科学省「学校基本調査」および総務省統計局「労働力調査」をもとに筆者作成.

制が強くなったといわれている。この時期を通じて、産業構造が大きく転換し、第一次産業人口は確実に減少していった。農村から都市への人口移動が生じ、そうした移動を助ける手段として学歴獲得が重要になっていった。ただし、高等教育進学率は一五%に達しておらず、後期中等教育もまだ普遍化、すなわち大部分の人が通う状態にはなっていなかった。その意味では過渡期であり、第一次ベビーブーマーの大きな波(図1の★印)が後期中等教育に到来するにいたって、教育環境もまた大きく変化していったと考えられる。トロウの高等教育発展段階の理論にならえば、まだエリート段階のフェーズである(トロウ 一九七六)。

馬場四郎によれば、一九五一年から一九六三年時点までに『教育社会学研究』に掲載されている文献目録を研究分野別に集計してみると、地域社会と教育に関係する研究が二二・二%でもっとも多くなっていたという(馬場 一九六四)。これは、戦後の民主的改革で教育においても地方自治が強く求められたこと、その一方で産業構造の転換により農村が大きく変化していく時期が到来したことによって、多くの教育社会学者の関心が喚起されたためである。また、進学率の急上昇とベビーブーム世代の学齢期への突入が重なる一九六〇年代前半までの時期は、従来からある進学をめぐる競争が一層激化することが懸念された時期でもあった。当時の日本を代表する教育社会学者たちは、こぞってこの問題を取り上げた(新堀 一九五五、清水 一九五七、永井編 一九五七)。

第二に、一九六〇年代以降は、マンパワー政策によって職業高校や理工系大学を拡充する一方で、教育に対する国家統制に対して、教員組合が反発する構図(これは政治的に安定多数の自由民主党に対して野党の旧社会党が反発するのと同じ構図である)がおおまかには一九八〇年代まで続く。この時期の後半は、オイルショックの影響もあって政策的に高等教育を抑制し、大学短大進学率が停滞し続ける。後期中等教育が普遍化し、高等教育がマス段階になることで、大学を含めた学校システム全体がさまざまな問題を抱え込む時期だといってもよいだろう。第一期にあった試験地獄批判は、本来であれば高校教育や大学教育の普及によって一段落するはずであったが、第二次ベビーブーム世代が教育市場に登場することにより、むしろ全体としては教育拡大のイメージは持続し、「競争の激化」という戦後教育批判の典型的ロジックは一九八〇年代後半まで喧伝された。その一方で、不本意ながら学校に通うような生徒も目立つようになり、いじめや不登校、校内暴力といった学校問題が噴出したのもこの時期であった。

高校は第一次ベビーブーマーが通過する一九六〇年代に大きく拡大した結果、もともとあった高校間格差をより明確にしたともいわれる。それにともなって、研究テーマは高校間の格差に注目が集まるようになった。日本的な意味でのトラッキング研究(＝高校間格差研究)が盛んになされるようになったと同時に、学校問題の研究も成果を蓄積していくことになる。また、中等教育全体がほぼ全員入学となり、大学進学率の上昇によって高等教育にも関心が向かい、高等教育の大衆化に関わる研究も大量に行われるようになった。さらに、一九八〇年代に日本に流入した西欧のポストモダン思想に結び付く形で、こうした教育拡大を背景に学校制度そのものを根本的に問い直すような理論研究(藤田(一九九二)のいう「脱構築主義」)が現れるようになった。フーコーやアリエスなどの議論を下敷きとしつつ、教育を近代の時代的産物と見るところからさらに進んで、教育＝モダニティと論じた森重雄は、この時期を代表する理論研究者である(森 一九八八)。

第三に、バブル経済が崩壊するとともに、自由民主党の一党支配が終わり、連立政権の時代になった時期である。教育の世界では、不景気が継続しているにもかかわらず大学進学率が上昇を続けた。子どもの数が少なくなっているにもかかわらず、規制をゆるめて大学を大幅に増加させた帰結である。また、一九八〇年代に噴出した学校問題へのリフレクシブな反応として、すでに構想されていた進歩主義教育的な諸制度が、次々に実現していった。たとえば、観点別評価の導入、授業時間の三割削減、総合的な学習の時間の創設などである。もちろんここには学校選択制の導入など市場主義的な改革案も含まれている。一九世紀に日本が近代化をスタートさせた時期に行われた改革を第一の教育改革、第二次大戦後に民主主義を前面に出して実施された改革を第二の教育改革とすれば、これらは、戦後教育の長年の歪みを正すことを目的とした「第三の教育改革」であった。

多くの教育社会学者はこの教育改革についてはあまり肯定的ではなかった。教育評価を多元化したり、教育課程をゆるやかにしたり、義務教育の諸学校を選択できたりすることは、一見すると教育の受益者の自由度を増すものであるが、これまでそのようにしてこなかったのにはそれなりの社会的事情がある。とりわけ、教育社会学者にとっては、これらの新しい制度はしばしば社会階層的な格差を拡大するようにも見えたのである。

一九九〇年代の初めには脱構築主義的な理論研究の傾向は残っていたが、そうしたポストモダン的な関心は歴史研究や言説研究という、具体的な対象を扱う方向へとシフトしていった(たとえば、広田 二〇〇一)。さらに、実際に苅谷剛彦のように教育の階層間格差を分析して提示する研究者も多くなっていった(苅谷 二〇〇一)。学卒者の労働市場が厳しくなり、高卒無業者や若年非正規雇用の研究が出てくるのもこの時期である。女性の進学と社会進出が増え、外国人が法律改正によって多く移入するようになるにつれて、ようやくジェンダーやマイノリティの研究も増えていった。二〇〇〇年代以降は、ゆとり教育に代表される「第三の教育改革」が、長引く不況や政治的な混乱等により掻き立てられた不安心理によってしばしば批判を受けてきた。国際学力調査での日本の順位が下がったこともあり、日本では二〇〇〇年代は学力低下が最大の教育問題となっていった。ＯＥＣＤの国際学力調査(ＰＩＳＡ)のデータなどを用いた学力の計量分析は一つのジャンルとなりつつあり、さらに最近では、社会不安の要因ともみなされている子どもの貧困や若者全般に関する研究が非常に多くなっている。

おわりに

これまで述べてきた通り、①欧米社会学の影響、②教育学との関係、③日本社会自体の変容、という三つの要因は、おそらくは今後も日本の教育社会学の動向に影響を与え続けていくものと思われる。しかし、私見では、現状は、①および②については、かつてほど強く斯学の動向を左右するものではなくなっている。今日では、③の影響が強く、それが①や②に対する関わり方に影響を与えているようにさえ見える。そして、③の背後には、歴史も事情も異なるさまざまな社会に共通して影響を及ぼすような大きな力(それをグローバリゼーションと呼びたい人は呼ぶであろうもの)があるように思われてならない。いずれにせよ、そうした現代的状況のなかで日本の教育社会学の立ち位置はどのようでありうるのだろうか。そして、日本の教育社会学の課題は何になるのだろうか。

本巻で取り組むのは、これまでの七〇年を振り返りつつ、まさにそうした現状と課題を描き、教育社会学の今後の展望を示すことである。そのために、以下のような構成をとっている。第Ⅰ部は、教育社会学の「ものの見方」を、対・学問、対・社会、対・政策、対・教育という四つの切り口から再検討する。第Ⅱ部では、教育社会学が研究の際に資源としてきた理論と方法について、その変遷と現状を議論する。第Ⅲ部では、「ポスト近代」「第二の近代」「後期近代」等と呼ばれる新たな社会状況のなかで、教育社会学が直面している社会的な諸課題と、教育社会学そのものの変革の必要性・方向性について、課題と展望を示す。それぞれの論者には、編集方針として各章のテーマに対応した考察をお願いしているが、個別具体的な議論については、各論者の立場から自由に論じていただいている。いずれの章も一つ一つが独立した「教育社会学論」であり、当然内容的な重なりもあれば、対立するような見解もあるだろう。しかし、あえて自由にさまざまな角度から論じていただくことで、教育社会学という学問分野を立体的に描き出すことが可能になると思われる。そうした観点から本巻の各章を味読していただきたい。

注

(1)もちろん、個人の行為ないし認識の積み上げから社会像を提示する社会科学ないし社会学はあるので、デュルケム流の考え方だけが社会学を成り立たしめるロジックだといいたいわけではない。しかし、新古典派経済学や合理的選択理論のように、個人の合理的行為から演繹的に社会の現状を描く場合でも、そこにはコリンズがいうように非合理的基礎が前提にあると想定することが可能である(コリンズ 一九九二)。本章では、そうした意味でデュルケムの主張を社会学の基礎的な見方として位置づけている。

(2)国立国会図書館サーチ(http://iss.ndl.go.jp/)の検索結果。なお、「教育的社会学」も含めると、さらにさかのぼって一九二二年に刊行されている田制佐重の著作がある(田制 一九二二)。

(3)日本教育社会学会の発足年についてはさまざまな見方がある。正式の発足は一九五〇年の第一回大会における会則制定時だと考えられるが(橋本・伊藤 一九九九)、一九四九年を日本教育社会学会結成の年とすることも多い(藤田 一九九二、菊池 一九九九)。学会ホームページ(http://www.gakkai.ne.jp/jses/about/activities.php)では、一九四八年設立との記述がある(二〇一七年四月六日アクセス)。

(4)日本教育心理学会ホームページの記載(http://www.edupsych.jp/gakkai/)を参照した(二〇一七年四月六日アクセス)。

参照文献

天野郁夫 一九九〇、「辺境性と境界人性」『教育社会学研究』第四七集。

ポール・ウィリス、熊沢誠・山田潤訳 一九八五、『ハマータウンの野郎ども――学校への反抗・労働への順応』筑摩書房。

J・カラベル、A・H・ハルゼー編、天野郁夫・潮木守一訳 一九八〇、「教育社会学のパラダイム展開」J・カラベル、A・H・ハルゼー編、潮木守一・天野郁夫・藤田英典編訳『教育と社会変動』(上)、東京大学出版会。

苅谷剛彦 二〇〇一、『階層化日本と教育危機――不平等再生産から意欲格差社会へ』有信堂高文社。

菊池城司 一九九九、「教育社会学の日本的展開」『教育社会学研究』第六四集。

R・コリンズ、新堀通也監訳、大野雅敏・波平勇夫共訳 一九八四、『資格社会――教育と階層の歴史社会学』東信堂。

ランドル・コリンズ、井上俊・磯部卓三訳 一九九二、『脱常識の社会学――社会の読み方入門』岩波書店。

アアロン・V・シコレル、ジョン・I・キツセ、山村賢明・瀬戸知也訳 一九八五、『だれが進学を決定するか――選別機関としての学校』金子書房。

清水義弘 一九五七、『試験』岩波新書。

清水義弘 一九七八、『清水義弘著作選集 第一巻 教育社会学――政策科学への道』第一法規出版。

新堀通也 一九五五、『大学進学の問題――教育社会学的考察』光風出版。

田制佐重 一九二二、『教育的社会学』教育研究会。

É・デュルケーム、佐々木交賢訳　一九七六、『教育と社会学』誠信書房。
デュルケム、宮島喬訳　一九七八、『社会学的方法の規準』岩波文庫。
豊沢登　一九二七、『教育社会学』岩崎書店。
マーチン・トロウ、天野郁夫・喜多村和之訳　一九七六、『高学歴社会の大学――エリートからマスへ』東京大学出版会。
永井道雄編　一九五七、『試験地獄』平凡社。
中村高康　二〇一二、「テーマ別研究動向(教育)――教育社会学的平衡感覚の現在」『社会学評論』六三巻三号。
橋本鉱市・伊藤彰浩　一九九九、「教育社会学の制度化過程――発展の制度的基盤を中心に」『教育社会学研究』第六四集。
馬場四郎　一九六四、「地域社会と教育」『教育社会学研究』第一九集。
A・H・ハルゼー、J・フラウド、C・A・アンダーソン編、清水義弘監訳　一九六三、『経済発展と教育――現代教育改革の方向』東京大学出版会。
A・H・ハルゼー、H・ローダー、P・ブラウン、A・S・ウェルズ編、住田正樹・秋永雄一・吉本圭一編訳　二〇〇五、『教育社会学――第三のソリューション』九州大学出版会。
広田照幸　二〇〇一、『教育言説の歴史社会学』名古屋大学出版会。
藤田英典　一九九二、「教育社会学研究の半世紀――戦後日本における教育環境の変容と教育社会学の展開」『教育社会学研究』第五〇集。
ピエール・ブルデュー、J・C・パスロン、宮島喬訳　一九九一、『再生産――教育・社会・文化』藤原書店。
S・ボウルズ、H・ギンタス、宇沢弘文訳　一九八六・一九八七、『アメリカ資本主義と学校教育――教育改革と経済制度の矛盾』(I・II)、岩波書店。
森重雄　一九八八、「モダニティとしての教育――批判的教育社会学のためのブリコラージュ」『東京大学教育学部紀要』第二六巻。
H・ローダー、P・ブラウン、J・ディラボー、A・H・ハルゼー編、広田照幸・吉田文・本田由紀編訳　二〇一二、『グローバル化・社会変動と教育　一　市場と労働の教育社会学』東京大学出版会。
Brookover, W. B. 1949, "Sociology of education: a definition", *American Sociological Review*, Jun. 49, Vol. 14, Issue 3, pp. 407–415.

I

教育社会学の再検討

1 教育社会学と隣接諸学

広田照幸

はじめに

この章では、日本の教育社会学が自らの学問的性格を考えるうえで、隣接諸学とどういう関係のものと考えてきたのか、また、それが、社会や学問の変化のなかでどのように変化してきているのかを考察する。隣接諸学との関係という点から、教育社会学の学問的アイデンティティを問い直してみたいと思うのである。

ただし、「学問的アイデンティティ」と言っても、「教育社会学の本質」、「真の教育社会学」といったものは、思い描くことが難しい。M・アップルやS・ボールが言うように、「教育社会学」という学問分野のまとまり自体が一つの社会的構築物であり、また、実際はさまざまな研究潮流の合成物でもある(Apple 1996, Ball 2000)からである。

社会的構築物としての学問分野のまとまりには、二つの変化要因がある(Ball 2000, p. 30)。一つは、内部での新しい動きによる変化である。理論的・方法論的論争や、新しい下位分野や新たなディシプリンの登場による特定分野の分離などが、学問的アイデンティティを変えていくことになる。もう一つは、近接する領域や分野との間の関係の変化である。ボールは、ポストモダンの認識論的転回が与えたインパクトの例をとりあげ、専門の境界を融解させたという点で、教育社会学に大きな影響を与えたと論じている。

本稿では、後者、すなわち近接する領域や分野との間の関係の変化に注目し、特に、一九九〇年代以降に進んできたネオリベラルな教育改革を取り巻く学問的状況が、教育社会学と他分野との関係に与えたインパクトについて考えていくことにする。

一　一九八〇年代までの教育社会学と隣接諸学

(1) 後発学問としてのアイデンティティの模索

戦後まもなくの時期に制度化された日本の教育社会学は、教育学および社会学との関係をどう考えるのかが、自らの学問的な性格を同定するうえで重要な問いだった(図1)。後発学問としての教育社会学は、学としての固有性や独自性を明確にする必要があったがゆえに、教育学や社会学との違いをどういう点に求めるかという点が議論の焦点になったのである。『教育社会学研究』第六集(一九五四)では、清水義弘、渡辺洋二、新堀通也の三つの論考が教育社会学の性格を論じており、いずれも、教育社会学の学問的な固有性について、社会学と教育学との関係を問題意識に据えていた。当時の教育社会学の現状を、渡辺は「曖昧な教育社会学」と呼び、新堀は「無政府状態的混乱」と呼んでいた。

日本の教育社会学は、その後いくたびもその学問的性格の問い直しの機会がもたれてきた。『教育社会学研究』では、何度も学問的性格を考える特集や論考が掲載されてきたし(第三三集(一九七八)、第四七集(一九九〇)、第五〇集(一九九二)、第六四集(一九九九)など)、大会の課題研究やシンポジウムでもしばしばそれが議論されてきた。

しかし、ふり返ってみると、後発学問としてのアイデンティティ探しの段階は、一九七〇年代ぐらいまでに終わっていたのかもしれない。一九九二年に藤田英典は、それまでの議論を通覧して、教育社会学の性格論を三つの段階に区分して整理している。

第一段階は「学会成立期〔一九四九年——引用者注〕からほぼ一〇年ほどの時期」であった。その時期の焦点は、教育学との関係において教育社会学の固有性を確立することにあった。この点で、重要な論を展開したのが清水義弘である。一九五〇年代半ばの教育科学論争に関して、清水は「教科研〔教育科学研究会〕の普遍的な教育の理想を想定する〈教育学イデオロギー〉に対しては、事実としての教育の多様性・可変性を対置し、また、教史研〔教育史研究会〕の普遍的な教育研究の枠組みを想定する〈教育科学イデオロギー〉に対しては、対象の多面性と構造性および方法の多様性と相対性を対置し、研究における実証的・客観的態度の重要性を主張した」（藤田 一九九二、一三頁）。

第二段階は、一九六〇—七〇年代であった。「第二段階の課題は社会学との関係において教育社会学の固有性を確認することにあった」（藤田 一九九二、一〇—一一頁）。藤田が注目するのは、ここでも清水義弘による議論である。清水は、教育社会学に「教育事実および教育問題を社会学的に研究し、教育の合理化を高めようとする学問である」（清水 一九七三、一五頁）という定義を与えることで、社会学とは異なる独自の実践論をもつ論理を提出した、というのである。

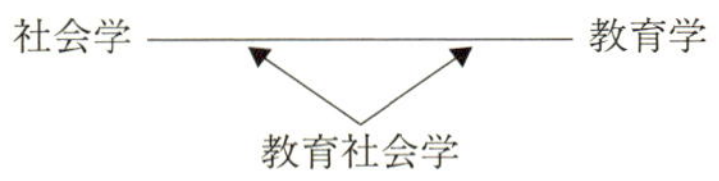

図1　1980年代までの隣接諸学との関係

第三段階は一九八〇年代から、論文が書かれた九二年までの時期である。「第二段階までの課題が、教育学および社会学との関係において教育社会学の固有性を確立するという、いわば外的アイデンティティ問題にあったのに対して、第三段階では教育社会学の性格を内在的に確認しようとする内在的アイデンティティ問題が課題になった」（藤田 一九九二、一一頁）。具体的には、ポストモダン的な視点で近代教育を相対化しようとする森重雄（一九八七）の議論を、藤田は〈教育制度の社会学〉と呼び、清水の「政策科学への道」とは別の方向で教育社会学の固有性を打ち出そうとするものととらえた。

このように考えると、教育学との差異化、社会学との差異化によって、学問的なアイデンティティを確立するという課題は、一九七〇年代までで終わっていたとみることができる。藤田の整理に従えば、そのアイデンティティとは、「当為論的な教育学に対しては社会学的方法原理に従う存在論的な純粋科学として、また社会学に対しては、教育という固有の対象をもつ特殊社会学として、しかもその対象の特殊性ゆえに特殊社会学のなかでも特異な地位をもつものとして、自らを確立しようとしてきた」(藤田 一九九二、二四―二五頁)というものである。

(2) 出自の問題

日本の教育社会学のこうした学問的性格の成立を考えるうえで、ポストが教育学部(や学科)に置かれ教職科目上の位置づけが与えられたことがもつ重要性を、少し掘り下げて考えてみる必要があるだろう。

戦後初期の大学改革のなかで、教育学部(や学科)にポストが置かれたことによって、教育社会学は、社会学に対してある種の「離れ小島」のような位置に立つことになった。地域社会学や宗教社会学など他の連字符社会学(マンハイムの言葉。○○社会学と特定の下位分野を扱う)については、社会学の本体の講座で研究者が再生産されたのに対して、教育社会学は教育学者を同僚にもつ組織で発展したわけである。「教育社会学は、他の多くの社会学の下位領域に比べ、制度的地位や養成方式の点で社会学から独立している度合いが大き」かったのである(新堀 一九七八、八〇頁)。

それゆえ、教育社会学は、社会学に対しては、「教育という固有の領域」(清水)という主張をやりやすかった。ポストやカリキュラムをめぐる社会学の他の下位分野との勢力争いも生じなかった。教育学部(や学科)に隔離されることで、植民地エリートと母国のエリートとの関係のような、疎遠で良好な関係が築かれたといえる。母国エリートはまれにしか植民地にやってこない。植民地エリートは、心情的には母国に忠誠を誓いつつ、植民地経営にひたすら専念する、というふうな関係である。

森重雄(一九八七)が試みたような、近代社会を考察する社会学的課題の中心に教育システムの分析を据えなおそうというふうな挑戦的な試みはまれで、むしろ、教育という特殊な対象を扱うという点を売り物にして、社会学のなかの「辺境」に甘んじてきたといえよう。一九九〇年に天野郁夫は、教育社会学の約四〇年の歩みを振り返って、その「辺境性」を強調している。そこでは、「この四〇年間の教育社会学をふり返ってみれば、確かなものとして存在したのは、理論や方法である以前に、なによりも、現実的な「問題」であった」と述べ、具体的には、「試験地獄、学閥、学歴主義、高等教育、教育計画、教育と経済、教育と近代化などの主題」を挙げている(天野 一九九〇、九〇—九一頁)。

教育学部(や学科)にポストが置かれたことで問題になるのは、教育学との関係である。多くの教育社会学者は、日常的に他の諸分野の教育学者と接触することになる。ポストやカリキュラムをめぐる議論の相手は教育学者になる。しかも、研究や教育においては同じ対象を異なる切り口で論じたりするわけだから、お互いが疎遠な関係ではありえない。

一九五五年から五八年ごろに教育科学研究会、教育史研究会と教育社会学者・清水義弘の間で行われた教育科学論争は、その意味で大きな分岐点であった。教育社会学が実証的な純粋科学のアイデンティティを明確にしていった代わりに、初期の教育社会学会のなかの潮流に含まれていた規範理論的な教育学やマルクス主義などの人たちが、学会から出て行ってしまうような状況を生んだからである。

(3) 教育社会学は「御用学」だったのか

このような経緯で固まってきた教育社会学のアイデンティティは、①方法論的態度としての「純粋科学」への志向性が研究者の間で広く共有されるとともに、②対象の固有性の強調、すなわち「教育の特殊性」論からくる教育現実への寄与への態度もまた、多くの研究者に共通していた。清水が述べた「政策科学としての教育社会学」は、①と②の端的な表現であったと解釈できよう。

しかしながら、教育科学論争を通して、教育社会学と教育学との間に学問的姿勢の面での大きな差異が明確になっていったこと、そして、一九五〇—七〇年代に教育学の主流が政治主義的・対抗運動的な色彩を強めていったことによって、教育学の主流に属する人たちから、教育社会学は「御用学」「体制寄りの学」というレッテルを貼りつけられることが少なくなかった。

しかしながら、現在の目から見直してみると、当時の教育社会学は少しちがって見えてくるのではないだろうか。

第一に、方法論的態度としての「純粋科学」志向性が果たした役割についてである。「純粋科学」を志向する教育社会学は、確かに、規範学的な性格や運動論的な性格を帯びていた教育学との間に距離があった。しかし同時に、その「純粋科学」志向性が、近視眼的な有用性を超えた、多彩な知的冒険を担保する足場になったともいえるのではないだろうか。菊池城司(一九九九)は、当時の教育社会学の状況をふり返って、「学際という名のゲリラ」だったと論じている。伝統的な研究者が見向きもしなかった主題への注目とか、それまでの研究枠組みにとらわれないで、歴史、理論、比較、風俗など多様なジャンルに教育社会学の研究が広がっていくことができたのは、「知のための知」というふうな、ある意味で禁欲的な方法論的態度のおかげだったといえるのではないか。

第二に、教育学の他の分野と同様に、「教育の特殊性」論を教育社会学も共有していた点は、あらためて注意すべきである。たとえば、清水の「政策科学」論は前述したように、「教育の合理化を高めようとする」という独特の実践論を教育社会学に期待していた。社会学的な志向が強いスタンスであれ、教育学的な志向が強いスタンスであれ、教育社会学者の多くは教育という事象を、他の社会的な事象とは異なる価値や性格をもったものとみなしていたのである。

第三に、教育社会学分野の多くの研究者の間では、領域仮説のレベルで平等を追求する価値が共有されてきたとみることができるのではないか。初期の『教育社会学研究』に掲載された多くの論文には、農村や漁村、炭鉱など特定の地域や集団を扱った論文が少なくない。それらは当時の日本社会に存在した格差や貧困から問題意識を得ていた。また、清水義弘らが一九六三年に翻訳したリーディングス『経済発展と教育』を読み直してみると（ハルゼー他編 一九六三）、教育と経済発展との関連を考察する論考だけでなく、教育機会の不平等の問題を扱った重要な論考が並んでいた。その後に翻訳された『教育と社会変動』（カラベル・ハルゼー編 一九八〇）以降のリーディングスも、同様に不平等問題が多くの論考に共通する主題になっており、日本の教育社会学は、そうした論考からの強い影響を受けて発展してきた。それゆえ、日本社会の貧困や格差が徐々に改善されてきた高度成長期以降も、教育社会学者は階層間の不平等や地域間の不平等、さらにはジェンダーやマイノリティの問題など、不平等問題の是正を主要な問題関心の一つとして、研究を進めてきていた。学校を社会移動の装置と見なす方法論的前提は、そうした不平等問題の是正という視点から教育を分析する重要なツールであった。

一九八〇年代までの日本の教育社会学は、一部の教育学者などから「御用学」のようにレッテルを貼られたものの、ふり返ってみると、多様な主題に知的な挑戦を拡げていたとともに、「教育という事象の固有性」という視点を教育学と共有し、不平等への批判という領域仮説をもった学問として発展してきていたのである。

二　隣接分野との関係構造の変容

（1）教育研究への新たな分野からの参入

一九九〇年代以降の日本の教育社会学は、教育学でも社会学でもない基盤から登場してきた教育改革論や教育分析と向き合うことになった。経済学、行政学、経営学などが盛んに教育を論じるようになり、「隣接分野」として浮上してきたのである（**図2**）。

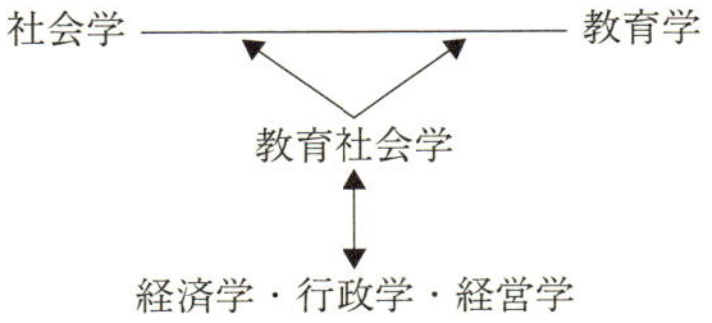

図2　1990年代以降の隣接諸学との関係

この動きを理解するために少し背景まで戻ってみると、戦後の先進諸国の大きな知的トレンドの変化と重なっている。一九七〇年代までの福祉国家化の動きが、経済成長の鈍化と国家の財政負担の重荷化で行き詰ってくるなかで、一九七〇年代には英米で、一九八〇年代には日本でも、福祉国家の見直しの文脈、すなわち小さな政府による効率的な国家を目指す改革論が、力を得るようになってきた。そうした改革の方向を具体的に提示しつつ、それを理論的に正当化する役割を果たしてきたのが、市場メカニズムを重視する新古典派経済学であり、また、その理論的前提に影響を受けた行政学や経営学の諸理論であった。

経済学が教育という領域に強い影響を与えたのは、これが初めてではなかった。すでに一九六〇年代には経済学のなかで生まれた人的資本論が、教育研究や教育政策に大きな影響を与えていた。しかしながら、人的資本論は福祉国家の拡大や強化と整合的であったから、教育社会学者がスムーズに受容することができた。また、実際に日本では、厳密な数学モデルを使った分析の深化よりもむしろ、教育拡大政策を正当化する論理として人的資本論が使われた（金子　一九九〇）。何よりも、一九六〇―七〇年代の人的資本論に依拠した諸議論は、もっぱら教育の量を問題にしていたにすぎなかった。

一九六〇―七〇年代の日本で、教育学と教育社会学とが前述したような対立関係にあった時代、教育学の本流は、人的資本論のような理論をベースにした教育政策を、「経済への教育の従属」、「能力主義的差別・選別教育」と盛んに批判をした。確かに、人材需要を見込んだ教育拡大の政策には、批判されるような一面があっただろう。しかし、高校の教育内容の複線化や理工系技術人材の重視など、「何をどれだけ増やすか」という面での影響を別にすれば、人的資本論の諸議論は、教育行政や学校組織のあり方、教育の方法や内容を全面的に作り変えようとするようなものではなかったのである。

ところが、一九八〇年代以降に米国や英国で議論・導入され、日本では二〇〇〇年前後から本格的に導入されるようになった、経済学とその影響下で発展した行政学や経営学からの教育改革論は、教育のさまざまな次元を対象とするものだった。学校選択論やバウチャー、民営化、学力テストによる成果管理、NPM(ニュー・パブリック・マネージメント)やPDCAサイクルなど、数々の改革プランは、教育行政にも、学校組織にも、教育の方法にも、教育内容にも影響を与えるものとなった。教育の全面的な作り変えである。

とはいえ、研究レベルの話と政策レベルの話とを直接につないで考えると、誤解が生じてしまう。経済学・行政学や経営学からのインパクトは、二種類に分けて考える必要があるだろう。

一つは、十分な実証的な検証や吟味のないままに、理論的に提起された新しい改革モデルが、「小さな政府」を志向する改革案を求める政治的な要請にぴったりはまって、政策に反映していくようなケースである。効率的な教育行政、効率的な学校組織、効率的な教育実践を志向する、経済学・行政学や経営学からの教育改革論の多くは、十分な蓄積の実証的研究を経て理論化されたものというよりも、ミクロ経済学の理論的前提を学校や教育の諸事象に拡大適用して、理論的に導出されたものが多かった。学校選択制にせよ、チャータースクールやバウチャー制にせよ、まずは理論的な改革提案が政策次元へと導入されてあちこちで制度化が進み、その後、その効果と弊害とが実証的に研究されてきている、という段階をたどっている。

その理論的に組み立てられた改革案が、米国や英国などで政策化され、効果と弊害の双方が教育現場で現れてきているとが、ようやく実証的な研究で明らかにされつつあったのが、一九九〇年代後半から二〇〇〇年代初頭の時期であった。この時期に日本では、経済界やエコノミストを中心とした人たちによって、それらの改革案が「望ましい改革」として紹介され、「日本でも」と強く主張されるようになった。改革案を積極的に主張した人の多くは、教育を実証的に研究してきた人たちではなかったし、研究がどんなものかについて知らない人も多かった(多い)。政策過

表１　主要な経済学雑誌における教育を考察した論文数の推移

	1950年代	1960年代	1970年代	1980年代	1990年代	2000年代
１年あたりの論文数（本）	0.2	3.4	6.3	2.5	5.2	9.7
北米以外の著者による１年あたりの論文数（本）	0	0.4	0.7	0.5	1.2	3.2

対象雑誌：*American Economic Review, Economic Journal, Econometrica, Economica, Journal of Political Economy, Quarterly Journal of Economics, RAND Journal of Economics, Review of Economic Studies.*
出典：Dearden, L., Machin, S. and Vignoles, A. 2009, "Economics of education research: a review and future prospects", *Oxford Review of Education*, Vol. 35, Issue 5.

程を具体的に検討すると、経済同友会などで練った改革プランを政府の規制改革会議などにもち込んで、トップダウンで文部科学省に押し付けるといった政治過程が存在していた（広田・武石 二〇〇九）。

もう一つの動きは、ミクロ経済学的な理論的基盤を背景にしながら、もっと丁寧に厳密な手法で実証研究を行って、頑健で一般性のある知見を導こうとする経済学者たちが教育の分析に力を入れるようになってきた、という動きである。

この動きは一九九〇年代以降に本格化した。米国の主要な経済学雑誌を対象に、教育を分析した論文の掲載トレンドを整理した研究によれば、一九六〇―七〇年代に一つの流行（人的資本論のモデルとそれへの対抗モデルをめぐるもの）があった後、八〇年代にはいったん低調になり、その後九〇年代からあらためて教育分析の論文が増えてきているという（**表１**）。

ファインらによれば、市場の不完全性、情報の非対称性、インセンティブ等を組み込んだ経済学分析が、この時期に非市場的（＝社会的）な分野の事象へとさまざまに分析の手を拡張していったのだという（Fine and Milonakis 2009）。教育もまたそうした事象の一つだった。日本でも、特に二〇〇〇年代以降、小塩隆士や赤林英夫など多くの経済学者が、教育の実証研究の領域に参入してきている。彼らの多くは、厳密な手法による実証データの分析から確実な知見を導こうとしている点で、政策プロモーター的なエコノミストなどとは一線を画している。

(2) 教育学との関係の改善

教育社会学と教育学との関係もまた、一九八〇—九〇年代の間に大きく変化していった。教育社会学の理論的基盤をあらためて問い直してみると、それは、教育学とまったく相反するわけではなかった。「教育という事象の固有性」という観点を共有していたし、平等志向の領域仮説は、下に手厚い教育や平等な教育を好ましいと考える前提を、いわゆる進歩的な教育学者たちと共有していた。体制批判的な運動に傾斜するか、純粋科学を標榜してそのうえで「教育の合理化」に寄与するかといった点や、規範的なアプローチか実証科学としてのアプローチかという点などは、学問論や方法論的には対立するものの、むしろ現実の多様な主題を多様な観点で考察して知見を社会的に生かしていくうえでの、相互補完的な関係としてみることも可能である。

実際、教育社会学者の多くの研究では、教育のあり方に関する言明を、教育学者から借りてくるか、あるいは教育学者の手に委ねるしかなかった。たとえば、「新しい教育社会学」の刺激を受けて一九八〇年代以降に盛んに研究されるようになった、学校のなか(「スループット」)の研究でいうと、スループットが生徒のパフォーマンスや進路に影響を与えていることを明らかにしえても、指摘できるのはそこまでだった。インプット—アウトプットの媒介過程の詳細な説明にとどまるわけである。ではどういうふうに教育のプロセスを組み直せばよいのかという議論になると、教育学の理論や概念を借りてくるか、あるいは実践的な教育学者に委ねるしかなかった。一九九九年に名越清家が教育社会学と教育実践との関係を問い直して、教育社会学のアクチュアリティを高めるために、教育社会学と教育学との「共創」、教育実践のエスノグラフィ、教員養成段階での教育実践に関わりの大きい教育社会学教育、の三点を提案しているが、それは「認識の学」に徹しようとしてきた学校社会学の限界を示すものでもある(名越 一九九九)。

教育社会学と教育学との関係の改善の過程には、かつての対立を経験していない若い世代の研究者の登場という世代交代のほかに、いくつかの契機があっただろう。

第一に、反体制的なスタンスに立つ教育学の流れの弱まりがある。一九八〇―九〇年代は、いわゆる「革新勢力」の退潮と冷戦体制の終焉の時期にあたっていた。労働運動の主流は、一九七〇年代の間に社共連携の枠組みから離れ、戦後長らく教育運動を支えていた日教組も一九八九年に分裂して主流派は穏健化の道をたどり、社会党は九〇年代の政界再編でバラバラになっていった。こうした大きな動きのなかで、政治勢力的にも運動的にも、反体制的な枠組みで議論を組み立ててきた教育学の流れの説得力が、減殺されていったのである。教育学の多くの分野では、穏健な改良主義へとスタンスを移したり、実証性を高めて政策動向への関与を強めたりするような動きが進んだ。

少し前で述べたとおり、教育学と教育社会学はいろんな面で共有するものが多かった。反体制的な教育学者が主流であった時代から、多様な教育学者のスタンスが見られるような状況に変化していくなかで、教育学全体と教育社会学との距離は自然に縮まっていったのである。

第二に、一九八〇―九〇年代前半に流行したポストモダン思想の影響があっただろう。英国の教育社会学の変容を論じたボールは、ポストモダン思想が学問の境界をあいまいにさせたことの重要性を指摘している(Ball 2000)。哲学も歴史学も教育学も教育社会学も、確固とした固有の確実な認識基盤をもっているわけではないということが明らかになった点で、また、ポストモダンの問題提起をどの分野も共通に経験した点で、学問としての性格のとらえ直しが生じた、ということである。ポストモダン思想に傾斜した教育社会学者は日本でも英国でも多くはなかったが、少なくとも旧来の対立を一歩引いた点からとらえ直す視点が与えた影響は無視できないだろう。

第三に、「小さな政府」路線の改革論が政策論議において影響を強めていくなかで、教育学と教育社会学はその動きに批判的に対峙するという点で、図らずも共闘関係を作ることになった。経済学・行政学や経営学からの理論的に提起された教育改革論の多くは、一部に「公正」への着目があるものの、何よりも効果や効率を高める方向に現状を変革することで、全体としては教育への財政支出を抑制しようとする政策関心に沿ったものであった。

それに対して、不平等の問題を重視してきた教育社会学は、多くの教育学とともに、さまざまな改革論を批判してきた。その立ち位置は、いわば効率性の観点から「福祉国家の見直し」の動きを進める政策動向に対して、平等を重視する観点から、「福祉国家擁護」の立ち位置で、教育により一層の財政支出を求め、平等な機会保障、不利な層への手厚い教育を実現していこうとする立ち位置である。

教育社会学では前述したとおり、平等の追求が多くの研究者の価値的前提として共有されてきていた。一方、教育学の本流も、かつては福祉国家論を「資本主義の延命にすぎない」と批判していた議論はありながら、現実的には教育や福祉に対する十分な財政支出を求め、機会の実質的な平等を保障させようとしてきていた。それゆえ、平等よりも効率性などに重点を置いた政策動向に対しては、両者がともに批判的なスタンスをとることは、きわめて自然な帰結であった。

教育社会学と社会学との関係については、相互の往来や交流は以前よりも深まってきているけれども、「出自の問題」の項で述べたように、制度的地位や養成方式の点に由来する「疎遠で良好な関係」が基本的には続いている、と私はみている。そうしたなかでの教育学との間の関係の改善は、教育社会学が「二つの親学問」の間で安定した関係を築ける段階に至ったことを意味している。

三　教育社会学の偏狭さをどうするか

しかしながら、隣接諸学との関係が変化してくると、教育社会学の旧来の学問的アイデンティティがもつ問題点もまた新たに浮上してくることになる。

第一に、教育社会学は社会学から輸入した手法や方法論的態度を、「実証性」として長くアイデンティティの基盤に据えてきたわけだが、隣接諸学との関係の変化によって、この点が揺らぐことになる。教育研究において、もはや「実証性」の看板を独占できなくなっているのである。

一方では、教育学のいくつかの分野の研究において、量的手法や質的手法を用いた実証研究が盛んになってくると、もはや教育社会学に固有の強みではなくなってくる。教育学の研究が規範学的な研究、文献学的な研究や運動論的な研究ばかり目立っていた時代には、教育社会学は「実証性」をアピールポイントにすることができた。しかし、次第に両者の境界はあいまいになりつつある。もう一方では、経済学者が厳密な調査方法論と高度な統計手法とを携えて教育分析を手がけるようになると、教育社会学の「実証性」はもはや固有のアピールポイントではなくなってしまうし、それどころか、調査方法の安易さや実証水準の不十分さが、かえって気になるような事態すら生まれかけているように思われる。

第二に、「実証性」にこだわる学問的性格が、かえって固有の「狭さ」を作ってしまっているのではないかという点である。

毎年の日本教育社会学会の大会をみると、量的であれ、質的であれ、歴史的であれ、何らかの実証的なデータの分析が、研究発表のほぼすべてを占めるようになっている。確かに個別の分析は進んでいる。しかし、個々の知見を大きな視野にまとめたり、より一般的な理論レベルでの貢献につなげたりといったレベルでの研究発表がほとんどないことが気になる。

たとえばタイムラグの問題である。教育政策・制度や学校の日常が比較的安定していて、緩慢にしか変化していないような時代であれば、個別の実証研究の知見がもつ意義は大きいに違いない。しかし、近年とみに加速している教育改革のなかでは、実証的な研究はどうしても後追いでしか対応できない。改革論の是非については説得的な知見を提示できず、ある程度時間が経過してから改革の帰結を検証する、というタイプの研究になってしまう。しかも、個々の政策の帰結に注目する限り、個別問題で局地戦をやっている間に、主戦場が移動してしまっている(次の段階の改革が始まっている)といったことも生じている。

また、個別の実証研究で問題点が明らかになったとしても、それによって当の改革の原理自体が否定されるわけではないこともまた、実証研究の説得力の範囲を制約している。ある改革X_1の帰結が望ましくない結果Y_1を生んでいることを実証的に明らかにしたとしても、「改革X_1には好ましい結果Z_1の事例も観察される」「改革X_1を成功させる条件がまだ不十分だったから」「X_1ではなく、同じ原理に基づくX_2なら成功するかもしれない」など、いくらでも反論ができて、改革X_1の起源にある原理P自体は、いつまでも見直しをされないでいられてしまうのである。

何が足りないのかは明確である。一つには、個々の実証的な知見をまとめ上げていくための道具立てが足りない。もしくは活用されていない。もう一つには、複数の政策的価値の間の優劣の選択の問題に取り組むための理論的考察が足りない。金子元久は、一九九〇年に「政策科学」としての教育社会学を論じて、政策それ自体を分析するための十分なツールをもっていないことを指摘している。

> 教育の政策科学は、教育政策をその背景・構造・機能にわたって分析するものとすれば、分析の視点は歴史的、経済的、政治的など多様でなければならない。方法としても、従来の教育社会学で用いられてきたものだけでは十分でない。〔中略〕さらに政策研究は必然的に、政策の目標さらに社会理念をその視野にいれざるを得ないから、価値的な次元での問題が、介在せざるを得ない。多様な視点、方法、あるいは価値的前提を持つ研究が、一定の研究スタイルを共有し、総体として有機的な分業を行う条件を成立させるのもこれからの課題であろう。(金子 一九九〇、三一頁)

もちろん、実証性を大事にするというのは、日本の教育社会学が積み上げてきた誇るべき伝統である。だから、教育研究における「実証性」の看板を独占できなくなったにせよ、われわれは「実証性」をさらに研ぎ澄まして、より確実でより意味のある知見を積み上げていく必要がある。しかし、それだけでは不十分なのだ。実証性がはらむ狭さを超えた研究に向けた可能性もまた、追求していく必要があるのだ。

四　隣接諸学との関係

このように考えると、教育社会学がこれから隣接諸学とどういう関係を取っていけばよいか、おのずと答えが出てくる。実証性をさらに鍛えていくためには、きちんと実証的な経済学者とつき合っていく必要があるし、実証性だけでは見えないもの・考えられないものを視野に入れていくためには、教育学者ともしっかりつき合っていく必要があるということである。

(1) 経済学との対話

教育に関する十分な理解のないまま、経済学者が教育改革について発言する機会が増えているが、教育学研究者の目から見て暴論と思えるものは少なくない。この点に関して市川昭午(二〇一六)は、経済学者の教育改革論のなかには、経済学の範囲から外れた私的な体験論や単なる個人的思い込みにとどまるものが少なくない点を批判している。また、ファインらは、他分野に踏み込んでくるようになった経済学者について、①既存の分野の問題を経済学の問題に言い換えて新しさを主張するような点と、②これまでの他分野の蓄積を科学としてまったく疑わしいものとみなして切り捨ててしまう点を批判している(Fine and Milonakis 2009, pp. 122–123)。

近年の教育経済学の動向を整理した橋野晶寛は、教育経済学のさまざまな研究の意義や可能性を評価したうえで、「教育経済学に関して批判すべきは、教育経済学と名乗る研究が教育に対して経済学的に接近している点ではなく、むしろ、その多くに経済学的接近が欠如している点にある。あるいは、政策的系統性を無視して、実験・准実験的手法が適用できる対象だけを虫食い的に分析している点にある」(橋野 二〇一六、三三頁)と二つの点を指摘している。前者の論点は、市川のそれと重なっているが、後者の論点もまた重要である。経済学にかぎったことではないが、実証的な調査研究の知見と政策次元との間には距離が存在する。研究の成果をすぐに政策や実践に生かしたいという外部からの強い関心が、調査研究のあり方や成果を歪めてしまう(Hess 2008)。「虫食い」的な知見そのものが悪いわけではなく、しっかりした実証研究はそれを積み重ねていくしかないのだが、それが安易なやり方で政策論に採用されると、困った事態を引き起こすことになるのである。

経済学による教育研究の動向を整理したデアーデンによれば、経済学の強みは①理論的貢献、②方法論的貢献の二つがある。理論的貢献では、明快な理論的枠組みや、需要と供給など量的検証に使えるツールがある。また、限られた資源の配分を扱う教育経済学の枠組みは、公共セクターの分析に有用である。方法論的貢献では、量的な厳密さをもつアプローチ、因果関係を抽出するアプローチ(RCT: Randomized Controlled Trial ランダム化比較試験)など、いろんな方法が政策効果検証に使われていることや、教育プログラムの効果検証の手法、などが挙げられている(Dearden et al. 2009)。

もちろん、長所は同時に弱点でもある。「教育は潜在的に数量化できない利益を含んでいる」(Dearden et al. 2009, p. 621)ことが見落とされがちだし、経済学者が採用する理論的なモデルや方法論的要請自体の狭さもしばしば指摘されている(たとえばRutkowski et al. 2012, Hess 2008)。ミロナキスらに言わせれば、経済学者の分析は、①「社会」を取り去って、自己利益を追求する個々の自由な主体に分析の視点を据えてしまう、②あたかも市場原理がより広い社会的文脈から独立して作用しているかのように、「非経済学的」あるいは社会的な諸要因を捨象して、需要と供給とで考察をする、③経済学的な分析は、時間や空間を超えた普遍的なものだと主張している、といった点で、過度に現実を単純化してしまっている(Fine and Milonakis 2009, pp. 261–262)。

経済学には長所もあるけれども、同時に弱点もある。この点で、教育社会学と経済学との対話は相互の不十分な点を補うことになるはずである。たとえば、経済学の方法論的個人主義と社会学の関係論・集団論的な視点とは、相互補完的になりうるし、経済学の単純化したモデルと社会学の複雑さや文脈の固有性を大事にするスタイルとは、やはり相互補完的になりうる。教育社会学が実証性をさらに研ぎ澄ませるための示唆などを経済学から得つつ、教育社会学が社会学や教育学をベースにして積み上げてきた教育分析の多面性を、経済学にとっての有益な情報としていくことができるだろう。

(2) 教育学との対話

教育学の他の諸分野ともっと対話していく必要がある。科学的な手続きで得られる知には、さまざまな限界がある(広田 二〇〇九)。われわれが現実の問題に有効に取り組むためには、実証的な知見だけでなく、教育学的規範、教育学的実践理論も借用していくことが必要である。また、現実の教育の変化を総合的にとらえるためには、教育に関する法や制度、理念や実践など、さまざまな知が必要であり、教育政策の分析から教育実践の分析まで多様なレベルで、教育学の他の諸分野の知見や視点から多くのことを学ぶ必要がある。

たとえば、教育社会学が伝統的に依拠してきた「平等」という価値が、政策的に重視されなくなってくると、政策的価値の間での葛藤それ自体を教育社会学の考察対象として分析する必要が出てくる(広田 二〇一四)。不平等を言い立てても、政策決定者も教師も反応が鈍いということ自体を研究しないといけなくなる。そうであるとすると、教育をめぐる政治や行政の考察や、教育学の規範理論の検討が必要なのである。

別の例でいうと、近年は「エビデンスに基づく教育政策・教育実践」が語られることが多くなっているが、教育社会学者はただひたすらエビデンスの追求をしていればよいわけではない。「エビデンス」という概念をめぐっては、①認識論的次元での争い、②異なる認識論的立場に立つ科学者コミュニティの中での争い、③研究者と他の関係するアクターとの間の関係など、学問内部で多次元の争いがある(Lassnigg 2012)。その争いのなかに教育社会学者も巻き込まれているのである。その多次元の議論を理解し、政策次元でのエビデンスの誤用を抑制するためには、教育社会学者は教育哲学者の議論などからもっと学ぶべきものがある(たとえば、ブリッジ他編 二〇一三)。

おわりに

自らの学問の固有の性格さがしから出発した日本の教育社会学は、一九七〇年代までに固有のアイデンティティとスタイルを獲得した。しかし、隣接諸学の変化と教育の急速な変化とによって、その固有性に安住できなくなってきている。一方で、固有の強みである実証性をより研ぎ澄ましつつ、他方で、実証性の狭い枠を超えた広い視野をもつ必要が出てきている。教育社会学は単体ではなくたくさんの流れの合流だとすると、多様な研究者の多様なチャレンジが求められているといえるだろう。

参照文献

天野郁夫 一九九〇、「辺境性と境界人性」『教育社会学研究』第四七集。

市川昭午　二〇一六、「エコノミストの教育改革論」『教職研修』第五三〇号。
金子元久　一九九〇、「政策科学としての教育社会学」『教育社会学研究』第四七集。
J・カラベル、A・H・ハルゼー編、潮木守一他編訳　一九八〇、『教育と社会変動――教育社会学のパラダイム展開』(上・下)、東京大学出版会。
菊池城司　一九九九、「教育社会学の日本的展開」『教育社会学研究』第六四集。
清水義弘　一九五四、「教育社会学の構造」『教育社会学研究』第六集。
清水義弘　一九七三、「教育社会学とは何か」日本教育社会学会編『教育社会学の基本問題』東洋館出版社。
新堀通也　一九五四、「教育学と教育社会学」『教育社会学研究』第六集。
新堀通也　一九七八、「教育社会学の性格」『教育社会学研究』第三三集。
名越清家　一九九九、「教育実践と教育社会学」『教育社会学研究』第六四集。
橋野晶寛　二〇一六、「教育政策研究からみた教育経済学」『教育学研究』第八三巻第三号。
A・H・ハルゼー他編、清水義弘監訳　一九六三、『経済発展と教育――現代教育改革の方向』東京大学出版会。
広田照幸　二〇〇九、『ヒューマニティーズ　教育学』岩波書店。
広田照幸　二〇一四、「社会システムの設計と教育学研究」広田照幸・宮寺晃夫編『教育システムと社会――その理論的検討』世織書房。
広田照幸・武石典史　二〇〇九、「教育改革を誰がどう進めてきたのか――一九九〇年代以降の対立軸の変容」『教育学研究』第七六巻第四号。
藤田英典　一九九二、「教育社会学研究の半世紀――戦後日本における教育環境の変容と教育社会学の展開」『教育社会学研究』第五〇集。
D・ブリッジ、P・スメイヤー、R・スミス編著、柘植雅義他訳　二〇一三、『エビデンスに基づく教育政策』勁草書房。
森重雄　一九八七、「教育分析と社会学」『東京大学教育学部紀要』第二六巻。
渡辺洋二　一九五四、「曖昧な教育社会学」『教育社会学研究』第六集。
Apple, M. 1996, "Power, meaning and identity: critical sociology of education in the United States", *British Journal of Sociology of Education*, Vol. 17, Issue 2.
Ball, S. J. 2000, "The Sociology of Education: A Disputational Account", in Ball, S. J.(ed.), *Sociology of Education: Major Themes: Vol. 1 Theories and Methods*, Routledge & Falmer.
Dearden, Lorraine, Machin, Stephen and Vignoles, Anna 2009, "Economics of education research: a review and future prospects", *Oxford Review of Education*, Vol. 35, Issue 5.

Fine, Ben and Milonakis, Dimitris 2009, *From Economics Imperialism to Freakonomics: The Shifting Boundaries between Economics and other Social Sciences*, Routledge.
Hess, Frederick 2008, "When Education Research Matters", *Society*, Vol. 45, Issue 6.
Lassnigg, Lorenz 2012, "'Use of current best evidence': promises and illusions, limitations and contradictions in the triangle of research, policy and practice", *International Journal of Training Research*, Vol. 10, Issue 3.
Rutkowski, David et al. 2012, "Reading economics, thinking education: The relevance—and irrelevance—of economic theory for curriculum research", *Journal of Curriculum Studies*, Vol. 44, Issue 2.

▼ブックガイド▲

広田照幸・宮寺晃夫編　二〇一四、『教育システムと社会——その理論的検討』世織書房。

個別細分化した教育諸学が教育の全体像や社会変動の全容を把握できなくなっているなかで、教育社会学者、教育哲学者、教育行政学者などが集まって、教育システムと社会システムの関係について考察した本。

森重雄　一九八七、「教育分析と社会学」『東京大学教育学部紀要』第二六巻。

社会から教育を説明する図式が横行するなか、教育から近代社会の根幹のメカニズムを読み解こうとした森重雄の視角は、きわめて鋭い問題提起を含んでいる。『モダンのアンスタンス——教育のアルケオロジー』（ハーベスト社、一九九三年）もお勧め。

2

〈近代化〉としての社会変動と教育
――キャッチアップ型近代と教育社会学

苅谷剛彦

一　問題の設定

教育を対象とした社会学的研究は、「近代」の教育に関心を集中させてきた。「教育」と名指される現象自体が、近代とともに登場した。さらに社会学という学問が「近代社会」の解明を目指すために成立した。これらを合わせれば、教育の社会学的研究が「近代」教育を主たる対象としてきたことは自明にみえる。とりわけ戦後日本の教育社会学という学問は、このような自明性を前提に、教育の社会学的研究を蓄積させてきた。近代性への懐疑が向けられる場合も含めて、社会学という近代社会を解明する知の方法が有効であることを前提に、近代としての教育を近代という社会との相互関係において研究する。それこそが教育の社会学的研究であった、といってよいだろう。

「その後」(ポスト〜)を含め、「近代」をどのようにとらえるかには多様な解釈・立場がある。(1) ただし、確かなことは、内生的か外生的かは別として、近代とはつねに社会の変動を内に含む現象の束、あるいはそれが生起している時代を、「それ以前」と識別するように使われてきた概念だという点である。この概念を用いることで、社会学は、社会変動のなかで、社会全体の「近代化」を理解しようとするものであったし、あるいは「その後」へと変貌をとげる社会変動を描写、説明しようとするものであった。

この章では、社会変動と教育というテーマを扱うのだが、これまでの議論をふまえれば、ほとんどあらゆる「近代」教育の研究を射程に入れなければならないことになる。それは無理というものだ。それゆえ、それに代わって何らかの焦点づけが必要となる。

そこで、この章では、明治以後、日本という独自の社会変動を経験してきた社会(と教育)を理解しようとする際に、そこにどのような「近代(化)」(「その後」も含む)という conceptions(現象を認識する際の認識枠組み)が入り込んでいたかに着目する。その認識枠組みを取り出し、それがフィルターないしレンズとして、現象の見え方にどのような影響を及ぼしてきたかを分析する。そしてそのことを通じて、これまでの研究知においてとらえられてきた日本の社会―教育像が、どのようなバイアスをもって提示されていたかを明らかにする。さらには、意識的・無意識的に外挿される近代という conceptions 自体が、どのように形成されてきたかにも目を向ける。「その後」を含めた社会変動のなかで、自覚的か否かは別として、研究者の認識枠組みの形成に影響を及ぼしてきた知識の基盤に注目することで、教育の社会学的研究という研究知を対象とした、近代性に関する知識社会学的研究が可能になる、と考えるのである。

その意味で、本章は二兎を追う試みである。一つには、「その後」を含む「近代化」という社会変動を日本の教育社会学研究がどのように分析してきたのかを振り返るレビューである。二つ目は、そのようなレビューをたんなる既存の研究の紹介に終わらせず、前述の知識社会学的関心のもとで行うことで、社会変動と教育の関係をとらえる際に、私たちにつきまとう認識の習性《クセ》を取り出すことである。いわば教育社会学は一つの分析対象、フィールドとなる。この二匹目の兎を追うことで、「その後」を含めた「近代化」「近代」[2]という conceptions のフィルターとしての働きを再帰的にとらえる。そして、そこに至る社会変動の軌跡(より正確に言えばその経路依存性に関する認識)が、いかに私たちの conceptions に影響を残しているかを明るみに出す。

二　分析の枠組みと対象

ここでは構築主義的な言説分析という方法論に立ち、教育の社会学の研究知が近代に関するいかなるconceptionsを孕んでいたかを分析する。とはいえ、何の分析枠組みもなしに、既存の研究知の構築過程の特徴を探ることは不可能だ。そこでここでは、仮説的・分析的な概念として、キャッチアップ型近代(化)という視点を導入する(3)。

戦後のある時期まで、日本社会の変動は「近代化」の過程と見なされた。ある時期にはその「完了」や「終焉」が語られた。このような認識がどれだけ実態を反映していたかは別として、このような近代化終焉の認識は、それまでの「近代化」をどのように特徴づけるかと密接に関係していた。仮説的に示せば、それまでの「近代化」を欧米への「追いつき型近代化」と見なし、それが終わったという認識を得たことをもって、「近代化の完了」とみる社会認識の仕方を得た。正確に時代を画することはできないが、一九七〇年代後半から一九八〇年代の出来事である(Rappleye and Kariya 2011、苅谷 二〇一六)。

この枠組みをもとに、キャッチアップ以前—以後という分析概念を抽出し、「その後」を含めた「近代化」という社会変動を、教育の社会学的研究知がどのように構築してきたか、そこにどのような近代性についての認識が埋め込まれていたかを取り出す準拠点とする。そこに足場を置くことで、研究者たちが社会変動に意味を与え、問題を構築し「知識化」を行ううえで、キャッチアップ型近代(化)とその終焉という枠組みが、(ときに隠れた)ロジックとしていかなる作用を及ぼしていたかに目を向けることが可能となる。

ところで、キャッチアップが終わったという認識が「近代化」も完了したとの認識と重なり、しかもそのような認識を確立した時期(一九八〇年代)が、日本では外来の「ポストモダン」思想の流行と重なった。そのために、キャッチアップ以後が「ポスト近代（モダニティ）」として認識されることがしばしば生じた。このように、キャッチアップ以前—以後という分析概念は、私たちの近代性に関する conceptions を問題にするうえで、外挿されたポストモダンの思潮の影響と、キャッチアップ型近代(化)とその終焉という経路依存性に由来する認識のフィルターによる影響とを、ある程度識別可能にしてくれる。そうすることで、「その後」を論じる社会変動と教育に関する研究知のなかで、「ポスト近代」を構築するそのやり方が、どれだけ日本社会の辿った経路に依存していたかを識別することが可能になる。

次に対象の限定である。この章では、教育研究のなかでは、社会と教育との関係を対象としながらも、比較的実証性が強く、日本の教育と社会の実態をとらえようとしてきた、教育社会学の学問言説を対象に知識社会学的解明を試みる。とはいえ、すべての主要な社会変動やそれと関わる教育言説、教育研究を対象とすることはできない。そこで、この章では、教育の量的拡大と職業・産業・雇用構造の変化（「産業化」「脱産業化」等）、両者の関係（教育と社会階層・移動）、およびそれらと関連すると見られた「教育問題」（入学難、受験、学歴社会、メリトクラシー）にテーマを限定し、検討を加える(4)。

もう一つの限定は、時代設定である。ここで対象とするのは戦後の学問言説である。一九五〇年代から二〇〇〇年代初頭に至る時期を、前述の分析枠組みを用いて、便宜的に、キャッチアップ以前、キャッチアップ完了時、キャッチアップ以後の三期に分ける。

このような言説分析を行う際、扱う文献や著者の選択は、恣意性を免れられない。それを承知のうえで、この分野の研究に一定の影響力を及ぼしたと見なすことのできる論者の著作のうち、比較的一般読者にアクセス可能な単行本から言説を抽出する。

三　分析(1)　キャッチアップ以前

最初に取り上げる時期は、高度成長の渦中にあった一九五〇年代、六〇年代の論考である。キャッチアップの終焉が認知される以前の研究知である。

『試験』(一九五七年)

はじめに着目するのは、戦後の教育社会学を確立するうえで重要な貢献を果たしたといわれる清水義弘の、『試験』(一九五七)である。この本の主題は、戦後の単線型教育制度の成立が進学志望者の急増をもたらし、それが結果として入学難や受験競争の激化につながったとの点にある。教育の量的拡大という社会変動と、それがもたらした入学難という教育問題とを関連づけた論考である。

大学入学者数の増大、進学者が上流階級、中流上層以外に広がっていることに触れた後で、清水はいう。

> いずれにしても、戦後においては機会均等の原則が国民の広い層、なかんずく中流以下の層にまで滲透していることは否定できない。したがって、入学難ということがなければ、これはまことに喜ばしいことであり、国民の教育意識は戦前よりも一歩も二歩も前進しているとさえいうことができる。(同書、一四頁)

ここに示されるように、教育の機会均等というアメリカの近代化理論のなかで近代化のメルクマールの一つとされる理念の浸透を、「前進」と肯定的に受けとめている。(5) しかしそのことが、日本的現実のなかでは「入学難」という問題を引き起こしている、と問題が構築される。近代化(論)が掲げる(「普遍的」)価値と日本の現実とのギャップを指摘することで、教育問題が生じるというロジックである。ここには、日本の現実を理念的な近代化の価値と対置させる形で、近代(化)の理想化が行われている、あるいは逆に日本の後進性が問題視される。

しかも入学難が階級差を伴っていたことが、次のように問題とされる。

入学競争は中流階級にとって重大な問題としてあらわれているが、重大な問題だといえば、下層階級が上流階級とはちがった意味ではじめから入試競争の圏外におかれていることである。〔中略〕彼らのうちには、高等教育を受けるにふさわしい英才も多数いるにちがいないが、彼らには何らの保障も援助も与えられていない。教育の機会均等という金ピカの原則は、もっぱら中産階級以上の所有物であって、下層階級には無縁の代物にすぎないのである。(同書、七二頁)

後ろから二つ目の文にあるように、ここでの階級格差は、機会の提供が不十分なことで生じる。その結果、労働者階級のなかにもいるはずの「高等教育を受けるにふさわしい英才」が救い出されていないという点が注目され、それゆえに「教育の機会均等」という「金ピカの原則」の限界が指摘される。機会均等の原則と機会の欠如という現実とのギャップが問題とされるのである。しかも教育の機会均等の原則についても、次の指摘が行われる。

教育の機会均等の原則の滲透といえば、それはとりもなおさず民主主義教育の発展にほかならないから、まことにりっぱなわけであるが、しかし国民の教育意識のうちには、教育を立身出世のエレヴェーターと考えるもうひとつの動機が隠されていることに注目しなければならない。(同書、一五六頁)

教育の機会均等原則の普及を民主主義教育の発展(近代的価値の発現)と見なしながら、そこに含まれる「立身出世」といった日本的な「動機」に着目し、近代的価値と日本的現実との混淆を問題視するのである。

このような清水の議論には、一方で近代性にまつわる価値を認めながらも、そこから日本の現実(機会の欠如、「立身出世」主義)との落差を示すことで、教育の問題が構築されていた。そこでの「近代」とは、理念や理想としては戦後日本の教育に浸透しつつも、日本的現実の後進性ゆえに、いまだその理想が実現されていない状態を示す準拠点であった。そこからの距離が、日本の教育問題の構築を可能とする知的資源となったのである。

『学歴』(一九六六年)

次に、清水とほぼ同時代の研究者として、新堀通也の『学歴』(一九六六)をみよう。新堀が問題視するのは、学歴による身分制である。まずは「レッテル」としての学歴の「非合理性」批判である。

> 尊重される学歴がレッテルとしての学歴であれば、学歴尊重は明らかに不合理である。それが合理的になるためには、つまり能力主義の原理と一致するためには、レッテルにいつわりのないこと、レッテルが完全に内容と一致していること、グループとしての評価が個人に適用できること、逆にそうでない者は一人残らずあるレッテルを得ていないことなどの前提条件が満たされていなくてはならぬ。だが、これらの条件が完全に実現されていないことは、説明するまでもない。(同書、九頁)

個人を単位とする「能力主義の原理」との不一致を問題視することで、レッテルとしての学歴尊重を不合理とみる。

つまり、個人単位の能力主義の原理を近代的な価値として肯定・措定し、それと不一致を起こす日本の現実をその(「普遍的」)価値からの逸脱として批判するというロジックがここにみられる。そして日本の後進性が次のように表現される。

日本の社会が学歴身分制と称されるのも、このためである。徳川時代のように家柄、階級によって個人の社会的な地位が生まれたときから決まっているという身分制はなくなったが、五歳から二十歳ごろにかけて獲得される学歴によって、その後の地位が相当程度、決定されるので、その後は学歴という基準による身分ができあがってしまう。〔中略〕この身分から脱して上昇するのはなかなかむずかしい。(同書、一一一―一一二頁)

つまり学歴競争を終えて大人になってからの世界は、一種封建的な身分社会にほかならない。〔中略〕ものをいう実力が遊泳術であったり、コネを作って上役に取り入る技術だったりすることも多い。仕事の上での公開的な実力ではなく、閉鎖的・四畳半的な能力なのである。(同書、一一五頁)

日本社会は「学歴身分制」、「一種封建的な身分社会」として批判的にとらえられている。その対極にあるのが、「実力主義、能力主義の原理」(同書、一六頁)という近代的価値である。「閉鎖的・四畳半的な能力」と「仕事の上での公開的な実力」との対比にも同様の基準の適用がみられる。ここでも清水と同様に、近代的な価値を肯定・措定しつつ、それと日本的現実とのギャップのなかに日本の社会と教育の問題を見る、というロジックが働いている。清水もまた「民主主義に反し、経営に損失をもたらす学閥は、一日もはやく解消するようにした方がよい」(清水 一九五七、一一九頁)と指摘したように、この時代の代表的教育社会学者(二人とも名誉会員として顕彰された)は、日本の学閥を欧米的な民主主義の価値や経営の合理性と対置する見方をとる。

このように、キャッチアップ型近代化の途上においては、近代的な価値を肯定・措定し、そこからの日本の現実との距離(落差)を指摘することが問題を構築する際の習性《クセ》であった。そこでの近代性とは、日本の現実がそこからどれだけ離れているかを計るための基点として理念化された準拠点である。(6) ただし、そのような論理構成をもつだけに、「教育の機会均等の原則」にしても、「民主主義」にしても、「実力主義、能力主義の原理」や「仕事上の公開的な実力」にしても、それらは抽象的な指摘に留まり、それゆえにいっそう理想化され、当時の感覚では身近でわかりやすい日本的現実(四畳半的能力!)を批判する力をもち得たのである。

四　分析(2)　キャッチアップ達成の時代

それより時代が下り、キャッチアップ型近代化の完了という認識を得た直後の研究を次に取り上げる。ここでみるのは、麻生誠『近代化と教育』(一九八二)と、天野郁夫『教育と選抜』(一九八二)である。いずれも、近代化と教育の関係それ自体を対象とした研究である。前の時代と比べると、実態としても日本の経済は高度成長期を終え、高校進学率が九〇%を超え、大学短大進学率も四〇%近くに上昇していた。さらにこの時期は、二度のオイルショックの後で欧米の経済が停滞するなかで、日本の一人勝ちと呼ばれる時代を迎えようとしていた。

『近代化と教育』(一九八二年)

麻生の『近代化と教育』はそのタイトルが示すように、アメリカの近代化理論をもとに分析枠組みを構築し、日本の「近代化と教育」の関係を分析した研究である。その理論枠組みとして援用されたのが、近代化論の代表的イデオローグとされるT・パーソンズである(Gilman 2003)。麻生は「前近代vs近代の価値パターン」を図式化し、それに照らして明治以後の日本の社会変動を近代化のプロセスとみ、そこに教育を位置づける。明治以前の日本の社会や文化の特徴をあげたうえで、麻生は次のようにいう。

意図的・作為的に、日本を近代化するためには、これら先行条件の中に萌芽的状態で存在している近代化の原初的モデルに、先進の西欧諸国の近代モデルを接合させて、我が国の社会風土になじむ「近代モデル」をつくりあげることが必要であった。これが、明治維新という革命期の指導者の課題であった。(同書、七七頁)

日本の近代化が「意図的・作為的」に行われたこと、さらには西欧の近代モデルとの接合によって、「我が国の社会風土になじむ「近代モデル」」が追求されたとみる。ここには、清水や新堀のように、西欧＝普遍的モデルからのギャップを後進的と断じる視点は弱く、代わって、日本的な近代化モデルを取り出そうとするねらいが前面に出る。たとえば次の指摘である。

〔近代社会への「離陸」を方向づける〕先行エリートにおいては、個別主義価値志向と業績主義価値志向との複合体が優越していたのに比較して、〔安定した近代社会を誘導していく〕離陸エリートにおいては普遍主義価値志向と業績主義価値志向との複合体が優越する傾向が強まる。しかし、わが国のように個別主義的な絆から、人権という普遍価値を媒介にした個人の解放の行われないままに「近代化」が推進された社会では、先行エリートのみならず離陸エリートにおいても個別主義価値志向が色濃く残存していたことを指摘しておこう。(同書、一五三頁)

ここでの「離陸」メタファーはアメリカの近代化理論の旗手の一人、『経済成長の諸段階』で著名なロストウのそれをもとにしている。この点からも、麻生の議論はアメリカ的近代化理論に準拠して、日本がたどった、西欧とは異なる近代化の経路を探ろうとしたことがわかる。したがって麻生にとっての近代性とは、そこに至る経路に日本的な独自性を見いだしながらも、到達すべきゴールとしては、普遍性をまとうものとして構築されていた。日本の「近代化」は、主たる価値パターンにおいてはアメリカの近代化理論に則するか、あるいはそれと機能的等価性をもつ日本的な独自性をもちながらも、「近代化」という共通・普遍のゴール（麻生の指摘によれば民主化、工業化＝経済成長、モビリティの増大など）に到達するまでの過程として描かれるのである。

さらに麻生は、最後の章で日本の特殊事情が「近代化を終焉に導く人間類型」を大量に「産出」していることを論じ、「学校不適応者の増大」、「学校文化の受験文化化」、「即時充足的価値」の亢進（遊び志向文化化）といった（当時の）日本の傾向をあげ、次のように結論づける。

> このように、近代化後期の学校制度が産出する人間類型には、明暗の両側面がある。まさに近代化は自ら産み落とした人間によって転換点に立たされているのだ。さらに、近代化をめぐるグローバルな環境は、日ましに厳しくなっている。これはわが国だけの問題ではない。これまで近代化への道をまっしぐらに進んできた欧米諸国も、深刻なスタグフレーションによって近代化の物質的基盤をつくってきた経済成長にとどめを刺されて、内外の危機に悩んでいる。戦後著しく近代化された学校制度が生んだ人間類型は、この過酷とも言うべき挑戦に応戦できる能力をそなえ、近代化を超克する新しい道を切り開いていくことができるであろうか。〔中略〕まさに今日は、明治以降一〇〇年の近代化の転換期にあるといえよう。（同書、二三一―二三二頁）

ポストモダンの思潮が流行する前の言説である。欧米先進国とは異なる特徴をもちながらも、日本の「近代教育」が日本社会の近代化に寄与した。そういう見方を提示したうえで、到達した近代化には、日本に特徴的な問題もあるが、欧米諸国との共通性も同時にあるとの認識が示されている。キャッチアップ終焉という認識が言外に示されているとみてよい。

このような到達の認識論的地点を得たことが、日本の後進性という見方からの脱却を可能にし、返す刀で近代化の行き詰まりや「近代化の超克」(「近代の超克」ではない点に注意)という課題意識を併せもつことを可能にした。経済成長とは異なる次元での「進歩」という期待を、「近代化」の延長線上に求める期待もほの見える。キャッチアップ型近代化の完了という時代感覚が浸透した時期の論考だけに、「近代化」「その後」への展望が著作の最終部分で示されたのである。そこでは「物質的基盤をつくってきた経済成長」の停滞が近代化の行き詰まりとして問題化され、欧米諸国の問題と等値された。

『教育と選抜』(一九八二年)

次に取り上げるのは、天野郁夫の『教育と選抜』(一九八二)である。本書のねらいは、「産業化の後発国」日本において、「学歴主義」や「学歴社会」が産業化の先進国よりもなぜはやく成立したのか、その「日本的構造」を解明することにある。基本的な分析枠組みは「産業社会の基本的な構造」である。天野は近代化より産業化の語を多用するが、両者の間に互換性は高い。そして、教育が果たした産業化＝近代化への機能的貢献という面において、麻生の議論以上に、日本的経路依存の機能的優位性を説く。たとえば次のような部分である。

学校教育制度は伝統的な階級構造を維持するよりも、新しいそれを創出する装置としての役割を果たした。

〔改行〕それはヨーロッパ諸国と違って、学校が旧支配階級の身分文化と断絶する形で制度化されたためである。(同書、二七五頁)

階級構造の開放性に対応して、わが国の学校制度も著しく開放的であり、その開放性が人々の上昇移動への「野心」をたえまなく「加熱」する役割を果たした。(同書、二七六頁)

旧身分文化との断絶といい、階級構造や学校制度の「開放性」といい、西欧諸国より後発産業化社会ゆえの優位性をもったというのである。それゆえ、すでに戦前においても、

最低限の教育費の負担能力さえあれば、それからあと学校教育、とくにその「正系」である威信の高い官立学校の教育制度は、知的能力によるメリトクラティックな、競争的選抜の過程であった。(同書、二七六―二七七頁)

社会規範についていえば、わが国では「業績」と「平等」という産業社会を支える二つの価値が、ヨーロッパ諸国にくらべて早期に確立され、政策面でも支持されてきた。とくに学校教育の場合、その機会は知的能力に応じて開かれるべきだという考え方が支配的だったとみてよい。(同書、二八一頁)

となる。さらに戦後については、

産業化の過程で追い求められてきた評価と選抜の合理化――開かれ、普遍主義的で業績本位の、メリトクラテ

> ィックな選抜という理想は、制度的にみる限り、ほぼ完全に近い形で実現されたといってよいだろう。（同書、二九一頁）

とまで述べている。

このように、天野の著書において、日本という後発型の産業化社会が、先発国であるヨーロッパと比べても、（後発性ゆえに）より早くメリトクラティックな選抜を導入し、しかもそれが階級的に「より開放的」であったとみる。同じ現象が非合理であると判断されていた一世代前との違いは歴然である。

両者の違いは一つは、議論の準拠点となる西欧社会をどのようにとらえたかという実証性の違いにある。天野は精緻な歴史分析をもとに日本との差異を論じた。階級的な開放性にしても、メリトクラシーの実現度合いにしても、そのような近代的価値を基準点に置きながらも、実態の詳細な分析によって、産業化への教育の貢献という面での日本の機能的優位性を読み取った。

しかし、本章の議論にとって重要なのは、次の違いである。天野の著作が書かれた時点は、すでに日本のキャッチアップが終わったという認識が社会に共有され始めていた。同じ日本の過去や同時代を論じても、これだけの評価や判断の違いが生じる理由は、実証研究の精度の違いだけではあるまい。キャッチアップ型近代の達成というフィルターを通して過去（戦前）や現在（一九八〇年までの戦後）をみる際に、日本の機能的優位性を事後的に判断しやすくなったということだ。

天野の著作も麻生のそれも、エズラ・ヴォーゲルの『ジャパンアズナンバーワン』が日本で大ヒットした三年後の刊行である。アメリカ的近代化理論を機能主義的に読みかえ、日本にあてはめることで、日本の経路依存性に肯定的評価を下すことのできる知識の基盤ができあがっていたのだ。それゆえ、「産業化の過程で追い求められてきた評価と選抜の合理化」の実現という点での日本の優位性は、近代化理論が肯定する価値(「開かれ、普遍主義的で業績本位の、メリトクラティックな選抜という理想」)を準拠点にしたままでも肯定可能となった。西欧とは異なる経路をたどりながら、むしろ後発性ゆえに近代化において優位に立つ——アメリカの近代化理論のイデオロギー的作用に棹さす認識が示されたのである(苅谷 二〇一六)。近代とは達成すべき目標である。ただしそこに至る道は一つではない——キャッチアップを終えた時点に到達した認識である。

五 分析(3) キャッチアップ以後
——ポストモダンの言説 バブル経済破綻以前と以後

キャッチアップ以後は二つに分けられる。日本社会の実態的な変化と関連づけると、プラザ合意を受けてバブル経済を謳歌した直後の時期と、それが破綻し、長期間の経済的停滞に陥った後の時期である。

『立志・苦学・出世』(一九九一年)

バブル経済破綻以前の研究としては、竹内洋『立志・苦学・出世』(一九九一)を取り上げる。竹内の著作のなかでもモダンからポストモダンへの変化をもっとも明確に示す著作ゆえである。竹内は、終盤部分で、受験のモダンからポストモダンへの変化について次のように語る。

受験のモダンが「硬い」受験競争だったとすれば、受験のポスト・モダンは「柔らかな」受験競争である。(同書、一九四頁)

そして、この変化を起こした要因の一つ、「学歴の意味の変容」について、学歴に対するまなざしの変化に言及し、次のようにいう。

こういうまなざしは、二つのことによって生じた。一つは、わが国の追いつき型の近代化過程が完了したからである。近代化の途上においては「高級な」文化は自成的なものではなかった。高級文化のほとんどは西欧文化だったから、正統なる文化は階級の外部つまり学校にあった。かくて地方の貧しい階級出身の者でも、その人が高学歴コースを踏めば、高級な文化人風になっていった。〔中略〕しかし近代化過程を完了したということは、高級文化がいまや家庭に蓄積されたということである。いいかえれば、文化としての階級がわが国にも定着し始めたということである。

もう一つは、それが幻想であっても一億中流(プチブル)への「上昇」が生じたことによって、まなざしがブルジョア(上流階級)の世界に伸びたことである。ブルジョアの生活スタイルや趣味の「よさ」を識別できる地位(プチブル)に人びとは成り上がったのである。(同書、一八九―一九〇頁)

竹内自身が、この時点でキャッチアップ型近代化が完了したとの認識を示している。そのうえで、その途上では、人びとの学歴へのまなざしに対して、階級より学校の影響が強かったことが、「受験のモダン」をつくりあげてきたという。本章の議論にとって興味深いのは、キャッチアップ型近代化の完了によって、日本でも文化の階級化が生じたとの指摘である。

ここから次のようなロジックを読み取ることができる。竹内はキャッチアップ型近代化が完了するまでは、社会移動という側面に限らず上流文化へのアクセスにおいても社会の階層化において学校の果たす役割が、重要であったとみる。当然、キャッチアップとは、高級文化を西欧から輸入することだとの理解がその背後にある。それゆえ、その完了が、文化の輸入・伝播の担い手としての学校の影響を弱めたとの解釈につながるのである。

他方、その変化は、次第に高級文化が家庭の内部に蓄積されることでもあった、という。その結果、西欧社会のような文化の階層化が生じた。

竹内にとって受験のモダンは、刻苦勉励、まじめさ(立志・苦学・出世!)など、それとは言明されないものの、キャッチアップ型近代の範型に対応するものとして認識されている。他方、バブル経済の繁栄期を反映してか、「幻想であっても一億中流(プチブル)への「上昇」が生じたこと」によって、「ブルジョアの生活スタイルや趣味の「よさ」を識別できる地位(プチブル)に人びとは成り上がった」とみる。それが受験のポストモダンを生み出すもう一つの背景となる。ここには、キャッチアップの以前と以後の違いから、「その後」をポストモダンとみる見方が露見する。

だが、それは西欧のそれと類似しつつも、キャッチアップ型近代を経た「その後」である点に注意しよう。日本の経路依存性をふまえた認識をもちながらも(立志・苦学・出世!)、それをポストキャッチアップ近代とは見なさずに、流行の思潮の影響を受けた「ポストモダン」に認識がスライドする。同時代に共通するより一般的な変化＝ポストモダンとして、日本社会の「その後」が理解されるのである。本書のほとんどが日本的な経路依存の見事な分析に費やされていることとは対照的である。

『多元化する「能力」と日本社会』(二〇〇五年)

この竹内の楽観的なポストモダンのとらえ方とは異なり、次にとりあげる本田由紀の著書『多元化する「能力」と日本社会』(二〇〇五)においては、「ポスト近代社会」は、「ハイパー・メリトクラシー」という「いわば「むき出しのメリトクラシー」」を生み出す苗床として、そのより冷徹な特徴に目が向けられる。(7) 本田は、「「ポスト近代社会」とは時代概念であり、文化思潮としての「ポストモダニズム」とは区別される」(同書、一四頁)と、慎重に流行のポストモダン言説から距離をとる。代わって、モダンのさらなる変化に言及する主要な論者(ベック、バウマン、ギデンズ、ドゥルーズ、ネグリ・ハートなど)を引き、「その後」の変化を、グローバルな規模で進行する社会変動と重ねる。

本田の議論が日本の社会変動に焦点づけられているので当然だが、ここでの「近代社会」から「ポスト近代社会」への変化は、本章の分析枠組みに重ねれば、キャッチアップ型近代とそれ以後への変化を踏襲する。それゆえ、「近代社会」における「メリトクラシー」の特徴としてあげられる能力の諸特徴においても、その時代を特徴づける言説の引用においても、キャッチアップ型近代のそれと重なり合う。たとえば、

「近代社会」においては、共通の標準化された教育内容を教える学校教育制度を、すべての個人が人生の初期において通過する。その間にどれだけの学習成果を獲得できたかということが、個々人のもっとも基礎的な「業績」として、人々のその後の社会的位置づけが決定される際に常に参照される。(同書、九頁)

さらに本田の見方と「合致する社会観」として佐藤俊樹のいう「ガリ勉」の描写が引用され、それを「メリトクラシー下の「近代型能力」に特化したタイプの人間像である」(同書、二八―二九頁)としている。だが、佐藤の「ガリ勉」は、西洋近代ではなく、キャッチアップ型近代のもとでの「モダンの受験(生)」に限りなく近い。

他方、ポスト近代社会が重視する特性として描かれる「ポスト近代型能力」は、さまざまな政策文書でキャッチアップ型近代の「その後」として描かれる特徴と合致する。「ポスト近代型能力」として示される項目は、「「生きる力」、多様性・新奇性、意欲・創造性、個別性・個性、能動性、ネットワーク形成力、交渉力」(同書、二二頁)であり、「ポ

スト近代型能力」キーワード登場記事でカウントされるのは、「創造性」「主体性」「コミュニケーション能力」「思考力」といった項目である（同書、五二頁）。これらはキャッチアップ型近代化とは異なる経路依存を通じて近代社会を作りあげてきた西欧近代では、近代に重視されていた諸特性に近い。[8] いいかえれば、本田における「近代社会」から「ポスト近代社会」へ、あるいは「近代型能力」から「ポスト近代型能力」への変化の読み取りは、本章の分析枠組みであるキャッチアップ型近代のそれ以前からそれ以後への変化に対応するのである。

本田はもちろん、そのことに気づいている。それはハイパー・メリトクラシーの言説分析の対象となった、経済団体連合会「創造的な人材の育成に向けて」（一九九六年）を次のように要約していることからも明らかである。すなわち、

「創造的人材」提言では、こうした「追いつけ、追いこせ型」「官民協調型」の経済社会システムが制度的疲労を起こしているとし、それに代わって今後「求められる人材」とは、「主体的に行動し、自己責任の観念に富んだ、創造力あふれる人材」であるとする。（同書、四二頁）

つまり、本田にとっての近代社会、近代型能力がより強く当てはまるのは、キャッチアップ型近代の conceptions がとらえた社会にほかならず、ポスト近代、ポスト近代能力のそれは、ポストキャッチアップ近代の conceptions によってビジネスリーダーや政策決定者によって提示された特徴と言って過言ではない。ポスト近代をポストモダンの文化思潮から慎重に区別し、「その後」の変化を捉えようとした本田の議論においても、そこに至る日本の経路依存性がその認識枠組みに強く影響を残していた。そのために日本に特化したはずの議論と、「ポスト近代」一般との区分が曖昧となったのである。別言すれば、ハイパー・メリトクラシーが日本で「いっそう苛烈」となるのも、それ以前に日本がキャッチアップ型近代という conceptions に経路依存していたためだと考えられるのである。

六 結論

本章では、教育の社会学的研究知の蓄積として、何人かの日本の教育社会学者の論考を対象に、そこにおいて「近代化」や「その後」の社会変動がどのようにとらえられていたかを分析した。その際、仮説的に分析概念として用いたのが、キャッチアップ型近代(化)とその後(ポストキャッチアップ近代)という分析枠組みであった。

紙幅の関係もあり、実証的な研究としては改善の余地が残るものの、この分析概念を適用したことで、教育の社会学的研究知における近代(化)や「その後」の理解の仕方が、まさにリアリティの社会的構築の過程として、それ以前の日本の経路依存性に影響されていたこと、そのときどきに普及していた社会理論や思潮の影響を受けていることがわかった。

このように述べたからと言って、ここでとりあげた研究の質や実証性に評価を下したいわけではない。いかなる社会科学的研究も、「存在被拘束性」の影響から逃れないことは、知識社会学の祖、カール・マンハイムがすでに一〇〇年近く前に喝破したことだからだ。だが、本章がそれに加えて示したのは、こと日本の「近代」の教育と社会を分析対象としてきた教育社会学という学問において、仮説的に設定したキャッチアップ型近代(化)という、欧米先進国とは異なるものとみなされた近代に至る経路に関する認識(再帰性)が、いかに認識枠組みとして強力だったか、とりわけ八〇年代以後の研究ではその影響が顕著に表れていたことの確認である。

たしかに経済や科学技術という面では、実態のレベルでも意識のレベルでも、キャッチアップは終わったのだろう。キャッチアップが終わったとする政府の文書や民間の文献も八〇年代から目立ち始める。同時に、この時期は外来のポストモダンの思潮を招きやすい社会条件が日本に生じ、その思潮の影響を受けた。この両者が私たちの近代(化)の conceptions に影響したのだろう。それが正しいとすれば、この conceptions がフィルターとして、私たちの社会変動と教育の関係の認識や理解にも影響を及ぼしたという結論を下すことができる。ということは、それを取り外すと別の風景が見えてくる可能性があるということだ。

教育の社会学的研究は、他の社会学領域と比べ、教育という実体的な研究対象をもったため、比較的外来の思想の直接的適用という弊を逃れてきた。その分、日本の社会変動の実態を捉えようとする志向性が強かった。しかし、それだけに日本の経路依存を経て構築された近代(化)の conceptions が、研究者の認識枠組みに直接間接に影響したのかもしれない。キャッチアップの希求、さらにはキャッチアップによって近代に到達したという歴史認識(それ自体が近代の再帰性によって認知的に折り込まれた経路依存を形成する)が、オブセッションとして私たちにとりつく。そこに日本の近代の特徴が凝縮・表出している。そのひとつの事例が、ここでの教育社会学の研究知である。

このフィルターが、ポストキャッチアップ近代を構想する政策決定者の間でも、影響力をもつことは別の場所で明らかにした(苅谷 二〇一六)。それは私たちが気づいていてもなかなか直せない認識の習性《クセ》である。その習性《クセ》の視野や射程や屈折率について自覚しないと、批判的思考の洞察力も矛先がずれてしまう。

注

(1)たとえば Eisenstadt(2000)の多元的近代(multiple modernities)論やベックらの議論(たとえば *British Journal of Sociology*, 2010, Vol. 61, No. 3 の特集号)を参照。

(2)アメリカの近代化理論でいわれる「近代化」との混同を避けるために、ここではこのようにカギ括弧をつけた。以下の議論では括弧を外すが、アメリカ近代化理論の近代化と同義でない。ここではより多様な経路を通じて近代に至ることを含め、近代をつくりだす社会変動や、「その後」の変化を含めて近代化と呼ぶ。

(3)別のところで論じたが、ここでいうキャッチアップ型近代(化)とは、開発国家の主導によって計画的、意図的に「近代社会」を作りあげようとした変化を指す。ドーア(Dore 1976)の言う「他動詞的な」意味での社会変革のことであり、それゆえ、近代化理論の適用を受けて変化と見なしうるすべてのことではない(苅谷 二〇一六)。

(4)ここではポストモダニズムの影響を受けた教育の歴史分析には触れない。

(5)アメリカの近代化理論のイデオロギー性については、Gilman(2003)、苅谷(二〇一六)を参照。

(6)ドーアによれば、「時には先進諸国自体の現状ではなく、その将来像、「あるべき」像といった、より「先進的な」処方に則って近代化を図っている」(Dore 1976/邦訳一九頁)。

(7)本田の議論と並んで、この時期の社会変動と教育を扱った重要な論考として岩木(二〇〇四)がある。日本の近代をめぐる社会変動とそのもとでの教育の変化を分析する。臨時教育審議会の「追いつき型近代化の終わり」の議論をふまえ、「この言葉は、「追いつき型」の終わりという意味と、「近代化の終わり」という意味の、両方を含む」とみる。ただし「臨教審の答申は、どちらかといえば後者にウエイトがかかってい」たと判断する(同書、三七―三八頁)。岩木は「自前でポスト近代」を目指す動きを臨教審に求めるが、そこでの「ポスト近代」も、それ以前の「追いつき型近代化」として認識された経路依存の影響を強く受けるものといえる。

(8)一九七〇年代のアメリカで大卒者の採用においてコミュニケーション能力が重視されていたことを示す文献がある(Belohlov et al. 1974)。また中村は「人物重視」は、すでに昭和初期の就職マニュアルに存在し、「その発想自体は現代に特有のものではない」(中村 二〇一一、一六頁)と本田の見解に疑義を呈する。ただし、ポスト近代型能力がこれらの特徴を「いっそう苛烈な形」に高めたという本田の指摘を否定するものではない。

分析対象

麻生誠 一九八二、『近代化と教育』第一法規。

天野郁夫 一九八二、『教育と選抜』第一法規出版(ただし引用は、再版『教育と選抜の社会史』(ちくま学芸文庫、二〇〇六年)によった)。

清水義弘 一九五七、『試験』岩波新書。

新堀通也編著 一九六六、『学歴――実力主義を阻むもの』ダイヤモンド社。

竹内洋 一九九一、『立志・苦学・出世――受験生の社会史』講談社現代新書。

本田由紀 二〇〇五、『多元化する「能力」と日本社会――ハイパー・メリトクラシー化のなかで』NTT出版。

参照文献

岩木秀夫 二〇〇四、『ゆとり教育から個性浪費社会へ』ちくま新書。

苅谷剛彦 二〇一六、「追いつき型近代化の教育とその終焉――近代化と教育・再考」佐藤学・秋田喜代美・志水宏吉・小玉重夫・北村友人編『岩波講座 教育 変革への展望 第六巻 学校のポリティクス』岩波書店。

中村高康 二〇一一、『大衆化とメリトクラシー――教育選抜をめぐる試験と推薦のパラドクス』東京大学出版会。

Belohlov, James A. Popp. Paul O. and Porte, Michael S. 1974, "COMMUNICATION: A View from the Inside of Business", *International Journal of Business Communication*, vol. 11, no. 4, pp. 53–59.

Dore, Ronald 1976, *The Diploma Disease*, George Allen and Unwin Ltd.(R・P・ドーア、松居弘道訳『学歴社会 新しい文明病』岩波書店、一九七八年)

Eisenstadt, S. N. 2000, "Multiple modernities", *Daedalus*, 129(1), pp. 1–29.

Gilman, Nils 2003, *Mandarins of the Future: Modernization Theory in Cold War America*, Baltimore, Md.: Johns Hopkins University Press.

Rappleye, J. and Kariya, T. 2011, "Reimagining Self/Other : catch-up across Japan's three great education reforms", in David Blake Willis and Jeremy Rappleye(eds.), *Reimagining Japanese Education*, edited by, Symposium Books, pp. 51–83.

▼ブックガイド▲

苅谷剛彦 二〇一六、「追いつき型近代化の教育とその終焉――近代化と教育・再考」佐藤学・秋田喜代美・志水宏吉・小玉重夫・北村友人編『岩波講座 教育 変革への展望 第六巻 学校のポリティクス』岩波書店。

本章の分析と同様の枠組み(ポストキャッチアップ型近代)から、近代化論の検討をふまえつつ、教育政策言説の問題構築の習性を分析している。

中村高康 二〇一一、『大衆化とメリトクラシー――教育選抜をめぐる試験と推薦のパラドクス』東京大学出版会。

大学入試などの教育的選抜を対象に、教育大衆化のもとで「後期近代」におけるメリトクラシーの変貌を分析した「キャッチアップ以後」についての一つの代表的研究。

3 政策科学への遠い道

矢野眞和

一 規範学から政策科学へ

政策科学としての教育社会学を提唱したのは、清水義弘である。著作選集の第一巻が「政策科学への道」と題して編集されているように、政策科学への強い思い入れが窺える(清水 一九七八)。思考の骨子は、「規範学から政策科学へ」という第一巻の総括論文にまとめられている。

その要約によれば、「規範学としての教育学は、教育過程における実践的課題の要請にこたえうるとしても、それ以外の領域については有効ではない。また、実践的課題の解決には、規範的観点を必要とするが、これは思弁や願望や信念を投射するものであってはならない。ここに規範学に代わる政策科学が必要とされる」。教育学は、理想の価値や規範を論じつつ、実践的課題の解決を志向してきたが、その理論寄与は、教育内容・方法ひいては教育過程に限られ、「それ以外の領域については有効ではない」という。つまり、教育制度・教育組織という現実の政策決定が及ぶ範囲をカバーしていないし、しかも、学校の教室の実践に限られ、家庭や職場や地域の教育実践を対象としていない。

教育学の理論と実践の両面を批判し、それに代わる案として提示されたのが政策科学である。代替案としての政策科学の要件を二つ指摘している。第一に、「政策科学は経験科学でなければならない」。したがって、アプリオリ的考察、イデオロギー的分析を排除し、価値・規範そのものについて客観的に考察されなければならない。第二に、「政策科学は、予測と計画の科学を志向すべきである」。そのためには、社会諸科学、情報科学、行動科学などのインターディシプリナリ・アプローチを必要とするが、「そのコーディネーターになるのは教育社会学であろう」とし、そこに「教育社会学の未来がある」と述べた。

政策科学の提唱者としての自負心は、旧文部省の枠にとどまらず、旧経済企画庁や旧労働省の教育・訓練政策に関与してきた実践的経験、および教育経済学・教育計画という新しい時代の研究潮流を踏まえた理論と実証の実績に支えられていた。根拠ある自負心だが、ポスト清水の政策科学はどうなったのか。

一九九〇年の『教育社会学研究』が「教育社会学の批判的検討」という特集を組んでいる。そのなかで、清水の教え子である金子元久が「政策科学としての教育社会学」を執筆している(金子 一九九〇)。清水の研究履歴の経緯とその後における福祉国家観の終焉という時代の変化を踏まえながら、教育社会学における政策研究のレビューもあわせて丁寧にフォローしている。政府の役割の拡大によって問題を解決するという旧来の方式が通じなくなっているからこそ、「政策科学としての教育社会学」の実質的な役割はますます大きくなると述べ、そのためには、教育政策の背景・構造・機能を包括的に研究する方法の確立がなければならないと結んでいる。

これに関連するものとして、『教育社会学研究』の第五〇集記念として編集された一九九二年の「教育社会学のパラダイム転換」という特集がある。「これまでの研究の展開、その視座と方法、問題の捉え方と知見がどのように変化してきたかを批判的に検討しよう」というものである。その一つの研究領域として「教育政策、教育計画」が挙げられている。私がこの分野の執筆を仰せつかったが、そこでは教育計画の国際的な研究潮流とその日本的特質を検討した(矢野 一九九二)。教育計画の代表的モデルを五つ(国際間横断モデル、人口フロー予測モデル、収益率モデル、職業教育モデル、政府主導型モデル）にまとめ、それぞれの経験は挫折した部分も少なくないが、批判して捨てられるものではなく、面白い新しいテーマが多く残されていることを指摘した。

二つの論文ともに、大きい政府から小さい政府へという新自由化論が脚光を浴びつつある八〇年代の潮流を視野に入れた執筆だが、そういう時代だからこそ、ますます政策科学的思考の重要性と教育計画技術の必要性が増すだろうという論調になっている。しかしながら、九一年のバブル経済の破綻とその後の長い経済不況が教育政策に与えた衝撃は、当時の予想をはるかに上回るものだった。「規制緩和と自由競争」「国立大学の法人化と評価制度の導入」「財政支出の削減と選択・集中による資金配分の効率化」というマクロレベルの改革から、「大学のガバナンス」「カリキュラム」「教授・学習過程」などの機関レベルの改革まで、改革は休むこともなく続いている。二〇年余りの教育改革の経緯をここで説明することはしないが、私自身は、現在の高等教育政策に賛成しがたいし、危機感すらおぼえている。反対の根拠を示すためには、政策選択の判断に役立つエビデンスが重要だと考えて、実証分析の努力を重ねてきた。そのエビデンスによれば、財政支出の縮減という現行の市場化政策とは逆に、高等教育に税金を投入することが経済合理的な政策判断だと説明してきた（矢野 二〇一五）が、文科省や財務省や世間を説得できるレベルにははるかに遠く及んでいない。

個人的な研究経験はともかく、九〇年代以降の教育改革の嵐は、教育社会学者にとっては格好の土俵だった。矢継ぎ早の改革が続くなかで、多くの政策イシューとその背後でグローバルに共有されている社会構造を総合的に理解する知恵が求められている。長く続く教育改革の影響もあって、教育学部の辺境にあった教育社会学が、教育研究のセンターに立つかのような雰囲気に変わった。大きな話題になった学力低下問題は、教育過程における実践的課題であり、教育学の有効性が発揮されるはずの分野だが、学力の政策論争をリードしたのは教育社会学者たちだった。政府の審議会や会議に関与する教育社会学者の数も確実に増えた。

政策研究の論文が増えただけでなく、教育学部における政策研究の制度化も浸透しているようである。東北大学のように、教育政策科学講座を教育学部・研究科の柱にする大学も現れているし、政策分野のテーマを教育社会学の研究領域としてホームページに記載する大学の数も増えている。こうした勢いの全体からすれば、「教育社会学が、政策科学のコーディネーター」になり、そこに「教育社会学の未来がある」という清水の予感が実現しているかのようである。

二　政策の混迷か、時代の転換か

しかしながら、このような楽観的な結論に納得する教育社会学会会員はむしろ少ないのではないか。そのように推察するのは、現在の教育改革や政策に賛成している教育研究者が多いとは思えないからである。政策は現実の教育問題を解決するための方策である。批判されることの多い政策が、政策科学の貢献だということになれば、何のための政策科学だと疑いたくなる。

現在の教育政策は、このような皮肉を口にしたくなる状況にある。この事態を皮肉ではなく、真摯に受け止めなければ、政策科学への道は拓けないのではないか。実際のところ、政策科学的な見方が研究者の間で共有されているとは思えず、多様な見解が錯綜したまま、現実の政策評価に大きな認識ギャップが生じている。こうしたギャップが生じるのは科学的な論理を軽視した為政者の政治的判断が誤っているからだ、と政府批判をすれば済む問題ではない。教育問題を取り巻く環境はますます複雑化し、将来の予測を難しくし、政策科学的な見方も一意的に定まらず、混迷しているのが現実ではないだろうか。

困っているのは、教育研究者だけでなく、政策形成者も同様のはずだと推察するが、政府は必ずしも混迷しているわけではなさそうである。かなりはっきりと政策コンセプトの転換を謳っているからである。二〇〇五年の中央教育審議会答申「我が国の高等教育の将来像」は、「高等教育計画から将来像へ」という基本的な考え方の転換を述べている(中央教育審議会大学分科会 二〇〇五)。「高等教育政策の手法はその使命を終え、「高等教育計画の策定と各種規制」の時代から「将来像の提示と政策誘導」の時代に移行する」というのである。私には正直、この文章の意味がよく分からず、「計画から誘導の時代」になったらしいフレーズにびっくりした。「高等教育政策の手法はその使命を終え」たとこれほどあっさりと書けるほどに、高等教育政策の手法が検討され、検証されてきた実績が、文科省にも研究者の間にもあるわけではない。にもかかわらず、一八歳人口の規模の数量的管理だけが高等教育計画の方法だと狭く限定して、高等教育計画の多様性を葬っている。しかも、その後に「将来像の提示と政策誘導」の時代だと断じる大胆さには驚く。中央教育審議会は何を議論していたのかと訝るばかりだが、この政策転換が世間の話題に上ることはなかった。むしろ、大いに歓迎されたような雰囲気だった。政策策定者が自負しているキーワードは、「きめ細やかなファンディング・システム」にある。国公私の教育・研究機関の特質に目配りして、国公私を通じた競争的・重点的支援の拡充により、積極的に改革に取り組んで成果を挙げている大学等を「きめ細やかに」支援すると述べている。きめ細やかなあたたかい支援のようでもあるが、「何をするのが望ましいか」というビジョンを政府が提示し、その方向に誘導するのが、政策の新しい考え方らしい。後になって経済官僚の友人が、「ビジョンの提示と政策誘導」というのは、旧通産省以来の常道的な霞ヶ関の補助金行政の手法だと、まことしやかに解説してくれた。中小企業の競争を刺激し、優良企業を育てる補助金行政を思い起こして、なるほどと納得してしまう説明である。今まで独特だった虎ノ門(文部省・文科省の別称)が、霞ヶ関化した時代の転換なのかもしれない。

九二年の論文で述べたように、計画とは、「未来の科学的予測、システムの目的の設定、その目的を達成するための手段(政策)の体系化」、この三つを兼ね備えた科学的思考である。この思考をどのように批判して「将来像の提示と政策誘導」の時代に移行したのか。その道筋はさっぱり伝わってこないし、伝える気持ちもないようである。高等教育政策に関心をもってきた一教育研究者としての理解では、「人口フロー予測モデル・収益率モデル・職業教育モデル」といった教育計画の方法と技術が使命を終えたとはとても考えられない。技術の使い方や有効性は時代の文脈によって流動的だが、モデルの総体が破綻したわけではない。それどころか、国際動向からみても、ますます必要かつ重要な思考枠組みになっている。

こうした発想はかなりナイーブにすぎるようだが、政府の政策転換と私の判断が大きくずれてくるのは、教育政策を策定する困難の現われではないかと思う。「高等教育政策の手法はその使命を終え」たというのは、政策策定の困難に伴う苦肉の策だといえなくもない。だとすれば、困難の所在を特定化することによって、教育の政策科学的研究の現在と未来の可能性を探索できるのではないか。それが政策研究を展望する一つの方法ではないかと考えた。本書の趣旨にそうなら、教育社会学の最近の成果を丁寧にレビューしたうえで議論しなければならないが、その検証は、最近の研究を支えている若い世代にお任せしたいと思う。ここでは、やや変則的になるが、「政策科学としての教育社会学」という魅惑的な言葉に惹かれて、社会工学から教育社会学に参入した一研究者の目からみた「政策科学への遠い道」を描いておきたい。遠く感じるのは、教育政策を構想し、策定することの困難に悩まされてきたからである。

以下では、三つの困難を特定しながら、政策を科学するための課題を明らかにするように努める。第一は、教育問題とディシプリンの折り合いをどのようにつけるか、という困難である。第二は、社会が求めている教育と現実の教育との間にある困難についてである。そして最後に、教育問題が、教育システムの枠を超えてさらに大きくなったことに伴う困難について考える。

三　教育問題とディシプリン、そして政策科学——教育社会学の役割

教育問題のピースミール社会工学

教育社会学の第一世代は、教育学と社会学という既存勢力に対抗しつつ、教育社会学のアイデンティティを求める論争が活発だった。その葛藤から誕生したのが教育の政策科学である。幸か不幸か、制度化された教育機関で教育社会学の洗礼を受けていない私は、教育社会学とは何かという問いにはほとんど関心をもっていないし、もたずに済んできた。にもかかわらず、四〇年ほど学会の末席を汚してきたのは、教育現象への「実証的接近」と「方法論の自由自在性」という教育社会学界の開かれた伝統がとても気に入ったからである。

新参者である私の関心は、学問的方法、つまりディシプリンよりも先に教育問題にある。何が問題なのか、なぜ問題になるのか。原因と結果の関係を理解すれば、問題解決の道が拓かれるのではないか。それが分からなければ、教育の研究をする意味がないのではないか。教育の政策科学に関心をもったのは、そんな素朴な発想からだった。それに対して、教育社会学者の多くは、問題よりもディシプリンから先に入り、教育社会学的でなければならない作法と思考が埋め込まれる。学問が制度化されている限り当たり前のことだが、それが問題解決の障害になっているとすれば、本末転倒だろう。私からすれば、問題の理解と解決に必要な方法は、量的分析であれ、質的分析であれ、何でもよいし、どのようなディシプリンでもよい。問題解決に使えるディシプリンがよいディシプリンである。乱暴に聞こえるかもしれないが、社会問題の合理的解決を目指すポパー流のピースミール社会工学は、そんな自由さを許容している。異端かもしれないが、制度化される過程の社会学も社会政策学もピースミール社会工学とともに歩んできた歴史をもっている。ハルゼーの『イギリス社会学の勃興と凋落』によれば、「イギリスの社会政策は、一九世紀の社会

学と同様、産業社会の発展とともに発生する社会的経済的問題を解決しようとする努力から始まった」ことが分かるし、「多少のためらいはあったが、ピースミールの社会工学を受け入れた」という本人の体験も告白されている（ハルゼー 二〇一二）。「多少のためらいはあった」というところが、とても印象的である。そのようなやわらかい感性がないと社会学者にも、社会工学者にもなれないと思う。社会学の応用によって教育問題が理解しやすくなり、個人の選択と教育問題を結ぶ論理回路が見つかることもあるが、問題の解決に取り組むことによって、社会学が育てられる側面もある。現状では実践的研究や政策研究に関心が向かない（強いためらいのある）教育社会学者が過半数を占めているようだが、現実問題を実証的に分析する経験は、ディシプリンの理解を深め、ディシプリンの巾を広げる有益な作業である。

清水が政策科学を提唱したのは、「今日ほど教育問題が〝噴出〟し、教育の本質が問われている時代はない」という事態を深刻に受け止めていたからである。その言葉に続けて、「家庭におけるしつけの喪失、過保護、登校拒否、学校嫌い、通塾の流行、中学・高校浪人、大学生の留年・モラトリアム、大学紛争、大学不正入試、学生・生徒の学力水準低下、教師の指導力・モラールの低下、高校増設問題、学区・選抜法の問題、行財〔ママ〕の手詰まり、教科書問題、保守革新のイデオロギー抗争等々、まことに枚挙にいとまがない」という（清水 一九七八）。

四〇年後の今になっても変わらぬ問題群が列挙されている。解決したというよりも消えた問題は、大学紛争と高校増設問題ぐらいだろう。同じ問題がいつまでも解決しないのは悲しいが、問題の量と質は大きく変容しているはずである。問題が発生する場所は同じでも、因果関係は変わっているかもしれない。ここで気づくのは、列挙されている問題群の多くは、教授＝学習システムのなかで発生しており、そのシステムを構成している要素は昔も今もほとんど変わっていないという事実である。そこで思い出したのは、一九六〇年代から七〇年代にかけて国際的に広く普及した社会システムの数量的分析ツールの開発である。一連の研究成果のなかでよく整理されているものとして、政策分析のための社会システムモデルを構築した社会指標研究がある(Garn et al. 1973)。社会サービスの一般モデルを構築し、それを「健康と福祉」「学習と教授」「公共の安全と司法」に適用し、それぞれの分野の社会指標を包括した試みである。古い文献の引用になるが、現在の時点で振り返ってみても、現在の政策研究が直面している困難の所在を理解する枠組みとして有益なので、少し詳しく説明しておきたい。

教授＝学習システムの社会指標

彼らの一連の研究によれば、教育を含めた社会「サービス」の重要な特質は、次の三つにある。第一に、「財」の生産とは違って、生産者と消費者が分離していないということである。サービスの生産性は、生産者(教育の場合は教師)の努力だけで決まるわけではなく、消費者(教育の場合は生徒)の知識・経験・正確さ・動機といった要素と相互依存の関係にある。つまり、サービスのアウトプットは、生産者と消費者の協力による結果(結合生産物)であり、財のように製造物責任を問うのは困難である。第二に、財のアウトプットは評価可能で市場価格をもっているのに対して、サービスのアウトプットは、市場価格をもたない。たとえ、価格がつけられたとしても、それはサービスの生産者の行為に対する支払いであって、アウトプットに支払われた価格ではない。アカウンタビリティがはっきりしないのは、教育だけではなく、サービス全体にいえることである。第三に、社会サービスの質は、心理的な満足によって測られる人々の欲求と価値の多様性に依拠しているということである。つまり、社会の豊かさを測定する社会指標の究極的な評価尺度は消費者(生活者)の満足度(幸福)にある。生徒が楽しく学んでいるかどうかが重要であり、その満足度を左右するのは、アウトプットを経由するルートと、教師との相互作用行為からもたらされるルートの二つである。そして、その満足度が生徒の学ぶ意欲を刺激する。

この三つの特質を前提にした社会サービスの一般モデルは、五つの分類枠から構成されている。①資源のインプッ

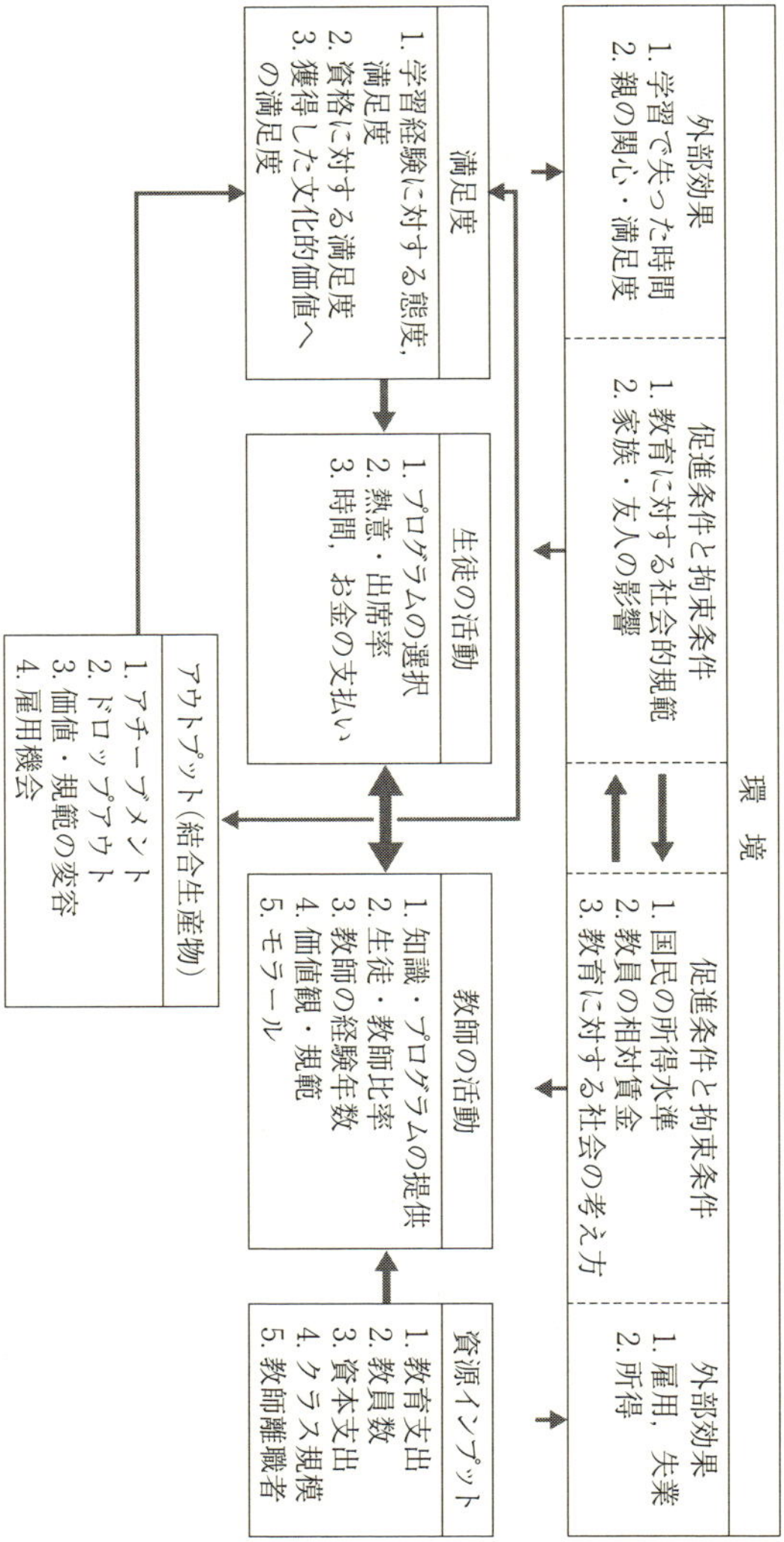

図1　教授＝学習システムの社会指標
出典：Garn et al. 1973.

ト、②生産者（教師）の活動、③消費者（生徒）の活動、④アウトプットである結合生産物、⑤消費者（生徒）の満足度である。この一般モデルに教授＝学習システムを適用し、それぞれのボックスに含まれる具体的な社会指標を引用したのが**図1**である。五つの枠に加えていま一つの大事な要素は、システムの環境である。教師側と生徒側に、それぞれの行動を促進したり拘束したりする環境条件と外部効果がある。図には環境も含めて描いている。

問題とディシプリンの多様な関係

このシステムを初等・中等・高等教育という組織レベルで多層化させれば、学校教育制度の全体像になる。教育問題のほとんどは、こうしたシステムのなかで起きている。インプットである資源の量は外部環境から影響を受け、制約されたインプットからアウトプットまでのプロセスを多様化させているのが、教師と生徒の諸活動と相互行為である。混沌としている今日の政策事情を検証するためには、社会政策分析の基本に立ち戻るのが有益だと判断し、これをベースに以下の議論を展開する。

最初に指摘しておきたいのは、この図の読み方や着目する社会指標が、研究者のディシプリンによって大きく異なるということである。たとえば、アウトプットの一つであるアチーブメント（学力）の周辺をとりあげてみよう。学力の本質を考える教育哲学者もいるが、教育学者の多くは、「教師と生徒の相互作用と人間関係」に焦点をあてた教室のコミュニティと学力の多様性に関心が向くだろうし、学力よりも価値や規範の変容を強調すると考えられる。それに対して、教育社会学者は、教育学と重なりながらも、環境として位置づけられている家族の影響に、主たる関心を向ける。学力だけでなく、生徒の活動（熱意や出席率）も家族階層の影響を受け、結果的に学力格差が生み出されると解釈される。

その一方で、経済学者は、投入するインプットと結果としてのアウトプットの関係に焦点をあてる。教育の生産関数アプローチとよばれる方法である。資源インプットである教育支出やクラス規模、あるいは教師の諸活動がもたらす生産性が測定できれば、学力問題の解決に資する施策が提案できる。政策科学の技術的方法になると、もっと明確である。インプットとアウトプットを測定して比較する費用効果分析法が代表的である。この技術を教育システムに適用するのは簡単ではないが、クラス規模や教授方法によって学力やドロップアウト率が異なっているのは確かであり、用意周到な方法(ランダム化比較実験や擬似実験)を重ねれば、かなり有効な方法になる。レヴィンとマキューアンは、費用効果分析が、政策の立案だけでなく、政策の評価に有益であることを示している(レヴィン・マキューアン 二〇〇九)。

政策科学の広がりと教育社会学の役割

同じ教育問題を取り上げても、それを読む視点と解釈はディシプリンによって大きく異なるから、問題の解決を目指す政策科学がインターディシプリナリ・アプローチを必要とするのは必然である。しかも加えて、「教育問題を対象」とするだけでなく、「政策を対象」とする科学も政策科学である。政策を対象とする政策科学は、教育社会学よりも、教育行政学の主題になるのがふさわしいかもしれない。教育行政学の泰斗である市川昭午は、実践的研究回顧録のタイトルを「教育政策研究五十年」としている(市川 二〇一〇)。その最初に、「教育に関連した研究は通常、「教育学」あるいは「教育科学」と呼ばれているが、私はそのいずれでもなく、「教育研究」としている」と述べている。さらに「私が行ってきたのは、教育政策あるいは教育行財政の研究であって、「教育に関する政策学的研究や教育行政学的研究ではない」」という。「政策学、あるいは行政学や財政学の理論を教育の分野に適用すれば足りる」という研究態度を、批判的かつ意図的に避けているからである。

先に紹介した金子の論文は、教育政策を動かしている「政府の行動の背景、その構造、そして機能の総体」が政策科学の対象だと定義している。こうした政策科学の広がりを考慮して、濱中義隆らによる直近の「高等教育研究と政策」のレビュー論文は、政策研究を次の三つに分けている(濱中他 二〇一六)。第一のタイプは、経済社会構造の分析から政策インプリケーションを導く研究。これは、教育問題を対象とした政策科学に近い。第二は、高等教育政策が高等教育機関に及ぼす影響に関する研究である。教育政策を対象とした研究になるが、政策の評価でもある。政策の

「意図せざる副作用」を検証しながら、政策を洗練する必要がある。混沌とした政策事情において、今後ますます重要になる研究分野だろう。第三が、高等教育政策の形成プロセスに関する研究である。政策の利害関係者の力学に焦点をあてており、政治学の文脈からの政策研究になる。具体的な論文と考察は、原著を参考にしていただくとして、ここでは、政策科学の広がりを確認するにとどめておきたい。

こうした広がりを考えるとき、市川の政策研究に倣って、「行政学や財政学の理論」だけでなく、社会学、経済学あるいは政策技術を「教育の分野に適用すれば足りる」という研究態度を避けなければならない。しかし、その一方で、専門家は、自分の専門のディシプリンやエビデンスは他のアプローチよりも優れていると思い込んで、互いに他を排除する悪癖をもっている。これでは、教育の政策科学的アプローチを担うことはできない。お互いに自省しながら、教育社会学の開放性を今までの伝統以上に広げることが何よりも大切である。それを可能にさせる一つの方法は、教育データベースの研究インフラストラクチャーを構築することである。データの共有化によってはじめて、異なったディシプリンの会話が成り立つ。経済学者による日本子どもパネル調査の成果(赤林他編 二〇一六)を読みながら、異分野の研究交流を促進させるためには、データを分有するのではなく、データの共同生産からはじめて、共同利用することが重要だと感じさせられた。このインフラづくりに率先して取り組む必要があるのは、研究者だけではない。文科省が積極的に共同参加し、リードしなければ、日本の現状に即した日本の政策立案能力は向上しないだろう。社会文脈の異なる海外の政策を輸入することは避けなければならない。

四 社会人に必要とされる学習のアウトカムはいかに形成されるか

高等教育研究者が図1をみれば、モデルのコンセプトが古いと思うかもしれない。教育のアウトプットではなく、ラーニング・アウトカムズの重視が、今の大学改革の柱になっているからである。アウトプットからアウトカムへの変容に、大学教育問題の混乱と難しさがある。これを第二の困難として取り上げておきたい。

社会政策学(Social Policy)の常識では、内部システム(教授=学習過程)の最終結果(出力)がアウトプットであり、そのアウトプットが外部システム(社会経済システム)に影響を与える総体をアウトカムとよんでいる。アウトカムの用語を説明している教育政策の文献はあまりみられないが、私の知る限り一つある(国立教育政策研究所内国際成人力研究会編 二〇一二)。その用語解説によれば、「アウトカムとは、成果と訳され、評価の指標として用いられることが多い。どれだけ投資したかをインプット(例えば時間と費用)といい、インプットの結果として何がどの程度達したか(たとえば研究の分野では論文数等)をアウトプットという。これに対し、アウトカムとは、アウトプットが社会にどれだけの影響を与えたかを問う。従来は数値化のしやすさからアウトプットが評価の指標の中心になっていたが、近年はアウトカムが重視されるようになってきている」。

教育経済学では、「所得の向上」を教育成果の代表的な指標にしているが、所得の向上は、教育のアウトプットではなく、教育の経済的アウトカムである。そして、OECDのアウトカム研究では、経済的アウトカムだけでなく、生活の満足度や健康や社会的信頼などを社会的アウトカムとし、教育が社会経済に多様な影響を与えている事実を政策策定のためのエビデンスにしている。

同様に、生徒が獲得した知識(学力)などはアウトプットであり、そのアウトプットが力になって、卒業後の仕事や生活で発揮される能力が学習のアウトカムである。アウトカムはアウトプットによってもたらされるが、学習のアウトカムは具体的に観察できるわけではない。そこで、教育の外にある産業界が期待している労働者のコンピテンシー(能力)が調査される。その調査結果を学習のアウトカムだと定義し、教育システムのアウトプットはアウトカムに一致するのが望ましいと主張されたりする。アウトカム重視の教育改革である。

イギリスのように、職業資格と学位資格の互換性が保てるように詳細な能力リストを作成している国のコンピテンシーとラーニング・アウトカムズの紹介文を読んでも(たとえば、川嶋 二〇〇八)、よほどの専門家しか理解できないと思う(少なくとも私は何度読んでも分からなかった)。日本の現状に即して考えるなら、教育界の外にある経済産業省の社会人基礎力を学習アウトカムの概念にするのが分かりやすい。二〇〇六年に提唱された社会人基礎力は、「職場や地域社会で多様な人々と仕事をしていくために必要な基礎的な力」を三つの能力(「前に踏み出す力」「考え抜く力」「チームで働く力」)に分け、それぞれの能力を一二の要素(主体性、課題発見力、創造力、発信力など)に整理したものである(社会人基礎力に関する研究会 二〇〇六)。常識的ともいえる概念だが、教育界に大きなインパクトを与えたのは事実である。基礎学力や専門知識(これはアウトプットである)を否定しているわけではなく、教育システムが想定しているアウトプットが、卒業後の仕事に必要な能力(アウトカム)をもたらすように編成されなければならないという枠組みになっている。

ごもっともな社会人基礎力がこれだけ流行るには、二つの理由がある。一つは、社会経済システムと雇用環境が大きく変化し、「知識経済社会の「知識」がもつ教育上の意味」が問われるようになったからである(ガイル 二〇一二)。その答えは複雑だが、伝統的なディシプリン型の知識だけでなく、さまざまな生活場面で流動的に求められている知識能力を伸ばしていかなければならない時代になっている。テストで測定する伝統的なアウトプットだけでは教育システムと社会経済システムの橋渡しが困難になっているのは確かだが、ロボットと一緒に協働する時代に必要な仕事と知識は何なのか。近い将来に確実に変わる知識の教育上の意味はまだ誰も分かっていない。第二の理由として、大学教育のアウトプットが社会で信頼を失っているという日本の特殊事情がある。「大学教育の専門知識に期待していない」「学業成績に実質的な意味がない」というのは、昔からの産業界の批判である。大学生の学力の低下が重なって、大学は学生の学力(＝アウトプット)を向上させる努力だけでなく、外の社会が要請しているアウトカムをアウト

表1　社会人力を規定する要因

	標準化されていない係数		標準化係数	有意確率
	B	t値	ベータ	
（定数）	2.017	27.330		.000
高専成績（4〜5年生）	.050	5.749	.094	.000
高専での全体満足度	.215	11.708	.192	.000
生涯学習の頻度	.341	11.993	.197	.000
相談できる友人の数	.149	11.799	.196	.000

注：自由度調整済み R2 乗＝ 0.156.

プットしなければならないという脅迫にさらされている。

アウトプットとアウトカムの二つを測定し、両者の関係を把握するのはそれほど易しいことではない。教育現場の最前線に関わるテーマだけに、現場はしばしば混乱する。問題の所在を説明するだけでは、政策科学にならないので、図1に即して私が携った調査の実証的分析結果を紹介しておきたい。一五歳から五年間の専門教育として国際的に有名な工業高等専門学校の卒業生を対象にした「学習歴とキャリアの調査」である。一つの分析の柱として、「現役のエンジニアが身につけている能力（＝アウトカム）」はどのように形成されるか、という問いを立てた。そのなかで最もシンプルな分析事例を紹介しておきたい。「現在、あなたは次に示す能力をどの程度身につけていると思いますか」を質問した。「実験から問題の本質をつかむ力」「自分で考えながらものづくりする力」「新たなアイデアや解決策を見つけ出す力」「協働する力」「プレゼンテーション能力」の五項目について、「十分身についていた」から「まったく身についていなかった」の五段階の自己評価である。この五点評価の総合点を社会人力とよんでおきたい。

次に本人の学習歴として、次の四つを考えた。①高専時代の「学業成績」、②高専教育の「満足度」、③現在、生涯学習をしている頻度、④仕事で困ったときに相談できる友人の数、である。これらが社会人力に与える影響を分析した結果を示すと**表1**のようになる。

学業成績も満足度も、社会人が必要とする能力を向上させる力をもっている。アウトプット指標だけでなく、社会人にとって重要なのは、卒業後の生涯学習であり、仕事に困ったときに相談できる友人（知識、知恵の宝庫）である。これらの総合効果が社会人力を支えている。アウトプットがどのようなアウトカムをもたらすかというテーマは、学校時代の学習経験が卒業後のキャリアとどのように関係しているか、というテーマと同系である。学生の学び方もアウトプットも多様であり、卒業後のキャリアも多様である。多様性と多様性の接続関係は複雑だが、多様性の存在を大学の現場が押さえておかないと、ラーニング・アウトカムズという外来語に振り回されかねない。表1の分析は単純にすぎるというかもしれないが、「アウトプット→アウトカム」というベクトルの存在を現役の学生にしっかり伝えることは、学習意欲の向上にとってきわめて有益だと私たちは考えている。これをエンジニア教育の特殊例だと思うのは間違っている。いずれ研究結果が公表されると思うが、文系の教育も同じ構図になっている。

五　膨らむ教育問題と縮む教育予算——財政からの政策ビジョン

最後に、図1には描かれていない社会経済システムに関わる教育問題の困難について考えておきたい。規範学としての教育学が大きな社会的意味をもつのは、よりよい教育がよりよい人間を形成し、それがよりよい社会をもたらすという発想にもとづいているからである。高等教育の将来像答申が、「ビジョンの提示と政策誘導」を語るのは、教育政策にはビジョンが必要だと考えているからだろう。よりよい社会論やビジョンがなければ、教育政策の魅力はなくなるが、ビジョンと政策を結ぶ回路は短絡的であってはならない。

私が教育研究に取り組んだのも、よりよい社会を設計するためには、教育からアプローチするのが有力な戦略だと直感したからだった。機械のように社会を設計できるとは考えていないが、教育と社会を結ぶ設計思想がなければ、教育を研究する意味はないと思ってきた。非現実的な理想主義的教育の研究をしてきたわけではなく、リアルな現実世界のデータを解析しながら、よりよい社会を構想するように努めてきた。リアルな世界というのは、教育と経済の関係である。私の理解からすれば、「教育を通じて社会を平等にする」という教育の理念を支える一つの道筋が、人的資本と訳されているヒューマンキャピタル(Human Capital)の理論である。

図1と社会経済システムとの相互依存体系に着目すれば、教育の政策課題は、次の二つに集約される。一つが、教育システムの入り口になる機会の平等性。いま一つが、出口になる雇用の効率性と社会の平等性である。機会の平等性は、経済(家計)が進路選択に与える影響であり、雇用効率性は、教育が経済に与える効果である。教育が雇用の効率性を高めるのは、教育のアウトプットが経済的アウトカムをもたらすからであり、社会的アウトカムを考慮すれば、教育が社会の平等性に与える影響も評価できる。

教育と経済の関係が社会ビジョンを構想する技術になるのは、教育のアウトプットが経済および社会に与える影響が大きいからである。教育計画の一つの方法が、経済的アウトカムを基準にした「収益率モデル」だが、このモデルの有効性が消滅したわけではない。大学教育の投資効果はますます大きくなっているだけでなく、大学投資の拡大によって、結果としての平等化が実現する。経済分析から示唆される大学政策の方向性については、拙著を参照してほしい。

教授=学習システムからみれば、教育問題の所在は大きく変わっていないと述べたが、この解釈は一面的でもある。問題の深刻さや重要性が大きく変わっているからである。学力問題よりも、いじめ問題や不登校問題を優先すべきだという意見もあるだろう。教室の人間関係の秩序が揺らぎ、生徒と教師の相互協力と信頼が怪しくなり、生徒の学習満足度は急速に低下しているかもしれない。サービスモデルからすれば、学力が向上しても生徒の満足度が下がれば、教育の質は低下したと判断される。学力だけでなく、いじめや不登校の問題解決に向けた政策科学的研究が必要なのは確かだが、今日の教育が抱えている問題は、さらに大きく膨らんでいる。教授＝学習システムの枠を超えて、教育問題が家族と雇用という社会経済問題と一体になっているからである。つまり、教育問題は、教育のなかで単独に解決できる問題ではなく、教育システムを設計するためには、社会システムのレベルから設計しなければならない。

現在の政府が検討している社会経済政策は、その具体策はともかく、かなり的を射たテーマを掲げている。とくに、家庭教育支援策、学び直し政策、働き方改革の三つに着目しておく必要がある。家族と教育と労働という日常生活の柱が大きく揺らぎ、歪んでいるからである。子どもの貧困に代表される家族の不安定は、雇用の問題であり、生活を脅かすだけでなく、子どもの学ぶ機会を失わせる。教育では、幼児教育のみならず、働く社会人の学び直しが重要である。知識経済はスキルによる所得の不平等を拡大させており、雇用の確保、キャリアの向上、職種の転換などのための生涯教育訓練が必要になっている。大人が学習できる時間を確保するためには、長時間労働の短縮、ワークシェアリング、雇用の流動化、同一労働同一賃金など、働き方の総体を変更し、新しい法やルールによる働き方の制度改革が必要である。

家族の力だけで、教育と雇用の問題を解決するのはかなり難しい。ところが、教育費に関する世論を調査した私たちの研究によると、高等教育や社会人の再教育は、社会政策としての優先順位が低く、これらの問題は家族の責任で解決するのが望ましいと意識されている。図1の「環境」枠のなかに、「教育に対する社会の考え方」という指標がある。世間の教育に対する考え方(世論)が、教育に投入される資源を拘束したり、促進したりしているという意味である。この一本の矢印に着目して広げれば、教育の世論と教育政策との関係を理解する道筋を描くことができる。「教育費をめぐる世論の社会学」という視点から日本の教育と社会政策の特徴を描いたのが、『教育劣位社会』という最近の著書である(矢野他 二〇一六)。

膨らむ教育問題を、教育劣位の縮む予算で解決するのは不可能に近い。その不可能に比べれば、国民の納税額を増やし、教育に税金を投入する教育優位社会にシフトさせる方が、可能性のあるビジョンだと私は考えている。為政者も財務省も、日本的家族共同体主義を復活させ、強化すれば、財政支出を削減しても、教育問題と雇用問題を昔のような小さい政府で解決できると楽観している。家族責任主義の強化を狙いとした家庭教育支援策では、家族から疎外された個人を救うことはできない。それほどに今日の家族問題は深刻である。少子化は、その深刻さのものさしである。

図1が示しているのは、インプットである資源の多寡が教育システムの全体を支えているということであり、アウトプットとアウトカムの量と質は、この資源インプットに規定される。教育支出のあり方を検証する研究を政策研究の中心に据えなければならないが、教育学も教育行政学も教育社会学も経済学も、そして文科省も教育財政の研究をほとんど手がけてこなかった(市川 二〇一〇)。政策研究の大きな欠陥である。

二〇一五年の『社会学評論』が「社会学は政策形成にいかに貢献しうるか」という特集を組んでいる。そのなかで盛山は、財政難の論理に適切に反駁したうえで、社会保障制度の改革を展開できていない社会学を批判している(盛山 二〇一五)。そして、社会学が無力なのは、第一に、経済学の論理と直接対峙することを回避し、マクロ的国民経済的な視点の鍛錬を怠ってきたこと。第二に、「理念を語る際には、その実現条件を無視してよい」という空想的理念主義が知的鍛錬を避ける免罪符になってきたことなどに起因していると指摘している。

財政難の論理に反駁できていない教育政策も教育社会学も、社会学と同じ病いに臥している。以上の三つの困難を重ねれば、政策科学への道は絶望的に遠いといえる。しかしながら、政策研究において最も重要なのは、大きな結論を引き出すことではなく、それぞれの視点から、小さな糸をたくさん張り巡らすピースミールの積み重ねである。二〇一六年の日本教育社会学会第六八回大会におけるテーマ部会(「学力格差分析の課題」)を聞かせてもらった。第四世代になる四人の若い研究者の発表は、第二・三世代に勝るとも劣らない知的刺激に満ちた内容だった。そうした数々の実証科学が、教育社会学の可能性を示唆すると確信している。

参照文献

赤林英夫・直井道生・敷島千鶴編著 二〇一六、『学力・心理・家庭環境の経済分析――全国小中学生の追跡調査から見えてきたもの』有斐閣。
市川昭午 一九九〇、「政策志向の社会諸科学」『教育社会学研究』第四七集、九五―一〇〇頁。
市川昭午 二〇一〇、『教育政策研究五十年――体験的研究入門』日本図書センター、二六頁。
D・ガイル、潮木守一訳 二〇一二、「知識経済の特徴とは何か?――教育への意味」H・ローダー、P・ブラウン、J・ディラボー、A・H・ハルゼー編、吉田文他編訳『グローバル化・社会変動と教育1 市場と労働の教育社会学』東京大学出版会。
金子元久 一九九〇、「政策科学としての教育社会学」『教育社会学研究』第四七集、二一―三六頁。
川嶋太津夫 二〇〇八、「ラーニング・アウトカムズを重視した大学教育改革の国際的動向と我が国への示唆」『名古屋高等教育研究』第八号。
国立教育政策研究所内国際成人力研究会編著 二〇一二、『成人力とは何か――OECD「国際成人力調査」の背景』明石書店。
清水義弘 一九七八、『清水義弘著作選集 第一巻 教育社会学――政策科学への道』第一法規出版。
社会人基礎力に関する研究会 二〇〇六、「中間取りまとめ」経済産業省産業人材政策室。
盛山和夫 二〇一五、「社会保障改革問題に関して社会学は何ができるか――コモンズ型の福祉国家をめざして」『社会学評論』第六六巻第二号、一七二―一八七頁。
中央教育審議会大学分科会 二〇〇五、「我が国の高等教育の将来像(答申)」文部科学省。
濱中義隆・佐藤香・白川優治・島一則 二〇一六、「高等教育研究と政策――奨学金研究を題材として」『教育社会学研究』第九九集、七一―八三頁。
A・H・ハルゼー、潮木守一訳 二〇一一、『イギリス社会学の勃興と凋落――科学と文学のはざまで』世織書房。
矢野眞和 一九九二、「教育計画」『教育社会学研究』第五〇集、一二六―一四五頁。
矢野眞和 二〇一五、『大学の条件――大衆化と市場化の経済分析』東京大学出版会。
矢野眞和・濱中淳子・小川和孝 二〇一六、『教育劣位社会――教育費をめぐる世論の社会学』岩波書店。

H・レヴィン、P・マキューアン、赤林英夫監訳 二〇〇九、『教育の費用効果分析――学校・生徒の教育データを使った政策の評価と立案』日本評論社。

Garn, H. A., M. J. Flax, M. Springer and J. B. Taylor 1973, "Social Indicator Models for Urban Policy-Five Specific Applications", Working Paper, pp. 1206–1211, Urban Institute.

▼ブックガイド▲

市川昭午 二〇一〇、『教育政策研究五十年――体験的研究入門』日本図書センター。

教育行政学という制度的枠組みに囚われず、現実の教育政策の課題に真正面から取り組んできた学際的な教育研究者（著者）の豊かな思考を、戦後日本の教育政策の歴史に即して、リアルに知ることができる。

矢野眞和・濱中淳子・小川和孝 二〇一六、『教育劣位社会――教育費をめぐる世論の社会学』岩波書店。

「教育費負担についての考え方」を調査し、「教育熱心なのに、教育政策の優先順位は低い」という「教育劣位社会」の日本的構造を抽出し、あわせて、世論を踏まえた政策論を展開している。

4

教育社会学と教育現場
——新自由主義の下での関係の模索

酒井 朗

はじめに

教育社会学はさまざまな教育現場を対象として、数多くの研究成果を生み出してきた。なかでも小・中・高校等の初等中等段階の学校は、繰り返し研究対象に据えられ分析にかけられてきた。しかし、渋谷他(二〇一五)が指摘しているように、教育社会学の研究のフロンティアと教育現場のニーズは乖離している状況が見られ、教育現場に入り込んで調査することに多くの教育社会学の研究者が困難を感じている。こうした状況をふまえ、本章では、今日の日本社会において教育社会学が学校を中心とする教育現場とどのような関係を形成しているのかを概観したうえで、今後の両者の関係のあり方について検討する。

この作業を進めるうえで、本章では二つの点に注目する。一つは、教育社会学の学問的な性質である。教育社会学は、教育に関する事象を社会学的な観点から分析する学問であるという点では、家族社会学や都市社会学と同様に、連字符社会学の一つである。しかし、同時に教育社会学は、教育学の一分野として位置づけられており、それが有する規範的な関心を併せもっている。それゆえに教育社会学の研究者は、社会学的観点に立ち、学校をはじめとする教育現場に関する各種のデータを収集、分析し、その実態や意図せざる帰結等を解明するとともに、教育学的な観点に立って、教育活動の意義を評価したり、よりよい在り方を目指してそこでの活動や制度全体をどう改善、改革すべきかについて提言する。

教育社会学に見られるこうした二面性について、中村（二〇一二）は「教育を分析対象として突き放してみる社会学的アプローチを採用することで規範的な教育学との差別化を図る一方で、（中略）教育領域の実践的、規範的関心をも追及するという微妙なバランスを要する稜線を歩んできたように思われる」と記している。この指摘からもうかがえるように、教育社会学は、教育現場に対して、社会学的な観点から分析を進めるとともに、そこでの実践や諸活動を意義づけたり、課題の改善を図るための提言を行うなど、規範的にアプローチする面もある。教育社会学は、この二つの側面のバランスをどのようにとって学問としての独自性を打ち出すかということに、強い関心を抱いてきた。

本章が注目する第二の点は、研究の営みと教育現場の双方を取り巻く社会状況の様相である。一九九〇年代以降の日本社会において、各種の研究活動と教育現場を強く規定してきたのは、新自由主義に基づく一連の教育改革である。この思想の下で、研究者が所属する大学や研究機関も、学校などの教育現場も、いずれも高いパフォーマンスを達成し、ステークホルダーに対する説明責任を果たすことが求められている。そして、そのための手立てとして、現在、大学や学校は関係者や外部の評価を受けることが義務づけられたり、強く期待されることとなっている。

以上の二点をふまえ、本章では、新自由主義に基づく教育改革の下での、社会学と教育学の二つの面を併せもつ教育社会学と教育現場との関係について検討する。具体的には、まず教育社会学がどのようにしてこの二面性を備えることになったのかを振り返ったうえで、そうした性質を有する教育社会学が、教育現場との間で形成している関係をいくつかにタイプ分けし、タイプごとの研究動向と教育現場との関係の特徴を整理する。そのうえで、今後、教育社会学は教育現場とどのような関係を発展させていけるのか、いけばいいのかについて考察する。

なお、教育現場は学校だけではなく、学習塾やフリースクール、社会教育施設など、さまざまある。しかし教育社会学が中心的に関心を抱いてきたのは各段階の学校であるため、本章ではもっぱら学校との関連について検討する。

一　有意性構造のズレと新自由主義的教育改革

教育社会学の二面性の由来をひもといていくと、この学問の成立の時点まで遡ることとなる。教育社会学のテキストでしばしば触れられているように、教育社会学が学問として形を整えてゆくのは、一九世紀末から二〇世紀初頭にかけてのアメリカにおいてである。成立当初の教育社会学は、社会学の知見を教育問題の解決に応用することを目的とし、実践的、技術的な傾向が濃いものだったと言われている。しかし、その一方で教育社会学は、教育という営みを科学的な分析の対象に据えようとする志向性を強く抱いてきた。その先鞭は、アメリカで実践的、技術的な教育社会学が成立したのとほぼ同時期に、フランスで実証的な社会学の在り方を提示したデュルケームに求められる。彼は教育現象を社会的事実として、客観的、実証的に研究する教育科学の確立の必要性を説いた(デュルケーム 一九二二＝一九七六)。

さらに戦後、一九六〇年代になると、さまざまな社会科学の研究者が実証研究の対象として、教育の領域に参入していった。教育への公的支出が大幅に伸び、とりわけ中等教育や高等教育が著しい量的拡大を遂げるなかで、どの国においても教育システムは政治的、社会的な闘争の場となったが、このことが実証研究の発展を後押ししたのである。このようにして、教育社会学は、教育現場の実践的な関心に寄与する知見を提供することが求められるとともに、他方でその現場を分析対象に据えて社会学的分析を志向するという、二面性を備えて発展してきた。

さらに、日本では敗戦後のＧＨＱの統治下で、新制大学の教職科目の一つとして教育社会学が教えられるようになったことが、その性格に強い影響を与えた。日本教育社会学会は、この措置を受けて一九四九年に結成され、翌一九五〇年に第一回大会が開催された。こうした経緯もあって、現在の日本学術会議において教育社会学は、心理学・教育学委員会の「教育学分野協力学術団体」の一つとして登録されている。また科学研究費の分類では、社会科学分野の「教育学」分科の一細目に据えられている。そして、多数の大学において教職課程科目の一つとして、教育社会学が開講されている。生徒指導、進路指導、特別活動などの教職科目も教育社会学の研究者が担当することが多い。

このように日本においては、教育社会学は教育学の一分野としての性格が色濃く、それだけに教育現場との密接な関係が求められている。しかし、それと同時に教育社会学は、社会学として現場を対象化し分析しようとする志向性を強く帯びている。そして、それゆえに教育社会学は、教育現場を分析する際には実践への価値的なコミットメントを努めて避けて、できるだけ客観的にそこでの相互作用や組織運営の在り方を記述することに留意してきた。こうした態度は、ヴェーバー(一九〇四＝一九九八)の言う価値自由の原理に則るものであるという点で社会科学の原則に沿うものであるが、その分析の対象となる現場の教師からは忌避されたり反発を受けることもある。

現場からこうした反応が生じる理由について、志水(二〇〇二)は、研究者と教育現場の当事者との有意性構造(レリバンス)のズレによるものだと指摘している。有意性構造とはシュッツ(一九八〇)の用いた概念であり、志水の論文では「特定の状況や行動や計画から選び出された側面等に個人が付与する重要性」(三六九頁)と説明されている。志水は「研究者のコミュニティを主たる準拠点とする研究者の有意性構造と、いかに生徒を首尾よく指導するかということの関心に導かれる教師の有意性構造は、一般的に言って、部分的に重なることはあれ、ぴったりと一致することはあり得ない」(三六七頁)と指摘した。

そして、このような関係にある両者が、ともに現在の新自由主義的な教育改革にさらされている。つまり、教育社会学と教育現場との関係を検討するうえでは、両者の間にある有意性構造のズレと、その両者をともに覆っている新自由主義的教育改革の影響との二つの要因の影響を考慮して分析していく必要がある。

なお、さまざまな教育改革の中でとくに影響を及ぼしていると考えられるのは、組織活性化のための評価の導入である。各段階の学校には、二〇〇七年の学校教育法改正により学校評価が義務づけられ、大学には二〇〇四年度から外部評価機関による評価が義務づけられた。なお、先に述べたように教育社会学研究者の多くは、各大学の教職課程科目を担当しているが、そこでは実践的指導力の涵養がこれまで以上に強く求められるようになっている。教員養成を目的とする大学や学部は、そうした社会的期待に応えることが評価において重要になっている。教育社会学と教育現場は、相互の有意性構造のズレを持ちつつも、その二つがともに、この評価という課題に向き合わなければならなくなっているのである。

二 教育現場との関係の多様性

教育社会学と教育現場は全体としては以上のような関係にあるが、一つ一つの研究を見ていくと、その関係はかなり多様なことに気づかされる。この多様さを生じさせる理由の一つは、上記に記した有意性構造のズレの大きさが個々の研究により異なることにある。

また、研究と現場の関係は、結局のところ、その研究を実施する研究者と現場の関係者との人間関係であるため、研究者がどの程度教育現場の活動に参加し、教員や児童生徒と接触するかということにも規定される。スプラドレー(Spradley 1980)によれば、参加とは、学校を対象としたエスノグラフィックな方法を用いた調査において、研究者が学校で行われる種々の活動を直接体験することを指す。なお、生徒に質問紙調査を行う場合も、管理職や教員への調査依頼の過程があり、また補足的に教員等に対してインタビュー調査が実施されることもある。したがって、本章では参加という概念を、調査方法にかかわらず、その調査がどの程度学校内の活動に直接接して実施されたのかを指すものとして用いる。

教育現場に参加して実施される調査が現場との間で生じさせる軋轢については、斉藤(二〇一四)が、医学系の研究等で用いられる侵襲の概念を用いて説明している。二〇一四年に文部科学省・厚生労働省から告示された「人を対象とする医学系研究に関する倫理指針」によれば、侵襲とは「研究目的で行われる、穿刺《せんし》、切開、薬物投与、放射線照射、心的外傷に触れる質問等によって、研究対象者の身体又は精神に傷害又は負担が生じることをいう」。斉藤はこの侵襲を、子どもを対象とする観察調査に拡張し、「観察対象となる参加者が観察されることに伴って、行動や心理的な制約を被ること」を指すものと定義すべきであると述べている。教育現場に参加し、児童生徒や教師の行動を観察する研究は、こうした意味で侵襲性を伴うこととなりがちである。

以上の検討をふまえれば、教育社会学の研究は、教育現場との有意性構造のズレが相対的に大きいか・小さいか、現場への研究者の参加の度合いが高いか・低いかの二つの軸により、大きく四つに分けることができる。**図1**はそれを示したものである。

タイプAは、有意性構造のズレが大きく、教育現場への参加の度合いが高い研究である。こうした研究として想定されるのは、研究者が自らの理論的関心に基づいて現場に入り込むタイプの研究で、ここではこれを理論志向的研究と名付ける。タイプBは、教育現場との有意性構造のズレが小さく、参加の度合いが高い研究である。後述するように、これは積極的に現場の問題関心を取り入れて研究を進めようとするものであり、臨床的研究と名付ける。タイプCは、臨床的研究と同様に、教育現場の関心を積極的に摂取して研究を進めようとするが、現場への参加の度合いは低い研究である。ここで想定されるのは主に学力調査結果などの量的データを分析し、課題に対して明確なエビデンスを提供することで現場に貢献しようとする研究であり、エビデンス提供型研究と名付ける。このほか、教育現場との有意性構造のズレが大きく、参加の度合いが低い研究が想定されるが、そうした研究は教育現場との関係が希薄な

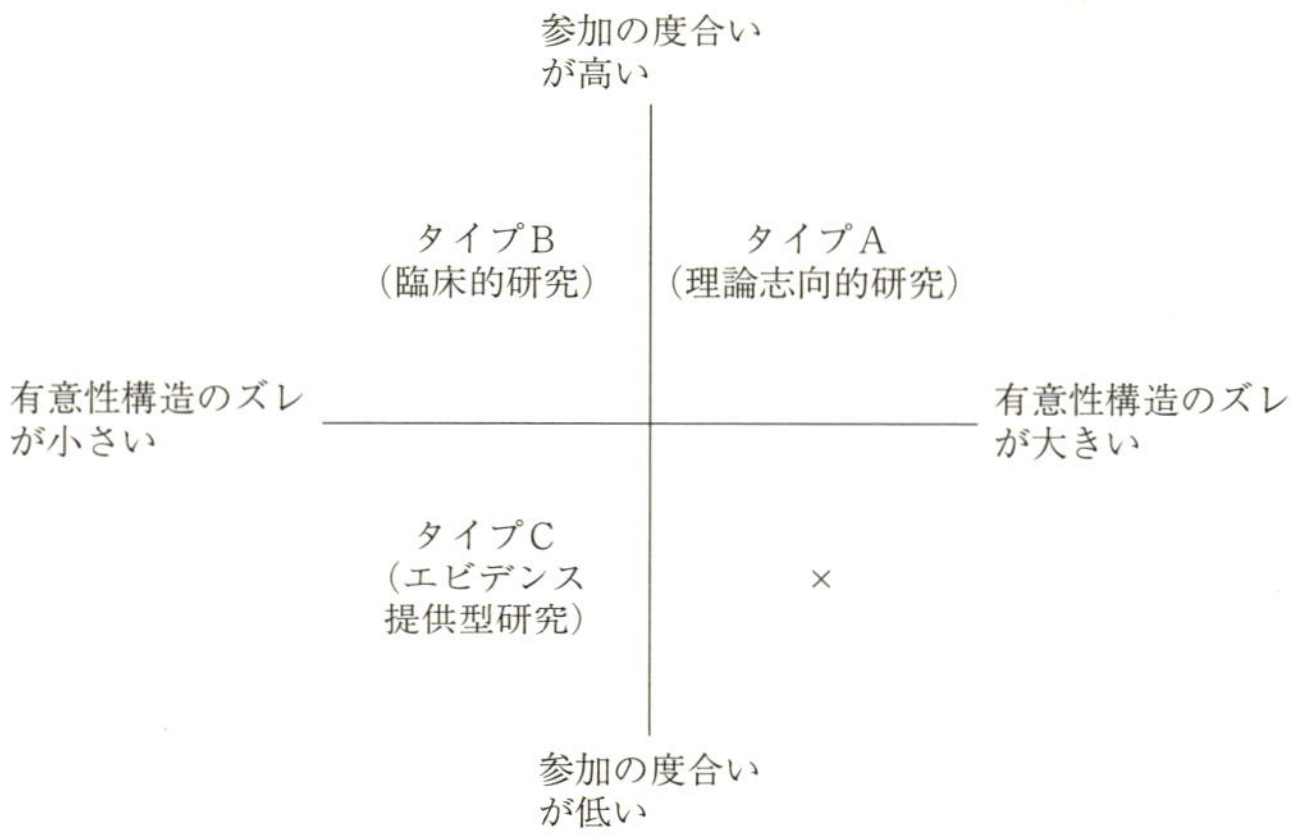

図1　教育社会学研究と教育現場との関係

ものだと考えられるため、ここでの検討から除外する。

なお、これはあくまで検討のための整理として行っているものであり、上記の二つの軸で教育社会学の多様な研究を截然《せつぜん》と分類できるわけではない。たとえば、学校の諸活動に直接参加して実施されるエスノグラフィの調査であっても、そこでの参加の仕方には、単なる観察者としてその場を記録することに徹する〈受動的な参加者〉から、その場のメンバーのまったくの一員としてその場に参加する〈完全なる参加者〉まで、いくつかのバリエーションがありうる(Spladley 1980)。質問紙を用いた調査研究は、エスノグラフィの調査よりは参加の度合いが低いが、現場の教員や生徒への聞き取りを併せて実施する場合は、それだけ参加の度合いが高くなっていく。

なお、評価に基づく学校経営が求められる今日、国や教育委員会や学校が独自に生徒対象の質問紙調査や学力調査を実施することが増えており、研究者がそれを二次分析する機会も増えている。こうした研究は現場と関心が共有されていれば有意性構造のズレは小さくなるが、現場に参加する機会はあまり多くないものと思われる。

三　タイプA――理論志向的研究

タイプAは、研究者が自身の研究関心に基づいて学校に入り込み、観察やインタビュー調査などを実施する研究である。こうした研究が積極的に実施されるようになった一つの契機は、ヤング(Young 1971)により提唱された新しい教育社会学の流れにある。新しい教育社会学は、不平等の原因として、スループットとしての学校内部の諸過程に関心を寄せるとともに、教育関係者が自明視している教育事象、すなわち、カリキュラムや評価カテゴリー、教育方法、教師生徒間の相互作用などを分析の対象に据えた。さらに、ジェンダーと教育に関する研究は、「隠れたカリキュラム」や教師のジェンダーバイアスなどに注目した。ニューカマーの生徒の学校での処遇や、彼らのアイデンティティ形成に関する研究も進展した。さらに、エスノメソドロジーの理論に基づいて、学校における秩序生成にも関心が向けられた。

これらが相互に重なり合いながら、学校の内部過程が着目されてきた(松原他 一九八一、耳塚他 一九八二、学校社会学研究会編 一九八三、清矢 一九九四、氏原 一九九六、木村 一九九七、志水・清水編 二〇〇一など)。また、学校的社会化に着目する北澤(二〇一一)や鶴田(二〇一〇)や、授業において教師の質問に対する生徒の発言を分析する森(二〇一四)等の研究は、人々が自明としている場面の成り立ちを解明しようとしてきた。

新しい教育社会学を提唱したヤングは、学校研究は学校関係者の関心によるのではなく、研究者独自の観点から問いを立てることを信条とせよと唱えた。タイプAの研究は、ヤングの主張に沿って社会学的な理論枠組や調査方法を用いた分析を重視し、教育学に見られる規範的実践的な関心を二次的なものとした。しかし、こうしたタイプAの研究は、新自由主義的な教育改革の下でさまざまな試練に直面している。たとえば、大学の教員養成課程において学術的な理論よりも実践的指導力の涵養が要請されるようになることで、タイプAの研究に対するニーズが低くなってきている。志水(一九九三)が記しているように、イギリスにおいては、こうした動きが一九八〇年代に生じていた。すなわち、一九七〇年代に注目された新しい教育社会学は、新自由主義を掲げたサッチャー政権下において、政策者側からしだいに敵視されるようになっていったのであった。

だが、教育現場での秩序の成り立ち方やそこに作用する文化的なバイアス、民族的マイノリティや障害を抱えた人々の処遇、不平等の再生産や社会的排除の問題等を理解するうえで、タイプAの理論志向的研究は不可欠である。これらの研究は、教育社会学を教育学から自立させて学として存立させている理論基盤の一端を担っている。また、社会学理論に基づく分析が、結果的に教育現場の担当者をエンパワーする場合もある。たとえば、エスノメソドロジーに基づいて、保健室における養護教諭と生徒との会話を会話分析の手法で分析した秋葉(二〇〇四)の知見は、身体の症状に対するやりとりから始まる保健室の会話が有する心理相談機能の高さを示すことで、養護教諭の役割を再認識させることとなった。

四　タイプB――臨床的研究

タイプBの研究は、教員養成において実践的指導力の涵養が強く求められるようになるなかで、教育学や、その一分野としての教育社会学の研究の在り方を見直そうとする動きに基づいたものである。こうした動きに対して、教育社会学では臨床という言葉を付して、臨床教育社会学、教育臨床社会学、あるいは学校臨床社会学などの新たな学問名称が提案されてきた。教育学でも同様の動きがあり、臨床教育学や教育臨床学という名称が提唱された。酒井(二〇一四)は、教育学における臨床の概念は、実践性への要請を引き金にしてそれまでの研究の在り方を反省的に捉え、教育現場と関係を密にして新しい教育学の在り方を打ち立てようとするための概念的なしかけだと指摘したが、教育社会学において臨床の概念が導入されたときも、同じことが当てはまる。その背後には、教育社会学や教育学の存立についての危機感が潜んでおり、同書には以下のように記されている。

教育学や教育社会学は、教員養成や教育の現場に対してどのように貢献できるのかが、これまで以上に厳しく問われている。その解を持たないのであれば、教員養成におけるそれらの学問のウエイトは今よりずっと低くなっていくことだろう。そして、教育学や教育社会学を学生時代に学ぶ機会の乏しい教員が増えれば、それらの学問は学校現場からは縁遠いもの、無意味なものとして、ますます遠ざけられていくに違いない。(酒井 二〇一四、ii—iii頁)

タイプBの研究は、こうした問題意識に基づいて、新自由主義の下におかれた教育現場が抱える諸問題について、そこで教鞭をとる教師や管理職と関心を共有しながら積極的に現場に参加して知見を生成してきた。

このようなタイプBの研究の一つとして、志水(二〇〇五、二〇〇六、二〇〇八など)や鍋島(二〇〇三)による、「効果のある学校」に関する研究を挙げることができる。彼らの関心は、学力調査において社会階層による生徒の学習格差が露呈していることに対し、どうしたらその格差を縮めることができるかという課題に向けられている。そして、高い成績を収めている学校に対するフィールドワークを実施し、学校の成功のポイントを八点にまとめて、「スクールバスモデル」として提示した(志水 二〇〇八)。また、全国学力調査をもとに全国各地の学校で調査を実施し、とくに学習面での取り組みが成功の鍵であることを指摘した。

また、紅林ら(二〇〇三)は、プライバタイゼーション(私事化)の進展に伴い学校内の教員の同僚性が大きく変化する状況下での協働の在り方を、三つの中学校でのフィールドワークを基に考察している。このテーマをさらに発展させて、紅林(二〇〇七)では、各学校が学校関係者からの評価を受けるなかで、そうした学校外の関係者とどのような協働的関係を構築できるかについて考察している。

一方、酒井は、不登校や高校中退、あるいは小学校や中学校に入学した際の子どもの学校不適応問題に着目し、これらに対処するために学校段階間でどのように連携していけばいいのかについて検討している(酒井・横井 二〇一一、酒井他 二〇一六)。さらに、不登校の子どものための地域ネットワークの形成や、高校中退の危機にある生徒への支援などについて、フィールドワークや事例調査に基づいた知見を報告している(酒井編 二〇〇七、酒井・林 二〇一二、酒井・川畑 二〇一一)。

タイプBの研究が扱うのは現代の教育現場が抱えているこれらの課題である。現場と問題関心を共有し、そこに入り込んでデータを収集し、その知見を発信してきた。さらに、タイプBの研究では、現場の教員と協働して課題の遂行にあたるアクションリサーチの手法が提案されたり(酒井編 二〇〇七)、あるいは教育現場の教員が実践上の課題をふまえて研究に携わるといった研究も現れている。こうしたタイプBの研究がもたらす知見は、学力や生徒指導面で成果を求められている学校に対し、諸課題にどう向かえばいいのかについて具体的な示唆を与えるものとなっている。また、それと同時にさまざまな課題に対する各学校の取り組みを価値づけていくという機能も有している。つまり、「がんばっている」学校(志水 二〇〇八)や教員をエンパワーすることになっているのである。

五　タイプC——エビデンス提供型研究

タイプCは教育現場で強い関心を集めている問題を扱う点で有意性構造のズレは小さいが、現場にあまり参加しないで進められる研究である。タイプCの研究は、もっぱら数値データに基づいて現場で強い関心を集める問題を実証的に分析し、その知見を社会に発信することで教育政策をリードし、現場に影響を及ぼすというコミュニケーション回路を形成してきた。新自由主義的な教育改革により、教育活動の効果に関する明確なエビデンスが求められるようになっており、この種のエビデンス提供型研究に対するニーズが高まっている。兵庫県尼崎市教育長の徳田(二〇一二)は、「教育行政の立場から見る教育社会学」と題し、エビデンスが求められる現状を、「「検証」という圧力」という表現を用いて次のように述べている。

「検証」という圧力によって、対費用効果が常に求められる。ただ、市町村の教育委員会においては予算だけでなく、人事権も十分確保されていない中で、数値で表される短期的な結果を求められており、大切にしなければならない長期的な対応が手薄になってきているように感じている。(徳田 二〇一二、四三三頁)

徳田が指摘しているように、義務教育を中心的に担う市町村教育委員会は予算も人事権も十分に確保されていないにもかかわらず、数値による短期的な結果を求められている。タイプCの研究は、機会の不平等や格差など、教育社会学の固有の問題関心に沿いながら、このような現場のニーズに応じたアウトプットを産出してきた。

タイプCに括られる研究の一つは、学力低下ならびに学力格差に関する一連の研究である。一九九八年の学習指導要領の改定により教育内容が厳選されると、二〇〇〇年前後から学力低下への不安の声が上がったが、多くの教育社会学研究者がそれに呼応して、学力の低下や格差の問題に焦点を当てて実証的な研究成果を発表してきた。その先鞭をつけたのは苅谷他(二〇〇二a、二〇〇二b)や耳塚他(二〇〇二)であり、さらに苅谷・志水編(二〇〇四)は社会階層間の学力格差の問題に迫った。学力低下の批判を受けて文部科学省が二〇〇七年から全国学力・学習状況調査を実施するようになると、耳塚は同調査の実施方法に関する各種の専門家会議に継続して参加した。二〇一三年度の調査の際に、本体調査と併せて実施された「きめ細かい調査」において、保護者の学歴や収入と学力の関係を分析したのも、耳塚を代表とする研究グループであった。

また、内田(二〇一〇a)は学校における多種多様な事故の発生件数や確率を比較し、エビデンスに基づいた学校安全施策の推進を提唱している。内田の研究が引き金の一つとなって、学校安全に対する行政担当者や現場の意識が変化してきたものと思われる。組体操の取り組みの見直しなどは、その具体例として挙げることができるだろう。柔道の事故は内田が特に力を入れてきた問題であり、二〇〇八年の中学校学習指導要領改定により体育で武道が必修化される際には、積極的にこの問題に関するエビデンスを提示した(たとえば、内田 二〇一〇b、二〇一三)。

六 教育社会学は教育現場とどう関わっていくか

上述のとおり、教育社会学と教育現場は有意性構造のズレをもちつつ、そのどちらもが新自由主義的な教育改革が進展する状況下に置かれている。そのなかで、教育社会学の個々の研究は、教育現場に対してそれぞれ異なった関係を築いており、本章ではそれを三つにタイプ分けした。

冒頭で記したように、教育社会学は社会学と教育学の二つの面を兼ね備えている。それゆえに、教育社会学は一面では教育現場と問題関心を共有する可能性をもちながらも、他方では、社会学的な理論的、分析的な視点を併せもっている。現場との有意性構造のズレは、どの学問においても見られることであるが、教育社会学は、こうした学問の性質ゆえに、教育現場に対して規範的、実践的に関与することだけを志向することは難しく、この有意性構造のズレが一定程度あることを前提として、現場とどのように関わるかを検討することが課題となっている。

しかし、各タイプの研究の教育現場との関わりを子細に検討して分かるのは、今の日本社会では、教育現場との有意性構造のズレが大きいままで、教育社会学がそこに関わることには相当な困難が伴うということである。この状況が如実に表れているのが、研究者自身の関心から教育現場に入り込んでなされるタイプAの理論志向的研究である。このタイプの研究の実施の困難さにはいくつかの理由を指摘することができる。第一に、新自由主義的な改革により具体的な教育活動の成果や評価の実施が求められる今の教育現場には、そうしたズレの大きい、つまり現場の問題関心とは無関係に感じられる研究を受け入れるだけの余裕がない。第二に、ともすれば研究者自身の問題関心に基づく研究は、現場において見過ごされてきた問題を暴露しがちであり、保護者や関係者の評価にさらされる学校としてはリスクを伴う。また、観察対象となる児童生徒への侵襲性が高いことも、学校の評価という点で危ぶまれる。さらに第三点目として、実践的指導力の涵養が期待される大学の教員養成において、現場と問題関心を共有しない研究に対するニーズが低くなっていることも指摘できる。

一九九〇年代以降に新自由主義的な教育改革が進展する状況下で教育現場を対象としてきた研究は、こうした研究遂行の困難さを打開するために、教育現場とどのような関係を構築していけばいいかについて模索してきた。その一つの提案が、タイプBの臨床的研究である。タイプBの研究は現場の抱える課題を積極的に摂取し、それを教育社会学の観点から分析してその知見を現場に還元することにより、研究の生き残りを図ることを提案した。しかし、筆者自身が指摘したように、この臨床の学において危惧されるのは、教育社会学が応用研究に変質していくことである。筆者はこの傾向を打開するために、臨床的な教育社会学研究は、現場で問題とされている事象をそのまま受け取るのではなく、それを社会学の視点から相対化することで、問題の捉え方自体を見直すことの重要性を提案した(酒井 二〇一四)。

タイプCのエビデンス提供型研究は、教育現場との関係の再構築のためのもう一つの提案として解釈することができる。タイプCの研究は、新自由主義的な改革が教育現場に対して成果のエビデンスを求める声に応える形で、主に数値データに基づいた分析結果を積極的に提供してきた。また、タイプCの研究は、現場に対する侵襲性が低いという点でも受容されやすい面を備えている。とくに、教育委員会や学校が実施した調査を二次分析する研究は、現場の負担感も少なく、現場の問題関心に沿った知見を期待し得る点で、今後はニーズがますます高まると予想される。

このように、教育社会学と教育現場との関係は、新自由主義的な教育改革にさらされて変容しつつある。この過程で生じている最も大きな課題は、先にも述べたように、タイプAの研究の実施が困難になっていることである。第三節の最後で指摘したように、タイプAの理論志向的研究は教育社会学が固有の学問として存立する上で不可欠であり、その遂行を支える環境整備が図られる必要がある。(1) また、タイプBの臨床的研究を拡充するためには、研究の評価方法を再検討する必要がある。教育社会学や社会学の理論に基づいてなされるタイプAの研究に対し、現場の関心に沿ったタイプBの研究は、理論枠組や分析手法の点で、従来の研究の評価基準には相容れない面を有する。教育現場の関心に沿って現場の担当者と協働で進むアクションリサーチなどの新しい研究方法に対する評価の観点も吟味する必要がある。タイプCの研究の課題を指摘するとすれば、教育現場との関わりがともすれば希薄になりがちだということである。とりわけ、二次分析による研究は現場への参加がほとんどないままに知見が産出されることが多い。しかし数値データの分析を教育現場に還元するうえでは、現場の教育活動がどのような意図でどのように実施されているかの理解や、学校組織の特徴や教員の職務状況の理解が不可欠だと思われる。タイプCの研究に対するニーズの高まりが予想されるなかで、こうした現場理解がますます求められるだろう。

本章の冒頭で述べたように、教育社会学は社会学として対象を客観化して分析的にアプローチする観点と、実践的、規範的な関心に基づいて現場にアプローチする観点との二つの面を兼ね備えている。教育社会学は、一方で現在の社会状況における社会的なニーズに応えつつ、この両者の間で「微妙なバランス」(中村 二〇一二)を保持し続けることで初めて、その学問的な独自性を担保できる。そして、教育現場との関係においても、これと同様に、「微妙なバランス」を保持することが求められる。そのためには時代の変化のなかで、教育現場と問題関心を共有して関係を保持しつつ、同時に、教育社会学研究の多様な展開を保障していくための手だてを講じていくことが求められている。

注

(1)教育現場との有意性構造のズレを解消するうえでの一つの方策は、現場で社会学的な研究関心を共有し得る協力者を育成・開拓することだと考えられる。大学院教育を教員に提供することは、この点で重要な意味をもつ。しかし、実践的指導力の涵養が求められて多くの教育系の大学院が教職大学院に改組され、理論的な知識の伝授がなされえなくなっている状況は、こうした研究的な関心をもつ教員の輩出を一層困難にしている。

参照文献

秋葉昌樹 二〇〇四、『教育の臨床エスノメソドロジー研究――保健室の構造・機能・意味』東洋館出版社。
M・ヴェーバー、富永祐治他訳 一九〇四＝一九九八、『社会科学と社会政策にかかわる認識の「客観性」』岩波文庫。
氏原陽子 一九九六、「中学校における男女平等と性差別の錯綜――二つの「隠れたカリキュラム」レベルから」『教育社会学研究』第五八集、二九―四五頁。
内田良 二〇一〇a、「学校事故の「リスク」分析――実在と認知の乖離に注目して」『教育社会学研究』第八六集、二〇一―二二一頁。
内田良 二〇一〇b、「柔道事故――武道の必修化は何をもたらすのか」『愛知教育大学研究報告(教育科学編)』五九、一三一―一四一頁。
内田良 二〇一三、『柔道事故』河出書房新社。
学校社会学研究会編 一九八三、『受験体制をめぐる意識と行動――現代の学校文化に関する実証的研究』(伊藤忠記念財団調査研究報告書八)、伊藤忠記念財団。
苅谷剛彦・志水宏吉・清水睦美他 二〇〇二a、「東大・苅谷剛彦教授グループの調査(上)――「学力低下」の実態に迫る」『論座』第八五号、四二―五八頁。

苅谷剛彦・志水宏吉・清水睦美他 二〇〇二b、「東大・苅谷剛彦教授グループの学力調査(下)——教育の階層差をいかに克服するか」『論座』第八六号、二四—四三頁。
苅谷剛彦・志水宏吉編 二〇〇四、『学力の社会学——調査が示す学力の変化と学習の課題』岩波書店。
北澤毅 二〇一一、「「学校的社会化」の問題構成——「児童になる」とはどういうことか」北澤毅編『〈教育〉を社会学する』学文社。
木村涼子 一九九七、「教室におけるジェンダー形成」『教育社会学研究』第六一集、三九—五四頁。
紅林伸幸 二〇〇七、「協働の同僚性としての《チーム》——学校臨床社会学から」『教育学研究』七四(二)、一七四—一八八頁。
紅林伸幸・下村秀夫・中川謙二・山本真治 二〇〇三、「学校を拓く教師たち、協働する教師たち——教師の「協働」をめぐる三つのエスノグラフィーから」『滋賀大学教育学部紀要1 教育科学』五三、一一九—一三八頁。
斉藤こずゑ 二〇一四、「子どものフィールド参与観察における倫理——子どもとの共同の模索」『質的心理学フォーラム』六、二六—三三頁。
酒井朗 二〇〇九、「調査フィールドとしての学校——アクセスの困難さとアクションリサーチへの期待」一般社団法人社会調査協会編『社会と調査』第二号、一三—一九頁。
酒井朗 二〇一四、『教育臨床社会学の可能性』勁草書房。
酒井朗編著 二〇〇七、『進学支援の教育臨床社会学——商業高校におけるアクションリサーチ』勁草書房。
酒井朗・伊藤秀樹・谷川夏実 二〇一六、「施設一体型小中一貫教育校の可能性とその条件に関する研究——教育機会の均等に目配りしたA学園の実践例」上智大学総合人間科学部教育学科『上智大学教育学論集』第五〇号、一五—三七頁。
酒井朗・川畑俊一 二〇一一、「不登校問題の批判的検討——脱落型不登校の顕在化と支援体制の変化に基づいて」『大妻女子大学家政系研究紀要』第四七号、四七—五八頁。
酒井朗・林明子 二〇一二、「後期近代における高校中退問題の実相と課題——「学校に行かない子ども」問題としての分析」『大妻女子大学家政系研究紀要』第四八号、六七—七八頁。
酒井朗・横井紘子 二〇一一、『保幼小連携の原理と実践——移行期の子どもへの支援』ミネルヴァ書房。
渋谷真樹・加藤美帆・伊佐夏実・木村育恵 二〇一五、「教育社会学は教育実践にいかに貢献しうるか——教師・学校をとらえる視角と方法」『教育社会学研究』第九七集、八九—一二四頁。
志水宏吉 一九九三、「変化する現実、変化させる現実——英国「新しい教育社会学」のゆくえ」『教育社会学研究』第五三集、五—三〇頁。
志水宏吉 二〇〇二、「研究 VS 実践——学校の臨床社会学に向けて」『東京大学大学院教育学研究科紀要』四一、三六五—三七八頁。
志水宏吉 二〇〇五、『学力を育てる』岩波新書。

志水宏吉 二〇〇六、「学力格差を克服する学校――日本版エフェクティブ・スクールを求めて」『教育学研究』七三(四)、三三六―三四九頁。

志水宏吉 二〇〇八、『公立学校の底力』ちくま新書。

志水宏吉・清水睦美編著 二〇〇一、『ニューカマーと教育――学校文化とエスニシティの葛藤をめぐって』明石書店。

A・シュッツ、森川真規雄・浜日出夫訳 一九八〇、『現象学的社会学』紀伊國屋書店。

清矢良崇 一九九四、『人間形成のエスノメソドロジー――社会化過程の理論と実証』東洋館出版社。

鶴田真紀 二〇一〇、「初期授業場面における学校的社会化――児童の挙手と教師の指名の観点から」『立教大学大学院教育学研究集録』七、二三―三三頁。

É・デュルケーム、佐々木交賢訳 一九二二＝一九七六、『教育と社会学』誠信書房。

徳田耕造 二〇一一、「教育行政の立場から見る教育社会学」『日本教育社会学会大会発表要旨集録』六三、四三三―四三四頁。

中村高康 二〇一二、「テーマ別研究動向(教育)――教育社会学的平衡感覚の現在」『社会学評論』六三(三)、四三九―四五一頁。

鍋島祥郎 二〇〇三、『効果のある学校――学力不平等を乗り越える教育』部落解放・人権研究所。

松原治郎・武内清・岩木秀夫・渡部真・耳塚寛明・苅谷剛彦・樋田大二郎・吉本圭一・河上婦志子 一九八一、「高校生の生徒文化と学校経営(1)」『東京大学教育学部紀要』二〇、二一―五七頁。

耳塚寛明・金子真理子・諸田裕子・山田哲也 二〇〇二、「先鋭化する学力の二極分化――学力の階層差をいかに小さくするか」『論座』第九〇号、二二一―二二七頁。

耳塚寛明・苅谷剛彦・樋田大二郎 一九八二、「高等学校における学習活動の組織と生徒の進路意識――高校生の生徒文化と学校経営(2)」『東京大学教育学部紀要』二一、二九―五二頁。

森一平 二〇一四、「授業会話における発言順番の配分と取得――「一斉発話」と「挙手」を含んだ会話の検討」『教育社会学研究』第九四集、一五三―一七二頁。

Spradley, James P. 1980, *Participant Observation*, New York: Holt, Rinehart & Winston.

Young, M. F. D. 1971, *Knowledge and Control: New Directions for the Sociology of Education*, London: Collier-Macmillan.

▼ブックガイド▲

志水宏吉 二〇〇八、『公立学校の底力』ちくま新書。

「地域性」「平等性」「多様性」を特徴とする公立学校が、さまざまな教育課題にいかに取り組んでいるのかを、一二校の「力のある」学校での観察調査から明らかにした本。

酒井朗 二〇一四、『教育臨床社会学の可能性』勁草書房。

教育社会学で臨床的研究が求められるようになった背景を説明したうえで、教育現場への教育社会学としての貢献のあり方やその方法論について考察している。

II

教育社会学の理論と方法

5 教育社会学と計量分析——到達点と今後の展開

中澤 渉

一 教育社会学の発展と計量分析

日本の教育社会学は、草創期から実態調査を非常に重視してきた。農・漁村の置かれた厳しい教育環境の実地調査に始まり、都市部を含めた学校の調査、そして勤労青年、教員、地域社会における子どもの生活などへと、調査の射程を拡大していった。

収集されたデータは整理、集計されるが、その作業が人力では限界がある。大型計算機による汎用統計パッケージの出現は、調査・研究スタイルを大きく変えた。調査の規模自体が拡大し、それに付随してさまざまな分析手法が開発され、普及していった。一九七五年の第三回社会階層と社会移動調査(SSM調査)に教育社会学者が参加するようになった(富永編 一九七九)のと同じ頃、高校進学率はほぼ飽和状態といえる九割を超える。そして問題の山積する中等教育機関の組織と、生徒の生活様式や価値観の実態との関係を明らかにする生徒文化研究において、計量分析は飛躍的な発展を遂げた(武内他 一九八二)。

しかしこうした調査の普及には、問題がなかったわけではない。学校調査は、厳密な標本抽出の手続きを経ず、知り合いに手あたり次第依頼してサンプルサイズを確保するというような、データの質に問題のあるものも多かった。

こうした恣意的なサンプルの選択に基づく調査の結果が、日本全体の話にすり替えられて解釈されるということも珍しくなかった。(1) しかしこの二〇年ほどで、東京大学社会科学研究所のＳＳＪデータアーカイブのようなデータ保存機関が整備され、第三者のデータ分析も一般化した。大規模な国際比較調査データもウェブ上で容易に手に入り、世界中で多くの研究者が利用している。

アーカイブ化により、調査手続きの詳細が記録され、それらは第三者に公開される。公的資金を使った調査を手元に置いて公開しないのは論外だが、アーカイブ化は調査の質を上げようとするインセンティブを高めるはずだ。(2) 第三者による追試も可能となり、理系の実験ノートのように、分析に使った統計ソフトのシンタックス(一種の命令文のプログラム)を記録、保存することも求められるようになる。アーカイブにはデータ利用規定が存在するが、それと並行して、調査の倫理綱領も急速に整備されてきている。

以上が教育社会学における計量分析普及の概略である。本章では紙幅の制約から、特に分析手法の発達が著しく、調査や分析環境の変化の大きいこの二〇年ほどの動向に焦点を絞る。そして分析手法をただ機械的に利用するのではなく、技法の背景にある思想を意識することが重要であることを説くのが、本章の課題である。

二　グローバル化と調査の大規模化

この二〇年ほどの大きな変化の一つが、国際機関によって実施された大規模調査の分析が可能になったことだろう(**表1**)。特にＰＩＳＡ(Programme for International Student Assessment)は学力調査の文脈で有名であり、このデータを用いたいくつかの研究成果も既に公表されている(白川 二〇一一、古田 二〇一二など)。

背景には、経済のグローバル化と知識社会化があるとされる。経済発展に教育の力は欠かせないというわけだ。一方で、多くの先進諸国は財政上の問題を抱えており、費用対効果のある政策が求められている。だから証拠《エビデンス》に基づく政策(evidence-based policy)でなければならない。なぜなら納税者に対して、政策の根拠とその成果を説得的に説明しなければならないからだ。ただ本来、国際比較の結果の違いには、さまざまな要因が絡んでいる。にもかかわらず、それらの多くは教育制度や教育実践の問題として解釈されることが多い。かくして、よいスコアを出した国の経験を参考にしようという動きが強まる。一時期日本でも、PISAで好成績をおさめたフィンランドを称揚する動きが見られたが、そうした動きは、日本だけで見られたわけではない。

多国の参加するプロジェクトに加わらないと、なぜ自分の国は、という疑念を抱かれる。こうして大規模国際調査は広まり、教育の成果を査定する共通の指標(WEI: The World Education Indicator)作りが、世界銀行のサポートでUNESCOを中心に始められ、OECDでも活用される。先進諸国は、こうしたプロジェクトの専門家を開発途上国に派遣し、有益なものとして普及させる。多くの国は、時流に乗り遅れまいとその動きに同調する。こうして監査文化(audit culture)が世界中に広まる(Kamens 2013)。

以上の風潮を、教育のもつ多様な価値を貶め、経済的価値という一元的指標に従属させるものだとする批判がある(Biesta 2010／邦訳二〇一六)。その批判は正しいが、逆に経済を無視した教育の価値は考えにくい。さらに調査は実態を把握する目的のものだから、それをやめろというのもおかしい。むしろ調査もされず、データが開示されないことの問題の方が大きい。調査の結果は、民主主義社会における政策決定の重要な根拠となりうるからだ。

大規模国際比較調査に基づき、他国の何かに学ぼうという姿勢は重要だ。ただし国や地域により生じる違いの原因を、教育政策や現場の実践のみに求めるのは妥当ではない。人間が制御しうる変数は限られているし、教育政策はさまざまな制度や外的環境と関わりながら作用する。そもそも国際比較による教育の成果の違いは、教育システムそのものが原因というより、経済格差、社会保障政策など、教育外システムに原因が求められることも少なくない、とい

表1　教育に関連する大規模国際比較調査の例(2017年7月現在)

調査名(略称)	正式な調査名	実施主体	日本の参加	調査概要
PISA	Programme for International Student Assessment	OECD	2000年より	2000年より3年に1度実施.「生徒の学習到達度調査」と訳される. 高校1年相当が対象. 実生活に関わる読解・数学・科学の3種類のリテラシーを測定. 調査実施回によりメインテーマが変わる. 公表されている研究(分析)成果も多い.
TALIS	Teaching and Learning International Survey	OECD	2013年より	2008年に第1回調査.「国際教員指導環境調査」と訳される. 学校の学習環境や教員の仕事の実態, 勤務環境に関する調査. 日本は第2回より参加し, 勤務時間の長さが注目される. 次回は2018年. その後は2024年に実施予定.
PIAAC	Programme for the International Assessment for Adult Competences/ Survey of Adult Skills	OECD	2011年より	2011–12年に実施.「国際成人力調査」と訳される. 16〜65歳の成人の読解, 数的思考, ITを使用した問題解決能力を測定. 成人のスキルと職業訓練制度, 社会経済状況との関連をみる. ALL(Adult Literacy and Lifeskills Survey)やIALS(International Adult Literacy Survey)をもとに設計. 2014–15年に2011–12年調査と別の国で実施.
AHELO	Assessment of Higher Education Learning Outcomes	OECD	2011, 2012年の試行調査・工学で	試行段階で個票データは公表されていない. 高等教育(大学)における学習成果を世界的な標準テストで評価できるかを確かめるフィージビリティ(実現可能性)調査. 国別というより機関ベースでみるもの. 一般的知識・工学・経済学の3種のテストと大学の背景調査からなる.
TIMSS	Trends in International Mathematics and Science Study	IEA	1995年より	1964年, 81年の数学, 70年と83年の理科調査に由来.「国際数学・理科教育動向調査」と訳される. 4年に1度実施. 小4, 中2相当の数学・理科の学校における教育到達度を測定する. PISAと並んでよく知られている.
PIRLS	Progress in International Reading Literacy Study	IEA	不参加	2001年より5年ごとの実施. 読解力を問うもので, もとは1970年と91年のReading Literacy Surveyを継承したもの. 小4相当が対象だが, オプションで小6相当での実施も可能.
CivED	Civic Education Study	IEA	不参加	1999年に実施. 中2相当が対象で, 民主主義的活動への参加度や制度に関する理解度を測定. オプションで高校生段階の参加も可能.
ICCS	International Civic and Citizenship Education Study	IEA	不参加	2009年に実施. 1971年の調査と99年のCivEDがもとになっている. シティズンシップ教育に関する内容も含む. 中2相当が対象.

ICILS	International Computer and Information Literacy Study	IEA	不参加	コンピューター・情報リテラシーを問うもの．中２相当が対象．2013 年に実施．次回は 2018 年の予定．
SITES	Second Information Technology in Education Study	IEA	1998年より	1998–99 年の SITES-M(Module)1，2001 年の M2，2006 年調査がある．ICT(information and communication technology)を活用した教育活動に関する調査．M1, M2 は小中高各学校段階で実施しているが，2006 年は数学・理科教育での活用に焦点を絞り，中２相当のみを対象．
TEDS-M	Teacher Education and Development Study in Mathematics	IEA	不参加	2007 年に実施．教員養成機関とそこで学ぶ学生が対象．2007 年は初等・中等レベルの数学教育に焦点．教員養成政策や養成カリキュラム，実際の数学の技量などを測定．
EGMA	Early Grade Mathematics Assessment	USAID	不参加	米国国際開発庁の低開発国支援の一環．ガーナ(2013)，ケニア(2014)，ルワンダ(2011)，タンザニア(2013)，ザンビア(2014)が利用可．小学生レベルの数的処理能力をはかる．
EGRA	Early Grade Reading Assessment	USAID	不参加	米国国際開発庁の低開発国支援の一環．エチオピア(2010, 2014)，ガーナ(2013)，ハイチ(2014)，インドネシア(2012–13, 14)，ヨルダン(2014)，ケニア(2014)，ナイジェリア(2014)，フィリピン(2014–15)，ルワンダ(2011)，タンザニア(2013)，ザンビア(2014)が利用可．小学校低学年レベルの読解能力を把握し，定着させることが目標．
SSME	Snapshot of School Management Effectiveness	USAID	不参加	米国国際開発庁の低開発国支援の一環．EGMA や EGRA と一体になって実施されたもの(ただし EGMA, EGRA 実施国のすべてのデータがあるわけではない)．学校やクラスルーム，地域環境などの変数が含まれている．

注：一部を除き個票データが公開され，研究者自らアクセスし分析できるものを中心に選択した．OECD(経済協力開発機構)は Organisation for Economic Co-operation and Development，IEA(国際教育到達度評価学会)は International Association for the Evaluation of Educational Achievement，USAID(アメリカ合衆国国際開発庁)は United States Agency for International Development の略．

う点は意識しておくべきである（Downey and Condron 2016）。

三　計量分析の手法と背景にある「思想」

（1）教育研究と因果分析

証拠《エビデンス》に基づく政策というときの証拠は、数値データを前提としていることが多い。この認識自体が偏向しているのだが、一歩進んで、英米ではランダム化比較実験（RCT: Randomized Controlled Trial）が科学的に最も正当な方法だと見なされることがある。ＲＣＴの発想は単純だ。サンプルをランダムに実験群と対照群に分け、実験群のみに処置を施す。経時的観察の結果、実験群の状態が対照群と比較して有意にベターな状況にあれば、処置の効果があったと見なせる。エビデンス重視という言葉はもともと医療分野で用いられていたが、そこでは二重盲検法に基づくＲＣＴがエビデンスと見なされる。

社会科学で実験的手法が最も採用されているのは経済学、特に心理学と親和的な実験経済学や行動経済学であろう。もっとも二〇〇〇年代に入っても、有力な経済学の英文学術雑誌で実験的手法に基づく研究は一割に満たないという（Falk and Heckman 2009）。筆者は、ＲＣＴが数ある研究法の一つであるというのであれば特に異論を挟むつもりはないが、この知見が最上位に位置づくなどと言われると、強い違和感を抱く。その理由は中澤（二〇一六）でも触れたので、繰り返さない[3]。

因果分析は、投入した費用《コスト》に対して相応の利益《ベネフィット》があるかという関心に基づくものが多く、政策評価と親和的である。近年因果分析が注目されているのは、証拠重視の時流と無関係ではない。因果分析の代表的な方法である傾向スコア分析は、現実社会でＲＣＴが困難なため、観察データから疑似ＲＣＴ的環境を作り、効果の有無を確認する方法とも解釈できる。ただしそこでは「強く無視できる割当条件(strong ignorability assumption)」、つまり処置の割当は(割当を従属変数とするロジスティック回帰分析の)共変量のみに依存し、関心のある結果変数とは関係をもたないこと、またＳＵＴＶＡ(stable unit treatment value assumption)という「処置の結果変数への効果は、他のあらゆる個人の行動とは独立である(影響を受けない)」という、現実社会に照らせばかなり厳しい前提を満たす必要がある(石田 二〇一二、中澤 二〇一三)。

一例として、大学教育の私的利益について検討してみよう。大学を卒業すれば高収入という利益が得られる。その利益を求めて人々が受験競争に邁進するので、競争の弊害が目立ってくる。そこで大学は定員を増やす。すると、大卒者の稀少価値が薄れるかもしれない。ここでの処置変数は大学教育だが、利益が確認できたからと大学を増やしても、増えた分の大学生がそれまでと同様の利益を得られるとは限らない(4)。これがＳＵＴＶＡに反する例である。このように、社会政策では複数の変数が複雑に関与しあっているのが普通で、ＳＵＴＶＡに抵触しない例を見つける方が難しい。つまり現実に照らせば強い仮定であるという前提の下で分析をせざるを得ない、というのが偽らざるところだろう。

教育効果研究の関心の中心は学力問題だが、項目反応理論(IRT: Item Response Theory)などを用い、時系列の変化を測定するのに妥当な指標を開発しなければ意味のある分析にならない(川口 二〇一五)(5)。一方でＩＲＴは、相当数のテスト項目をストックする必要があり、また何らかの一元的な指標の存在を前提としてスコア化するものなので、多元的な能力の測定に馴染むのか、といった問題もあることは意識しておく必要がある。

また教育の効果は一様ではない。子どもの家庭での過ごし方には階層差が反映されやすいが、学校で提供される教育の階層差は少ないだろう。だから生活の厳しい環境の子どもは家庭で教育するより、学校で学習させた方が学力格差の縮小を期待できる。一方で、習ったことを吸収し活用する力は、その子がもつスキルレベルに依存する。一般に学年の上昇とともに、スキルの個人差は拡大する。だからスキル差のまだ小さい低年齢に公教育を普及させれば、学力格差拡大の抑止に効果的だろう。ただ学年上昇でスキルの差は拡大し、しかもスキルレベルと階層には相関があるので、学年上昇とともに学校がもつ学力格差抑止効果は薄れてゆくと考えられる（Raudenbush and Eschmann 2015）。

また効果は必ず、対照群（処置がないグループ）との比較で考えなければならない。仮に、簡単な英語の聞き取り練習を継続的に続けることの効果を考える。これ自体で語学力の飛躍的上昇は望めないかもしれない。しかし何もしない対照群では、語学力の低下は避けがたいだろう。この場合、実験群のスキルレベルは上昇していなくても、スキルレベルの低下を抑止するという点で何もしないよりマシ（効果的）だとも見なせる（Downey and Condron 2016）。以上から、因果分析では①対照群の設定、②時系列の観察、③時系列変化の比較や測定に堪え得る妥当性のある指標とその定義が不可欠である。

（2）統計的証拠の知と教育現場との関係

ここまで述べてきた証拠とは統計的なものであって、全体像を把握するものに過ぎず、個別事例の動きを予測するものではない（Lieberson 1985, pp. 94–99）。これらの証拠を現場が、全体像を知り対策を考える参考とすることはありうるが、証拠だからと個別の児童生徒に当てはめるのは奇妙な指導である。極端な例だが、進路選択に男女差があるという証拠が出て、機械的に統計的結果に基づく進路選択を誘導したら、それは統計的差別を推進することになる。

計量分析の成果を教育現場に生かすのには、限界がある。計量分析では、導き出された傾向に全ケースが一致することは最初から想定していない。したがって計量分析の結果に対し、それに該当しないというケースを具体的に挙げても、それは科学的反論になっていない。計量分析に対する反証は、同様に計量分析でなされるべきだ。

計量分析を中心とした学校・生徒文化研究が現場のニーズに応えきれず、現場にコミットした「臨床」社会学の動きが生じるのは必然だったのかもしれない。「この勉強法は効果がある」と言われても、どの学校、どのクラス、そしてどの生徒にも当てはまるわけではないのは経験的に当然と見なせるだろう。予期しないことが起こりうる教育現場では、全体の傾向より、具体的なケーススタディの方が参考になることが多い。一方政策は本来、実践を支える仕組み、制度、資源といった全体に関わる政治的判断だから、その判断の根拠として全体の動向を把握する必要がある。もちろん現場も全体の動向を知っておくことは重要だが、それはあくまでさまざまな実践を選択するうえでの参考と位置付けるべきものだ。教育現場での教員としての専門性は、むしろそうした全体の傾向に当てはまらないケースにどう対処するかによって発揮されるともいえる。

計量分析の基礎は統計学であり、自然科学であれ、社会科学であれ、手続きは大きく異なるわけではない。もちろん用いられる手法には分野による特色があり、それは各分野の関心を反映している。またその分析手法が社会科学に適用される場合、方法や用いられる指標は、分析者の社会観を強く反映していることもある。計量分析では、一見分析手続きが構造化されているように見えるが、実際はその使用法をめぐって議論の割れるものもある。それらについて少し考察してみたい。

(3) 実験的因果推論と構造的因果推論

現在、アメリカ社会学で計量分析を牽引する一人であるシェ(Xie, Yu)は、計量分析のアプローチについて、社会をシンプルなモデルと誤差で成立すると考えるガウス的接近法と、平均の異なる集団と集団内部の個人のばらつきで成立すると考えるゴルトン的接近法に分類した(Xie 2007)。前者はプラトンに由来し、典型的な現象や対象に焦点を当てて法則を導く自然科学を牽引してきたスタイルで、類型学的思考(typological thinking)とよべる。後者はダーウィンの進化論がその濫觴《らんしょう》であり、変異(逸脱)に焦点が当てられる。つまり典型からの逸脱は単なる誤差として処理されるべきではなく、それ自体考慮に値すると考える集団的思考(population thinking)である。社会学者でいえば、前者はブレイロック(Blalock, Hubert M.)が代表で、後者は階層研究にパス解析を適用したことで知られるダンカン(Duncan, Otis Dudley)や、因果分析を批判的に検討したリーバーソン(Lieberson, Stanley)が含まれる(Lieberson 1985, Lieberson and Lynn 2002)。

筆者も以前指摘したが(中澤 二〇一六)、この二つのアプローチを回帰分析の推定式として表現すれば同じものになるものの、発想はかなり異なる(Xie 2007, 石田 二〇一二)。前者は社会にも普遍的法則が存在すると考え、もしそれが発見できれば、モデルから外れたケースは確率的なノイズと見なせる。ＲＣＴを支持する社会観は、これに近い。一方ゴルトン的接近法は、社会における普遍的法則の発見に懐疑的である。

ダンカンは社会学にパス解析を紹介した(Duncan 1966)が、その普及に不満を抱き、対数線形モデルに関心を移す(石田 二〇一二)。そして個人の反応変数の解釈において、パネルデータの重要性に着目する。その問題意識は、ラッシュ・モデル(Rasch Model)で端的に示される(Duncan 1984, pp. 215–217, Goodman 2007)。計量経済学的なパネルデータ分析の意義は、係数の推定バイアスの除去に置かれるが、ダンカンの問題意識はもっと素朴である。たとえば個人ｉが、ｊという質問にポジティブな反応を示す確率を p_{ij} で示すとすると、ラッシュ・モデルは $\ln(p_{ij}/(1-p_{ij}))=\theta_i+\beta_j$ というロジット・モデルで表される。ここで θ_i は個人特有のパラメータ、β_j は質問項目特有のパラメータである。

質問紙調査における質問ｊに対する「肯定・否定」の回答の分布は、どう解釈できるだろうか。仮に肯定がｘ％であるとき、それは①いつ調査をしても回答者の反応は不変で、特定のｘ％の人物が常時質問ｊを肯定する。②肯定を示す可能性が、回答者の誰でもｘ％ある。換言すれば、一〇〇回調査をすれば誰もがランダムにｘ回肯定と回答する、という両極端な解釈があり得る。実際は①と②の中間であろう。人によって反応が固定的か否かという個性 θ_i があり、質問によっても回答に安定性があるものとそうでないものの違い β_j があると考えるのが自然だ。こうした個人や質問のもつ特性(異質性)をどう扱うか、これが社会科学における最も重要な課題だとダンカンは考えたのだ(Xie 2007)。

この「肯定・否定」の反応パターンをクロス表にすれば、①は完全な連関のある状態(回答が二回とも同じであったとするセルに全員が集まる)、②は完全独立(セルの分布が周辺度度数と完全に一致する状態)になる。対数線形モデルは変数間の関連について、①と②のどちらに近いか、回答のばらつき(個人や変数の異質性)があることを前提に、関連性を最も簡便に示せる式(モデル)を発見しようとする試みである。

近藤(二〇一一)は、ブルデュー(Bourdieu, Pierre)理論に依拠して多重対応分析を適用しているが、これも実験的因果推論と異なる社会観が背景にある。多重対応分析は、主成分分析の質的変数版と表現できる。そこでは、回答者の変数群における回答パターンをもとに、個人や変数の間の距離を定義して、その全体像を最もよく説明する座標軸が抽出される。人々の慣習行動は、個人のなかに染み付いた性向の体系(ハビトゥス)を反映したものであり、人々の選択行為はその体系のなかに埋め込まれ、また行為者は体系を反映した行為を実践することでその体系を補強する。こうしてあらゆる選択行為が変数間の関係の体系に位置付けられ、一種の社会空間が形成される。しかも多重対応分析によって、その社会空間のなかに個人(回答者)をプロットすることもできる。

そう考えると、文化資本のような一元的指標を便宜的に作成し、それを説明変数として回帰分析を行うような分析は、ブルデューの概念を借りたように見えるが、ブルデューの理論を踏まえたものとはいいがたい。多くの変数の絡み合った社会空間のなかに埋め込まれてハビトゥスを体現する個人と、文化資本なる一次元の指標が個人の行為に独自の影響をもつと考えるようなモデルは相容れない(6)。ラロー(Lareau, Annette)はブルデューに依拠したエスノグラフィックな研究で知られ、一元的な階層変数が独自の影響をもつと仮定する研究を批判しているが(Lareau 2011, p. 64)、重要なのは、単に質的研究か量的研究かという方法的な違いというより、分析者がいかなる社会観を抱き、それを反映した方法を用いているか否かという問題なのである。複雑な社会を把握する計量分析の方法は、必ずしも回帰分析に収斂されるわけではなく、もっと多様であっていいはずなのである。

おわりに

計量分析には確固たる方法論や手続きが存在し、それに沿って分析すれば自然に答えが導き出されるようなイメージをもっている人がいるように思うが、そんなに単純な話ではない。最近統計学や心理学で、分析結果の示し方をめぐるさまざまな議論がある(Wasserstein and Lazar 2016)。社会学で標準的な、有意か否かをアスタリスク(＊)で示す方法は、いわゆるネイマン＝ピアソン流の仮説検定に基づく方法だが、有意水準の設定自体に科学的根拠はなく、慣習から五％などと設定しているに過ぎない(Leahey 2005)。社会調査法の教科書を読めばわかるはずだが、未だに「統計的に有意」であれば「効果(関連)が大きい」と誤解し、有意か否かだけに着目して成果をまとめる人が後を絶たない。

たとえば回帰分析で説明変数の単位が細かすぎると、有意なのに共変量(説明変数一単位の変化に対する従属変数の変化量)がゼロに近いということも起こりうる。有意か否かを判断する根拠となるp値は、帰無仮説を前提に、データから計算される検定統計量が極端な値を取る確率、というわかりにくいものであるうえに、サンプルサイズに依存してしまう。だから「今回は有意にはならなかったが、効果がないとは限らない」とか「有意だが、実質的に意味のある効果とは言えない」というような回りくどい言い方をすることになる。したがってp値や検定結果だけを掲載するのは不十分で、九五％信頼区間の効果量を提示すべきだという考えがある(大久保・岡田 二〇一二、南風原 二〇一四、豊田 二〇一六)。社会学でもこの点は意識されるようになっており、今後の動きは注視しておくべきだろう(Bernardi et al. 2017)。

変数の扱いについても、統一した答えはない。職業を質的変数として扱うか、連続量のスコアで扱うか自体、社会階層・階級を理論的にどう捉えているのかに依存する。教育の変数に関しても、学校段階ごとの質的変数か、教育年数という連続量にするかという異なる表現がある。ただ回帰分析でダミー変数を投入したとき、係数が線型的に増減するのであれば、連続量として扱っても結果に矛盾は生じない。こうしたケースでは、モデルを節約的(parsimonious)にするために、教育年数で投入する考え方も正当化できるだろう。

また社会学で使用される変数は、一般的に質的変数が多い。質的変数をどう扱うかも議論になり得る。社会学における質的変数の回帰分析では、ロジット系の分析が称揚される。それは係数を対数オッズ比として解釈できるからだ。オッズ比は2×2のクロス表分析における連関の強さを示す指標であり、対数をとることで、無関連を示す0を境に上下対称な値をとりうる。そうした性質を考えれば、ロジット系の回帰分析を線型回帰分析の拡張というより、クロス表分析(対数線形モデル)の拡張と考えることもできる(DiPrete 1990、太郎丸 二〇〇五)。さらにリッカート尺度の順序変数を従属変数とする場合、順序ロジットモデルが正しいと考えられがちだ。しかし順序ロジットは比例オッズ性という強い仮定を置いており、その仮定を緩めればモデルは複雑になる(一般化閾値モデル)。どうせ強い仮定を置くのであれば、解釈の明快さを優先してリッカート尺度を連続量の得点と見なし、線型回帰モデルで推定しても、結果の解釈に大きな支障はないだろう。

マニュアル的に「従属変数が連続変数なら線型回帰、質的変数ならロジット」と当てはめるのは、両者のモデルの重要な仮定の違いを見落とすことになる。線型回帰では説明力の高い説明変数を入れれば、説明できない残差(誤差項)は小さくなる。これは直感的に理解しやすい。しかしロジット回帰(プロビットも同様)では、誤差項の分散は常に一定と仮定されている(Long 1997, pp. 40-50, Mood 2009)。この違いに無自覚だと、所与の推定式に新たな説明変数を加えて、元々あった説明変数の係数に変化が生じたとき、その意味を誤って解釈しかねない(7)。

高度な分析手法の出現で、その利用法ばかりに注目が集まりがちだ。表面上、計量分析の適用に、自然科学も社会科学も大きな違いはない。しかし一方で、社会科学のデータには自然科学と異なる性質があり、自然科学的な枠組みをそのまま適用することが不適切だと思われることも多い(Lieberson 1985)。だからといって、それらの分析が直ちに無意味だと言いたいわけではない。私たちは自らの分析の積極的な意義は主張しがちだが、同時に限界があることにも自覚的でなければならない。分析の意義と限界の両面を意識し詳らかにすること、科学者としての良心はそこで試されているのである。

注

(1)有意抽出の調査に意味がないと言いたいのではない。ある地点を定め定点観測を続けるのは、そのエリアの時代的変化を明らかにする「計量的モノグラフ」(尾嶋編 二〇〇一、五頁)としての価値をもつ。過去のデータは最早集めることができないから、それが残されていること自体、財産である。こうした調査が、日本の教育社会学にエポックメーキングな知見をもたらしたことも珍しくない。成果としては尾嶋編(二〇〇一)以外に、樋田他編(二〇〇〇)、苅谷・志水編(二〇〇四)、海野・片瀬編(二〇〇八)、樋田他編(二〇一四)、志水・高田編(二〇一六)など多数ある。また一般に社会調査では回収率が問題となる。ただし学校調査は、一般的な社会調査であれば回答拒否するような人にも無理やり教室空間で回答させるという性質をもち、回収率は非常に高くなる。それゆえ回答者の非協力的態度が一定の傾向をもって現れやすいというバイアスが生じる、という別の問題にも自覚的である必要がある(近藤 二〇一三)。

(2)いわゆるコールマン・レポートで知られるコールマン(Coleman, James S.)は、調査データの公開を強く主張し、あらゆる社会科学者が追試を行うことで活発な議論が交わされることを望んでいたとされる(Kilgore 2016)。

(3)ただし経済学者のフォーク(Falk, Armin)とヘックマン(Heckman, James J.)は、中澤(二〇一六)でも指摘した観察者効果やホーソン効果などは取るに足らない批判だと述べる。一般的な質問紙も参与観察も、観察者効果を与えることは同じであり、質問紙調査のデータも回収率一〇〇%でない以上結局バイアスがあるからだ。ただし彼らの主張は、社会科学においてもっと実験的方法が重視されてもよいという問題提起であり、実験的方法か経験的データの「いずれか」が優れているという二者択一の議論はナンセンスで、両者に同等の価値を置くべきだというものである(Falk and Heckman 2009)。

(4)もちろん論理的には、大卒者の増加以上に大卒者への需要が増せば、教育拡大が起きても収入は増え続けることもあり得る。ただしここで言いたいのは、収入増という「効果」は、他者の教育選択の影響と無関係ではないということである。

(5)PISAやTIMSSの学力データは、このIRTに基づいている。一般によく知られているTOEFLやTOEICのような英語能力試験も、IRTが活用されている。

(6)ブルデューが因果分析そのものを否定しているわけではない。彼が批判しているのは、実験的文脈の因果法則を社会に当てはめることである。財の有無や構成からなる社会空間(社会構造)が、無意識的に個人の行為選択に影響を与えるという彼の発想は因果論的といえるし、それは多くの階級論でも見られる社会観でもある(近藤 二〇一四)。

(7)これについてはカールソン(Karlson, Kristian B.)、ホルム(Holm, Anders)、ブリーン(Breen, Richard)により「KHB法」が提唱されている(Karlson et al. 2012, Breen et al. 2013)。統計ソフトStataで簡単に適用できるが(Kohler et al. 2011)、これも機械的に利用するのではなく、背景の問題意識について理解を深めるべきだろう。関連する重要な論文としてはアリソン(Allison, Paul D.)のものがある(Allison 1999)。

参照文献

赤林英夫・直井道生・敷島千鶴編 二〇一六、『学力・心理・家庭環境の経済分析――全国小中学生の追跡調査から見えてきたもの』有斐閣。
石田浩 二〇一二、「社会科学における因果推論の可能性」『理論と方法』第二七巻第一号、一―一八頁。
海野道郎・片瀬一男編 二〇〇八、『〈失われた時代〉の高校生の意識』有斐閣。
大久保街亜・岡田謙介 二〇一二、『伝えるための心理統計――効果量・信頼区間・検定力』勁草書房。
尾嶋史章編 二〇〇一、『現代高校生の計量社会学――進路・生活・世代』ミネルヴァ書房。
苅谷剛彦・志水宏吉編 二〇〇四、『学力の社会学――調査が示す学力の変化と学習の課題』岩波書店。
川口俊明 二〇一五、「項目反応理論による学力調査の再分析」『福岡教育大学紀要』六四(四)、一―一二頁。
近藤博之 二〇一一、「社会空間アプローチによる階層の分析」石田浩・近藤博之・中尾啓子編『現代の階層社会2 階層と移動の構造』東京大学出版会、三三五―三五九頁。
近藤博之 二〇一三、「生徒調査における回答者の非協力的態度について」『大阪大学大学院人間科学研究科紀要』三九、三九―五六頁。

近藤博之 二〇一四、「ハビトゥス概念を用いた因果の探求」『理論と方法』第二九巻第一号、一—一五頁。
志水宏吉・高田一宏編 二〇一六、『マインド・ザ・ギャップ——現代日本の学力格差とその克服』大阪大学出版会。
白川俊之 二〇一一、「現代高校生の教育期待とジェンダー——高校タイプと教育段階の相互作用を中心に」『教育社会学研究』第八九集、四九—六九頁。
武内清・苅谷剛彦・浜名陽子 一九八二、「学校社会学の動向」『教育社会学研究』第三七集、六七—八二頁。
太郎丸博 二〇〇五、『人文・社会科学のためのカテゴリカル・データ解析入門』ナカニシヤ出版。
富永健一編 一九七九、『日本の階層構造』東京大学出版会。
豊田秀樹 二〇一六、『はじめての統計データ分析——ベイズ的〈ポストp値時代〉の統計学』朝倉書店。
中澤渉 二〇一三、「通塾が進路選択に及ぼす因果効果の異質性——傾向スコア・マッチングの応用」『教育社会学研究』第九二集、一五一—一七四頁。
中澤渉 二〇一六、「教育政策とエビデンス——教育を対象とした社会科学的研究の動向と役割」佐藤学・秋田喜代美・志水宏吉・小玉重夫・北村友人編『岩波講座　教育　変革への展望　第二巻　社会のなかの教育』岩波書店、七三—一〇一頁。
中澤渉・藤原翔編 二〇一五、『格差社会の中の高校生——家族・学校・進路選択』勁草書房。
南風原朝和 二〇一四、『続・心理統計学の基礎——統合的理解を広げ深める』有斐閣。
樋田大二郎・耳塚寛明・岩木秀夫・苅谷剛彦編 二〇〇〇、『高校生文化と進路形成の変容』学事出版。
樋田大二郎・苅谷剛彦・堀健志・大多和直樹編 二〇一四、『現代高校生の学習と進路——高校の「常識」はどう変わってきたか？』学事出版。
古田和久 二〇一二、「高校生の学校適応と社会文化的背景——学校の階層多様性に着目して」『教育社会学研究』第九〇集、一二三—一四四頁。
Allison, Paul D. 1999, "Comparing Logit and Probit Coefficients across Groups", *Sociological Methods & Research*, 28, pp. 186–208.
Bernardi, Fabrizio, Lela Chakhaia and Liliya Leopold 2017, "'Sing Me a Song with Social Significance': The (Mis) Use of Statistical Significance Testing in European Sociological Research", *European Sociological Review*, 33(1): pp. 1–15.
Biesta, Gert J. J. 2010, *Good Education in an Age of Measurement: Ethics, Politics, Democracy*, Paradigm Publishing.（藤井啓之・玉木博章訳『よい教育とはなにか——倫理・政治・民主主義』白澤社、二〇一六年）
Breen, Richard, Kristian Bernt Karlson and Anders Holm 2013, "Total, Direct, and Indirect Effects in Logit and Probit Models", *Sociological Methods & Research*, 42(2), pp. 164–191.

DiPrete, Thomas 1990, "Adding Covariates to Loglinear Models for the Study of Social Mobility", *American Sociological Review*, 55(5), pp. 757–773.

Downey, Douglas B. and Dennis J. Condron 2016, "Fifty Years since the Coleman Report: Rethinking the Relationship between Schools and Inequality", *Sociology of Education*, 89(3), pp. 207–220.

Duncan, Otis Dudley 1966, "Path Analysis: Sociological Example", *American Journal of Sociology*, 72(1), pp. 1–16.

Duncan, Otis Dudley 1984, *Notes on Social Measurement: Historical & Critical*, New York: Russell Sage Foundation.

Falk, Armin and James J. Heckman 2009, "Lab Experiments Are a Major Source of Knowledge in the Social Sciences", *Science*, 326, pp. 535–538.

Goodman, Leo A. 2007, "Otis Dudley Duncan, Quantitative Sociologists par Excellence: Path Analysis, Loglinear Models, and Rasch Models", *Research in Social Stratification and Mobility*, 25, pp. 129–139.

Kamens, David H. 2013, "Globalization and the Emergence of an Audit Culture: PISA and the Search for 'Best Practices' and Magic Bullets", Heinz-Dieter Meyer and Aaron Benavot(eds.), *PISA, Power and Policy: The Emergence of Global Educational Governance*, Symposium Books, pp. 117–139.

Karlson, Kristian Bernt, Anders Holm and Richard Breen 2012, "Comparing Regression Coefficients between Same-sample Nested Models Using Logit and Probit: A New Method", *Sociological Methodology*, 42, pp. 286–313.

Kilgore, Sally B. 2016, "The Life and Times of James S. Coleman", *Education Next*, 16(2), pp. 8–16.

Kohler, Ulrich, Kristian Bernt Karlson and Anders Holm 2011, "Comparing Coefficients of Nested Nonlinear Probability Models", *The Stata Journal*, 11(3), pp. 420–438.

Lareau, Annette 2011, *Unequal Inequality: Class, Race, and Family Life: Second Edition*, Berkeley: University of California Press.

Leahey, Erin 2005, "Alphas and Asterisks: The Development of Statistical Significance Testing Standards in Sociology", *Social Forces*, 84(1), pp. 1–24.

Lieberson, Stanley 1985, *Making It Count: The Improvement of Social Research and Theory*, Berkeley: University of California Press.

Lieberson, Stanley and Freda B. Lynn 2002, "Barking up the Wrong Branch: Scientific Alternatives to the Current Model of Sociological Science", *Annual Review of Sociology*, 28, pp. 1–19.

Long, Scott J. 1997, *Regression Models for Categorical and Limited Dependent Variables*, Thousand Oaks: Sage.

Mood, Carina 2009, "Logistic Regression: Why We Cannot Do What We Think We Can Do, and What We Can Do about It", *European*

Sociological Review, 26(1), pp. 67–82.
Raudenbush, Stephen W. and Robert D. Eschmann 2015, "Does Schooling Increase or Reduce Social Inequality?", *Annual Review of Sociology*, 41, pp. 443–470.
Wasserstein, Ronald L. and Nicole A. Lazar 2016, "The ASA Statement on P-values: Context, Process, and Purpose", *The American Statistician*. **DOI**: 10.1080/00031305.2016.1154108.
Xie, Yu 2007, "Otis Dudley Duncan's Legacy: The Demographic Approach to Quantitative Reasoning in Social Science", *Research in Social Stratification and Mobility*, 25, pp. 141–156.

▼ブックガイド▲

日本の教育社会学のこれまでの計量分析の蓄積とその成果は、注(1)に示した書籍を参考にしてほしい。これらの多くは学校を通して実施された調査の分析結果を示したものである。中澤・藤原編(二〇一五)は全国調査データに基づき、比較的新しい分析手法を用いた分析結果が多く示されている。貴重な全国サンプルの小中学生のパネル調査分析については、赤林他編(二〇一六)が参考になる。

6

教育社会学における質的研究の展開
――質的研究における一般化問題を考えるために

北澤 毅

一 質的研究とは何か――多様性と混乱

本章は「質的研究」を論ずることを目的としているが、そもそも「質的研究」とはどのようなタイプの研究のことだろうか。量的研究が質問紙調査や統計学と密接に結びついているのに対して、質的研究を特徴づけるものは何だろうか。

このような問題意識をもって「質的研究・質的調査」を対象としたテキストなどを見てみると、「データの特性」(質的データを分析対象とする)と「分析方法」(データの特性にかかわらず計量分析をしない)という二つの基準が用いられているように思われる。とはいえ一般には、多様な質的研究に共通する特徴は「質的データを扱う」という一点のみにあると言って良く、質的データの分析方法や研究対象は実に多様であり、そこに共通性を見いだすことは難しい。

一例だが、『社会調査事典』(社会調査協会編 二〇一四)の第二部「8 質的調査の方法」の項目のなかには、「会話分析」「ライフヒストリー研究」「参与観察」などとともに「テキストマイニング」も含まれている。会話データを必然的に要請する会話分析が質的研究であることに異論はないだろうが、質的データを計量分析する「テキストマイニング」が質的研究かどうかについては意見が分かれるのではないか。

このような状況を受けて本稿では、独自の視点から「質的研究」を捉えなおし、それを踏まえて、教育社会学領域における「質的研究」の成果と課題を明らかにしたい。

二　デュルケム『自殺論』の世界——社会学の誕生

(1)「自殺」は個人の問題か?

中学生が自殺をした、というニュースを聞いたとする。あなたは、またもや「いじめ自殺が起きたのか」と思うかもしれない。でも、なぜそう思うのだろうか。「中学生のいじめ自殺が増えていると思うから」と答えるとすれば、それは正解とは言えない。「いじめ」を動機とした中学生の自殺件数は増えていないし、多いとも言えないからだ。たとえば、二〇一二年七月に「大津いじめ自殺」事件が社会問題となったが、二〇一二年の小学生から高校生までの「いじめ自殺」は六件であり、その後の三年間は「九→五→九」と推移している(文部科学省「児童生徒の問題行動等生徒指導上の諸問題に関する調査」より)。「思ったより少ない」と感じるのではないか。では、滅多に起きない事件でニュース価値があるからマスメディアが報道すると思うだろうか。確かにそういう側面はあるかもしれないが、滅多に起きない事件にもいろいろあるなかで、なぜ「いじめ自殺」はニュース価値があるとみなされ報道されるのか。それ自体、検討に値する重要な問題である。

とはいえ、研究者や教育関係者でもない限りこのような問いの立て方はしないだろうし、関心もないかもしれない。しかし、自分の子どもがいじめられているとわかれば事態は激変するだろう。我が子をいじめから救い出すにはどうしたらよいか、不登校になったらどうしようなどと、親として何ができるかを真剣に考え始めるのではないか。

そのとき、私たちは風邪を引けば内科医を頼るのと同じように、臨床心理系や精神医学系の知識や専門家を頼るのではないか。少なくとも社会学者や哲学者が頼られることはまずない。こうした傾向を心理主義や医療化現象と呼ぶが、これは今に始まったことではない。一九世紀の西欧社会においても、自殺は基本的には個人の問題であり、本人の心身状態や人間関係上の困難によってもたらされると理解されていた。そして、こうした自殺認識に敢然と挑んだのがデュルケムの『自殺論』(デュルケム 一九八五)であり、ここに実証科学としての社会学が誕生する。

(2) 社会的事実としての自殺率

デュルケムは、自殺というきわめて個人的な出来事と思われる現象について、「もしも自殺を、別々に考察されるべき、たがいに孤立した個々の出来事とのみみないで、所与の時間単位内に所与の社会の内部に起こる自殺を全体的に考察してみるならば、〔中略〕それ自体が一種独特の sui generis 新しい事実を構成していることがみとめられる。〔中略〕。その性格はすぐれて社会的なものなのだ」(デュルケム 一九八五、二五頁、傍点は原文ママ。以下同)と述べることで、社会的事実としての自殺率という考え方を提示した。そして、国別、婚姻状態別、性別などさまざまな基準で自殺統計を処理することで、自殺率にさまざまな規則性があることを見いだしていく。たとえば、自殺の少ない国はいつも少なく、女性より男性、既婚者より未婚者の方が自殺率が高いといったように、自殺を集合現象(=社会的事実)としてみた場合、明らかな規則性が見て取れることを示したのである。しかも、規則性のいくつかについては、現代日本社会でも同じような傾向が見られるという驚くべき事実がある。

それぞれ個人的な事情や動機を抱えて自殺をしているはずなのに、その自殺を集合的に眺めると、なぜかそこに規則性が見えてくる。ここで重要なことは、社会的事実の規則性という不思議な現象は自殺問題にのみ特有ということではなく、さまざまな社会現象を読み解くための革新的な見方・分析方法になっているということだ。

たとえば、現代日本の大学生に学部学科の選択動機を尋ねたら、「小学校の先生になりたいから教育学部を受験した」などと自分の気持ちや将来展望を語るのではないか。つまり、多くの学生は「自分の意志で選択した」と答えるはずだ。もちろんそれが間違いだと言いたいわけではない。しかし同時に、「リケジョ」という言葉があるように、理系に進学する女子学生の少なさが話題になることがある。実際、私が勤務する立教大学理学部数学科の過去一〇年間の入学者に占める女子率は一七・二―二五・四％の間で推移しており、少なくとも増加傾向にあるとは言えない（二〇一七年度は一九・七％）。こうした性別による学部学科の選択傾向を偶然の産物とみなすのは、さすがに無理があるのではないか。

それぞれの学生は自分の意志で学部や学科を選択しているはずなのに、なぜこうした規則性が見られるのか。ここには個々人の意志や動機を超えた何か見えない力のようなものが働いていて、私たちの選択行動に影響を及ぼしているように思われてならない。そして社会学は、それらの力に「構造」「文化」「規範」「制度」「権力」などの名前を与えることで、これら見えない力が、私たちの思考や行為のあり方に影響をおよぼすメカニズムを明らかにしようとしてきている。

三　質的研究の誕生と特徴

（1）社会と個人の関係認識

デュルケムは、人間行為（具体的には「自殺」）の理解をめぐって、行為者の内的状態（性格、意志、感情など）による説明には限界があることを示し、集合現象としての社会的事実（＝統計的事実）を分析の単位として提示することで、社会学という学問の存在意義を主張した。こうして、「自殺率」や「進学率」といった統計数値を客観的事実と見なし、それら（従属変数と呼ぶ）とそれに影響を与える社会的力（独立変数と呼ぶ）との共変関係（≒因果関係）を解明する計量的な分析方法が確立され精緻化されていくが、その出発点に『自殺論』が位置づく。その意味でデュルケムの功績は絶大であるが、絶大であるからこそ、デュルケム方法論の問題点も鮮明に意識されていくことになる[1]。

人間の行為や思考に、見えない社会の力によって方向づけられている側面があることは否定できない。その意味で、人間は社会によって作られていると言えるが、同時に、社会は人間によって作られていることも紛れもない事実だ。いわば、人間と社会はお互いに作り作られる相互影響関係にあると言えるのだが、この問題については、バーガーとルックマンの「社会は人間の産物である。社会は客観的な現実である。人間は社会の産物である」(バーガー・ルックマン 二〇〇三、九五頁)という命題がよく知られている。

彼らに倣うなら、デュルケムの『自殺論』は、二つ目の命題である「社会は客観的な現実である」を前提認識として、「人間は社会の産物である」という命題のもつ意味を、自殺問題を事例に分析的に論じたということになるだろう。しかし、「社会は人間の産物である」という命題は、デュルケム的方法論では捉えることができないとも言える。そこで本章では、デュルケム的方法論の問題点を、「少数者(≒他者)理解」「相互行為過程」「社会的事実の構築性」という三つの観点から論じることを通して、デュルケム的世界とはまた別の世界を描き出す方法として質的研究を位置づけ、その特徴を明らかにしたいと思う。

(2) 一般化の陥穽——「少数者・他者・異文化」への着目

自殺率などの統計的事実のなかに規則性を見いだすことから社会学が始まったことは確かだが、その試みは同時に、別の重要な側面を見過ごすことにもなった。というのは、デュルケム的規則性とは、個々人が有する多様性や「少数者」の世界を捨象したうえでの、抽象化された一般的傾向性であるからだ。ここで「少数者」とは、量的少数者はもちろん権力的に劣勢にあり、一般的傾向性から排除されがちな存在という意味でもある。それはたとえば、「女性」

「子ども」「犯罪者」「外国人」などのカテゴリーを付与され、所属する社会のなかで自らの存在を主張できず、一方的に支配され解釈される立場に貶められやすい人々のことだ。つまりデュルケム的方法論は、規則性や一般化を志向するその特質からして「少数者」の存在を捉えることができないという限界をもつ。

しかし言うまでもなく、少数者カテゴリーを付与された人々もまた、独自の世界を生きている。一九二〇年代から存在感を示し始めたシカゴ学派が、自らの社会のなかの「少数者」である犯罪者や移民の世界を描くための方法としてフィールドワークを採用したのは偶然ではない。文化人類学もシカゴ学派もどちらも、「少数者や異文化社会」を理解するためには現場に分け入ることを不可欠としたからであり、まさにここに、社会学における質的調査研究が実質的に誕生したのである(2)。

ところで、一般的傾向性からの排除という非対称的関係性は、実に多様なシーンに見いだすことができる。たとえばサイードは、オリエンタリズムを「「東洋《オリエント》」と(しばしば)「西洋《オクシデント》」とされるものとのあいだに設けられた存在論的・認識論的区別にもとづく思考様式」(サイード 一九九三、二〇頁)であり、「オリエントを支配し再構成し威圧するための西洋の様式《スタイル》なのである」(サイード 一九九三、二一頁)と定義し、フーコーの言説概念に手がかりを求めながら膨大なテクスト間参照関係を分析して、近代科学や西洋的歴史観に依拠した人間観や世界観の形成過程を解明することでその正統性を問い直そうとする。

ここで重要なことは、ある見方が正統性をもち自明視されてきたということは、それによって抑圧され無視されてきた人々がほぼ必然的に存在するということである。教育社会学の領域でいえば、非行少年(広田他編 二〇一二)、不登校者(朝倉 一九九五)、障害者(鶴田 二〇一五)、ニューカマー(清水 二〇〇六)といったカテゴリーを担う存在であり、これらの人々の世界を描き出そうとする試みが連綿と続いており、学問的にも実践的にも重要な意義をもつ質的研究の系譜を形成している。

(3) 相互行為過程への着目——新しい教育社会学と象徴的相互行為論

デュルケム的方法論の第二の特徴は、独立変数と従属変数との共変関係を解明し、社会事象の因果関係的理解を目指すことにある。農村より都市、既婚者より独身者のほうが自殺率が高いという統計的規則性が観察できることから、共同体や家族の形態と自殺率との間に因果関係があるはずだという見通しがたつことになる。こうして、「人間は社会の産物である」という社会構造決定論的な命題が、二〇世紀の社会学の世界において支配力をもつことになる。

他方、このような流れに異を唱えたのが、一九六〇年代アメリカのラベリング理論や象徴的相互行為論、さらにはエスノメソドロジーであった。なかでも象徴的相互行為論の主導者であったブルーマーは、「人々は対象の意味にのっとって行為するという論点は、深い方法論的な含意を持っている。それはすなわち、もし研究者が人々の行為を理解しようとするならば、彼はその人々の対象を、その人々が見るようなやり方で見なくてはならないということを意味している」(ブルーマー 一九九一、六四頁)と述べ、「行為者の視点に立つ」という方法的命題を主張することになる。一方、ラベリング理論を主導したベッカーは、「逸脱とは人間の行為の性質ではなくして、むしろ、他者によってこの規則と制裁とが「違反者」に適用された結果なのである」(ベッカー 一九七八、一七頁)と、行為の実在論を拒否し、行為の意味論、言い換えれば構成論へと踏み出していく。そして一九七〇年代になると、実在論を引きずるラベリング理論の弱点を克服し理論的に精緻化した社会問題の構築主義が登場し(キッセ・スペクター 一九九〇)、これら一連の知的潮流が質的調査の展開において重要な役割を担うことになる。

こうした時代状況のなか、一九七〇年代までの日本の教育社会学においては、パーソンズのＡＧＩＬ図式に代表される分類枠組みが影響力をもつと同時に、社会構造決定論的認識を背景とした因果論的機能論的解釈が支配的であった。そして、それに対抗する形で質的研究の展開に影響力をもったのは、カラベルとハルゼーが編集したリーディングスに象徴されるイギリスの教育社会学であった（カラベル・ハルゼー編　一九八〇）。

この大部なリーディングスの序論では、一九七〇年代までの教育社会学の理論や方法論の主要な系譜を整理したうえで、当時の新たな潮流を「「新しい」教育社会学」（new sociology of education）と名づけ、バーンスティンの業績を高く評価する一方で、エスノメソドロジーへの批判にかなりの頁数を費やしている。ただし、批判の対象となっているのはシコレルの業績であり、方法的には新しいかもしれないが得られた知見は「きわめて陳腐なことの繰り返しにすぎない」（カラベル・ハルゼー編　一九八〇、六八頁）、さらには参与観察による意味の交渉過程の分析にのみ集中しており「社会構造と関連づけられていない」（カラベル・ハルゼー編　一九八〇、七二頁）などと、その批判は執拗で辛辣なものとなっている。

エスノメソドロジーに対するこの種の批判は、当時の日本の教育社会学会でもしばしばみられた典型的なものであり、このような状況に対抗するために書かれたのが山村の「解釈的パラダイムと教育研究」であった（山村　一九八二）。その三節以降でカラベルとハルゼーの批判に応えているが、エスノメソドロジーの研究意義については、「社会的現実についての彼らの厳密な理論と、それとの一貫性においてとられる方法の独自さにある」（山村　一九八二、二七頁）と論じている。つまり、「知見の陳腐さ」という批判に直接応答するのではなく、相互行為過程への着目という研究方法の新しさを主張することで対応したということになる。[3] こうした姿勢は山村のみならず解釈的アプローチを採用する研究者に共通のものとなり、構造機能主義や因果論的実証研究を「原因から結果に至る社会過程をブラックボックス化し無視してきた」と批判することで、自らの存在意義を主張してきたという歴史がある。

こうして、イギリスの新しい教育社会学やアメリカの象徴的相互行為論に刺激される形で、一九八〇年代に入ると、相互行為過程に着目した研究が登場するようになる。その萌芽的研究は、蓮尾（一九八〇）や稲垣（一九八一）に見ることができるし、清矢（一九八三）が『教育社会学研究』に掲載された初めてのエスノメソドロジー研究論文であり、第四

○集（一九八五）には、教師のサバイバル・ストラテジーに着目した山本（一九八五）、構築主義的問題関心に基づいた逸脱論を展開した北沢（一九八五）、解釈的アプローチの方法問題を論じた志水（一九八五）などが収録されており、質的研究の胎動期であったことが確認できる。

（4）相互行為過程と社会構造との関係認識――志水論文と稲垣論文の比較検討

ところで相互行為過程への着目とはいえ、相互行為過程の捉え方や分析の仕方には、大別して二つの流れが存在する。この点を明らかにするために、志水（一九八五、一九九三）と稲垣（一九九〇）の論文を比較検討してみたい。

志水（一九八五）は、一時的なブームで終息しそうな解釈的アプローチを再生させるために、相互行為分析と社会構造分析との統合に可能性を見ることができると主張し、その見事な実例として、労働者階級の生徒たちの解釈過程を階層再生産メカニズムのなかに位置づけ両者の統合を試みたウィリスの研究（ウィリス 一九八五）を高く評価している。

それに対して稲垣（一九九〇）は、解釈的アプローチには、イギリスの新しい教育社会学やカラベルとハルゼーの提唱するミクロとマクロの統合を目指す方向と、アメリカの象徴的相互行為論やエスノメソドロジーのように相互行為過程における行為者の解釈実践に着目する方向との二つがあると主張する。そのうえで、日本における解釈的アプローチに依拠した業績のほとんどは統合型であり、解釈的アプローチが提起した認識問題を看過してきたと批判する。ここで認識問題とは、構造決定論と現実構成論との違いとして理解されており、ウィリスに対しても、再生産論を活性化させる役割は果たしたかもしれないが解釈的アプローチが提起した認識問題には無関心であったと批判したうえで、エスノメソドロジーを経由してフーコー的な言説研究に可能性を見出そうとする主張になっている。

それを受けて志水（一九九三）は、解釈的アプローチをエスノメソドロジー的な認識論に限定する稲垣の主張を、新しい教育社会学の可能性を過小評価するものであると批判し、解釈的アプローチを「エスノグラフィー的関心」と

「エスノメソドロジー的関心」とに区別したうえで、エスノグラフィー的関心の勧めを説いている。ここでエスノグラフィー的関心とはミクロとマクロの統合を志向するものであり、志水(一九八五)の再確認となっている。

以上を受けて注目したいのは、ともに解釈的アプローチの意義を認めつつも、志水が、相互行為過程の外部に社会構造を想定しているのに対して、稲垣は、社会構造自体が相互行為のやりとりを通して構成されると捉えている点である。というのも、両者に見られる相互行為過程の捉え方の違いが、質的研究の重要な分岐点となっていくからだ。志水の主張が、前節で述べたフィールドワークに導かれた他者(異文化)理解をはじめとした多様な質的研究の世界へと通じており、他方稲垣の主張が、次節で述べるエスノメソドロジーや構築主義研究へと向かっていく(4)。それゆえ、再度デュルケムに立ち返り、「社会的諸事実を物のように考察すること」(デュルケム 一九七八、七一頁)という方法命題を乗り越えていく一つの方向性として、エスノメソドロジーと構築主義研究の意義を明らかにしたいと思う。

(5) 社会的事実の認識論——実在か構築か

デュルケムの方法命題の核心は、「社会的事実」を自然現象と同様に客観性を備えたモノと見なし、それを所与の前提(資源)として社会現象の分析や解釈をおこなうことを求めたところにある。それゆえ、このような方法的態度からでは、社会的事実の構築性という問題に接近することはできない。

たとえば、リンゴが木から落ちた理由は、特別な事情がなければ「重力のせい」が正解であるという意味で、リンゴの落下は客観的な自然現象である。では、社会的事実としての自殺率はどうだろうか。ある建物から人が転落し即死したとする。なるほど人間も物体だから、建物から落ちれば地面にたたきつけられ身体が損傷し死亡するかもしれない。それ自体は、リンゴの落下と同様の客観的な自然現象だ。しかし、人間の転落に対して私たちは、「なぜ転落したのか」とその出来事の意味を問おうとする。つまり、リンゴの落下と人間の落下とに対して異なる態度をとるのであり、この態度の違いこそが自然現象と社会現象との間に決定的な違いを生み出している。

こうして、「社会的諸事実を物のように考察すること」というデュルケムの方法命題は一八〇度転換され、社会的事実はどのように作られているのかという問いが生まれることになる。たとえば、エスノメソドロジストであり会話分析の創始者であるサックスは、デュルケムが社会的事実としている自殺率とは、他者の死に対して警察官や医師などが「自殺」カテゴリーを適用した結果として構成されたものであり、まずもって、自殺をその他の死と区別し分類するために人々が使用している方法(エスノメソッド)を記述する必要があると主張する(Sacks 1963)。こうして、デュルケム的方法においては説明のための前提であり資源(リソース)である自殺率が、エスノメソドロジーや構築主義にとっては問いの対象(トピック)になるという意味で、研究課題が根本的に転換(リソースのトピック化)することになる。

ただし、基本的な社会認識を共有し事実の構成過程を問題化するとはいえ、エスノメソドロジーと構築主義とでは、研究関心も対象も異なる。極めて概略的な分類をするなら、エスノメソドロジーが、相互行為過程において人々が実践的に用いている方法やそこに観察される相互行為形式の記述を目指しているのに対して、構築主義研究はクレイム申し立て活動の系譜や言及関係の記述を目指しているという違いがある。なお、クレイム申し立て活動の中核をなすのは言説実践であるという意味で、社会問題の構築主義研究は、レトリック分析、言説分析、ナラティブ分析などと密接に関連しつつ蓄積が進んでいる。

教育社会学領域でのエスノメソドロジー研究としては、教師—生徒の相互行為形式をＩＲＥ構造として定式化したメハン(Mehan 1979)の研究に触発されて、授業秩序の構成過程の解明という問題系のなかで学級内相互行為の分析研究が蓄積され、一つの流れを形成しつつある(大辻 二〇〇六、鶴田 二〇〇八、森 二〇〇九)。さらには、会話分析に基づく社会化研究にも優れた研究が少ないながら存在する(清矢 一九八三、芝田 二〇〇五、森 二〇〇九)。

一方、社会問題の構築主義に依拠した研究は、少年犯罪、いじめ、不登校などの教育問題領域で研究が蓄積されつつあるが、大別すると、教育問題の構築過程の分析研究（朝倉 一九九五、北澤・片桐 二〇〇二、加藤 二〇一二、北澤 二〇一五）と、教育問題をめぐる言説研究（山本 一九九六、今津・樋田 一九九七、広田 二〇〇一、間山 二〇〇二、伊藤 二〇一四）との二つの流れがある。ただし、言説研究のなかには、「現実」を言説的構築物とみる「構築主義的言説分析」と、「現実」を言説外部の実在と捉え、「現実」を捉え損なっている「言説」を批判的に分析する「言説批判分析」という二つの系譜があることを指摘しておきたい。(5)

つまり、相互行為分析や言説分析と称する研究群のなかには、研究対象の外部に「社会構造」や「現実」の実在を想定するか否かをめぐって根深い断絶が存在しているのであり、「実在か構築か」という認識問題が、多様な広がりをもつ質的研究を振り分ける重要な分岐点となっている。

このように、質的研究内部には解消不能な断絶が存在するのだが、他方では、「知見の一般化」という厄介な問題を共有してもいる。そこで最後に、この問題についての本稿の見解を述べておきたいと思う。

四 「分析知見の一般化」問題と質的研究

「分析知見の一般化」問題は、質的研究全般が抱える方法上の弱点であるかのように語られることがある。量的研究の場合、サンプル抽出、調査票作成、変数分析などあらゆるレベルで信頼性や妥当性が検証されることで、分析知見の一般化をめぐる基準が明確に設定されている。

それに対して質的研究の場合、一つの事例、一つの相互行為場面の分析から知見を導き出すこともあり、職人芸的に見える分析方法が信頼性を揺るがせ、分析対象の数の少なさが妥当性や一般性への疑念をもたらすということを繰り返してきている。それに対する対応策はさまざまだが、事例数を増やしたりトライアンギュレーション（佐藤 一九九二)のような方法を試みるなど、量的研究の論理と何らかの調整をはかる方向での対応策が一つの流れとなっている。もちろん、問題関心によってはそれが有効な場合もあるだろうが、本稿では、ここまでの議論を踏まえたうえで、一つの事例、一つの相互行為場面の分析に向かうことを必然とするような質的研究にとって、一般化問題がどのように位置づくかについて、二つの観点から論じておきたいと思う。

(1) 多元的現実と一般化問題――「正統化された現実」の相対化

社会は葛藤の産物であり多元的現実から構成されているとするなら、「正統化された現実」の背後に「局所的な現実」の存在が想定可能であるし、一般化を志向する態度は、母集団のなかに埋もれている「少数者」の存在を抑圧する力として働く恐れがある。それゆえ、「少数者」の存在を記述しようとする試みは、母集団のなかの現実の多元性を露わにし「正統化された現実」を相対化する可能性をもつと同時に、一般化や客観的妥当性といった基準それ自体を問い返す試みでもある。それゆえ、一つのフィールドにこだわることには積極的な意義があるということになる。

そして、「正統化された現実」を相対化する試みという意味では、構築主義も同様である。なぜなら、問題の構築過程を分析することは、その問題の「事実性」や「正統性」を脱構築する試みでもあるからだ。そのために問題が構築されるフィールドを見定め、そこでのクレイム申し立て活動をめぐる相互行為を解明することが至上命題となる。ただし、ここでのフィールドとは比喩的表現であり、特定の空間を意味しない。ある社会問題カテゴリーの生成や流通経路を解明するためには、新聞記事や政策文書から遺書に至るまでのドキュメントデータはもちろん、公式統計のような計量データもまた分析対象となる。なぜなら、公式統計もまたクレイム申し立て活動の一形態であり、国家がどのようなカテゴリーの「発生件数」を把握しようとしているかを示しているからである。

(2) 相互行為のなかに社会を見る——指標的特性をもつ日常言語の完全性

では、人々が日常的に実践している「方法」の記述を目指すエスノメソドロジーにとって、「一般化」問題はどのように位置づくだろうか。

日常生活のなかの言葉は、文脈によって意味が変化するがゆえに曖昧で不完全な言語であると考えられてきた。それゆえ、実証性に根拠を置く経験科学であろうとする社会学は、文脈依存性(=指標的特性)を帯びた日常言語の曖昧性を克服するために概念を定義しモデルや理念系を作り(Sacks 1963, Garfinkel & Sacks 1970)、そうすることで研究対象のなかに秩序を見いだし、分析知見の一般性を高める工夫をしてきた[6]。

しかし、エスノメソドロジーの問題関心はまったく異なる。ある具体的な状況と人間関係のなかを生きる私たちは、「あれ取って」と言われたなら、「はい、これ」などと言って、発話者に「あれ」を手渡すことができる。これは極端な事例だが、私たちの日常的相互行為は、指標的特性をもった日常言語を特定の文脈のなかで使用することによって達成されているのであり、それ以上でも以下でもない。そうだとすれば、日常言語の指標的特性は、厳密に定義された概念の導入によって解消されるべきものなどではないということである。言い換えれば、日常言語はそれ自体で「完全」な言語なのであり、その使用のされ方こそが解明されるべき研究対象となる。

こうして、デュルケムやパーソンズに代表される実証主義社会学からの逆転の発想を、ここにもまた見ることができるのである。量的研究が、収集したデータにコーディングなどの操作を加え、人びとの意識や行動の多様性や文脈依存性を捨象し変数化したうえで分析しようとするのに対して、エスノメソドロジーや会話分析は、日常に生起する会話的相互行為そのものをデータとし、会話の内容ではなく会話を成り立たせるために人びとが使用している方法を分析しようとする。言い換えれば、計量分析が文脈依存性を捨象したデータのなかに一般性を見いだそうとするのに対して、エスノメソドロジーや会話分析は、文脈依存的で曖昧に見えるデータのなかに「方法」という一般性を見いだそうとするということである。その意味で、実際に生起する相互行為を生起するままに観察しデータ化することが決定的に重要となる。

以上が、知見の一般化問題に対する本稿の見解だが、それゆえ重要なのは、質的研究の問題関心や分析方法は実に多様な広がりをもつものの、研究対象は特定の具体的フィールドと結びついているということにある。それが、異文化社会の一つの村落であるか私たちに身近な小学校であるか、はたまた、テレビのニュース報道場面であるか日常の会話的相互行為場面であるかにかかわらず、それらフィールドで実際に生起している相互行為を観察するところからすべては始まると言って良い。

注

(1)本稿では、デュルケム方法論の検討を通して質的研究を支える社会認識や方法論について論ずることを狙いとしているが、本稿との関連で言えば、因果関係の探求を目指す量的研究の方法上の問題については、中澤(二〇一六)の議論が有益である。

(2)シカゴ学派の特徴を知るには、宝月・吉原編(二〇〇四)が有益である。

(3)カラベルらのエスノメソドロジー批判は、ガーフィンケルに言及していないという点で問題がある。しかし当時の山村は、自らの立場を応用エスノメソドロジーと称し、ガーフィンケルやサックスよりもシコレルの業績に共感的であったと思われ、そうした背景もあって、カラベルらのエスノメソドロジー(というよりシコレル)批判に対して「相互行為過程への着目」を強調したと思われる。それ自体は、当時の教育社会学会において有意義であったと言えるが、エスノメソドロジーの課題は、行為者の「主観的意味世界」の記述ではなく、行為者が使用している「方法」の記述にあるという、最も重要な論点についてはうまく伝えることができなかったように思われる。なお、教育社会学領域へのエスノメソドロジー導入の歴史については清矢(一九九八)が参考になる。

(4)誤解のないように断っておくなら、本稿では、エスノグラフィー研究とエスノメソドロジーや構築主義研究のどちらかにより肯定的な評価を与えたいと思っているわけではない。そもそも、問題関心が異なるから異なる方法を要請するのであって、どちらの方法が対象の説明力においてより優れているかという話ではない。また稲垣(一九九〇)は、エスノメソドロジーを経由してフーコー的権力概念に依拠した教育言説分析に可能性を見ようとしているが、本稿では、次節で述べるように、エスノメソドロジーや構築主義研究の可能性を論じることになる。その際、フーコー的言説研究は、緩やかな意味で構築主義的言説研究の一部に位置づくと捉えている。

（5）教育社会学領域における言説分析の二つの系譜については北澤（二〇一七）で論じた。

（6）串田は、「指標的特性（indexical property）」とは文脈ごとに意味を変える言葉の性質を意味するという、ガーフィンケルとサックスの定義（Garfinkel & Sacks 1970）を紹介している（串田 二〇〇六、一〇頁）。なお串田の狙いの一つは、会話分析が見いだした相互行為手続きが普遍性をもつかどうかを検討することにあり、本稿でいう「一般化」問題に関連した刺激的な議論が展開されている。

参照文献

朝倉景樹 一九九五、『登校拒否のエスノグラフィー』彩流社。
伊藤茂樹 二〇一四、『「子どもの自殺」の社会学——「いじめ自殺」はどう語られてきたのか』青土社。
稲垣恭子 一九八一、「クラスルーム・リサーチの視点と方法——A・A・ベラックの研究を中心として」『教育社会学研究』第三六集。
稲垣恭子 一九九〇、「教育社会学における解釈的アプローチの新たな可能性——教育的言説と権力の分析に向けて」『教育社会学研究』第四七集。
今津孝次郎・樋田大二郎編 一九九七、『教育言説をどう読むか——教育を語ることばのしくみとはたらき』新曜社。
ポール・E・ウィリス、熊沢誠・山田潤訳 一九八五、『ハマータウンの野郎ども——学校への反抗・労働への順応』筑摩書房。
大辻秀樹 二〇〇六、「Type M：「学ぶことに夢中になる経験の構造」に関する会話分析からのアプローチ」『教育社会学研究』第七八集。
加藤美帆 二〇一二、『不登校のポリティクス——社会統制と国家・学校・家族』勁草書房。
J・カラベル、A・H・ハルゼー編、天野郁夫・潮木守一訳 一九八〇、「教育社会学のパラダイム展開」潮木守一・天野郁夫・藤田英典編訳『教育と社会変動』上、東京大学出版会。
北沢毅 一九八五、「「問題」行動の社会的構成——相互行為論の視点から」『教育社会学研究』第四〇集。
北澤毅 二〇一五、『「いじめ自殺」の社会学——「いじめ問題」を脱構築する』世界思想社。
北澤毅 二〇一七、「構築主義研究と教育社会学——「言説」と「現実」をめぐる攻防」『社会学評論』六八（一）。
北澤毅・片桐隆嗣 二〇〇二、『少年犯罪の社会的構築——「山形マット死事件」迷宮の構図』東洋館出版社。
J・I・キツセ、M・B・スペクター、村上直之・中河伸俊・鮎川潤・森俊太訳 一九九〇、『社会問題の構築——ラベリング理論をこえて』マルジュ社。

串田秀也 二〇〇六、『相互行為秩序と会話分析――「話し手」と「共―成員性」をめぐる参加の組織化』世界思想社。
エドワード・W・サイード、板垣雄三・杉田英明監修、今沢紀子訳 一九九三、『オリエンタリズム』上、平凡社。
佐藤郁哉 一九九二、『フィールドワーク――書を持って街へ出よう』新曜社。
芝田奈生子 二〇〇五、「日常的相互行為過程としての社会化――発話ターンとしての〈泣き〉という視点から」『教育社会学研究』第七六集。
志水宏吉 一九八五、「「新しい教育社会学」その後――解釈的アプローチの再評価」『教育社会学研究』第四〇集。
志水宏吉 一九九三、「変化する現実、変化させる現実――英国「新しい教育社会学」のゆくえ」『教育社会学研究』第五三集。
清水睦美 二〇〇六、『ニューカマーの子どもたち――学校と家族の間の日常世界』勁草書房。
社会調査協会編 二〇一四、『社会調査事典』丸善出版。
清矢良崇 一九八三、「社会的相互行為としての初期社会化の様式――しつけ場面におけるカテゴリー化問題」『教育社会学研究』第三八集。
清矢良崇 一九九八、「教育社会学とエスノメソドロジー」山田富秋・好井裕明編『エスノメソドロジーの想像力』せりか書房。
鶴田真紀 二〇〇八、「自閉症児の言語獲得をめぐる相互行為系列――療育実践場面の分析を通して」『教育社会学研究』第八二集。
鶴田真紀 二〇一五、『障害児教育の社会学――発達障害をめぐる教育実践の相互行為研究』博士学位論文(立教大学)。
エミール・デュルケム、宮島喬訳 一九七八、『社会学的方法の規準』岩波書店。
エミール・デュルケーム、宮島喬訳 一九八五、『自殺論――社会学研究』中央公論社。
中澤渉 二〇一六、「教育政策とエビデンス――教育を対象とした社会科学的研究の動向と役割」佐藤学・秋田喜代美・志水宏吉・小玉重夫・北村友人編『岩波講座　教育　変革への展望　第二巻　社会のなかの教育』岩波書店。
ピーター・L・バーガー、トーマス・ルックマン、山口節郎訳 二〇〇三、『現実の社会的構成――知識社会学論考』新曜社。
蓮尾直美 一九八〇、「学級社会にみられる「社会的」交換――教師と生徒の関係を中心として」『教育社会学研究』第三五集。
広田照幸 二〇〇一、『教育言説の歴史社会学』名古屋大学出版会。
広田照幸・古賀正義・伊藤茂樹編 二〇一二、『現代日本の少年院教育――質的調査を通して』名古屋大学出版会。
ハーバート・ブルーマー、後藤将之訳 一九九一、『シンボリック相互作用論――パースペクティヴと方法』勁草書房。
ハワード・S・ベッカー、村上直之訳 一九七八、『アウトサイダーズ――ラベリング理論とは何か』新泉社。
宝月誠・吉原直樹編 二〇〇四、『初期シカゴ学派の世界――思想・モノグラフ・社会的背景』恒星社厚生閣。
間山広朗 二〇〇二、「概念分析としての言説分析――「いじめ自殺」の〈根絶＝解消〉へ向けて」『教育社会学研究』第七〇集。
森一平 二〇〇九、「日常的実践としての「学校的社会化」――幼稚園教室における知識産出作業への社会化過程について」『教育社会学研究』第八五集。

山村賢明　一九八二、「解釈的パラダイムと教育研究——エスノメソドロジーを中心にして」『教育社会学研究』第三七集。
山本雄二　一九八五、「学校教師の状況的ジレンマ——教師社会の分析にむけて」『教育社会学研究』第四〇集。
山本雄二　一九九六、「言説的実践とアーティキュレイション——いじめ言説の編成を例に」『教育社会学研究』第五九集。
Garfinkel, H. & Sacks, H. 1970, "On formal structures of practical actions," in J. Mckinney & E. Tyryakian (eds.), *Theoretical Sociology : Perspectives and Developments*, New York: Appleton Century Crofts, pp. 337-366.
Mehan, H. 1979, *Learning Lessons : Social Organization in the Classroom*, Harvard University Press.
Sacks, H. 1963, "Sociological Description", *Berkeley Journal of Sociology*, 8: pp. 1-16.

▼ブックガイド▲

J・I・キツセ、M・B・スペクター、村上直之他訳　一九九〇、『社会問題の構築——ラベリング理論をこえて』マルジュ社。

「社会問題の構築主義」宣言の書。実体論を徹底的にしりぞけ、社会問題をクレイム申し立て活動と定義し、社会問題のとらえ方を根底から転換させた。


ピーター・L・バーガー、トーマス・ルックマン、山口節郎訳　二〇〇三、『現実の社会的構成——知識社会学論考』新曜社。

環境に対する世界開示性を特徴とする人間が、いかにして社会を制作したかを思考実験的に論じたうえで、社会秩序を維持するためのメカニズムを論じた社会学の名著。

7 日本の教育社会学の理論

――倫理問題と実証性

久冨善之

小序　教育社会学の理論をめぐる焦点

編集部に与えられたテーマは「教育社会学の理論」だった。しかしそれは広いテーマで、小論で果たせる課題ではない。小論は「三つのテーマ」に絞るが、その前に「学問性格をめぐる議論」と「教育社会学が形成・継承してきた視角」という二点を整理する。

(1) 学問性格をめぐる議論の争点

まずテーマである「教育社会学の理論」に関する日本での論争に触れたい。学問として、日本の教育社会学が成立したのは一九五〇年前後だろう。それから約七〇年を経過した。その間に、学問の性格をめぐる論争があり議論が重ねられた。争点は次の五つであろう[(1)]。

①「対象(教育事象)」と「理論・方法(「社会学」)」との居心地の悪い関係。
②「存在学」か「規範学」か、「実証性」か「政策科学」か。
③理論の「輸入性(欧米から日本への輸入／社会学から教育社会学への輸入)」。

④ 実証研究が「理論」を生み出したか？　理論は実証研究に対して役割を果たしてきたか？
⑤「新しい教育社会学」の焦点・成果をめぐる「理解」の違いをどう考えるのか？
これらの点は行論のなかで、すべてではないが言及するので、ここではこれ以上は論じない。

（2）教育社会学が形成・継承してきた視角

教育社会学という学問は、二〇世紀初頭に誕生した。一〇〇年を越える過程のなかにはさまざまな潮流があった。そこで「形成・継承された研究の視角」を挙げると、次の五点となる。
ⓐ 教育の階級性――社会の階級・階層構造が教育を通して再生産されるという視角。
ⓑ 学校の日常の相対化――学校の日常のなかにある価値押しつけ作用を析出する視角。
ⓒ 教育研究の実証性――教育研究を、事実にもとづいて経験的に進める実証的立場。
ⓓ 教育の実践性――教育事象が現実にもつ実践性・価値性を受け止める社会学の性格。
ⓔ 教育言説の再帰的作用――言説が現実の行為として意味を担って存在するという視角。
右の五点は「教育社会学の強み」であり、行論のなかで言及するので、これ以上は論じない。(2)

（3）教育社会学をめぐる論争とその裏で、忘れられた重要な争点

右の論争にはじつは、そこで「忘れられていた争点」があった。それは、次の三点である。
① 教育を研究する者と、その研究がもつべき倫理性・価値性。
② 社会学の学問性格をめぐる二つの指向。
③ 教育社会学が、「教育実践」をどう捉えてきたか。

これら三点を、以下では小論の中心テーマとして追究し、筆者の責任を果たしたい。

一 教育社会学研究に伴う「隠れたカリキュラム」の両面性

(1) 二人の社会学者の言明

ハンガリー生まれの社会学者マンハイムはフランクフルト大学教授時代(一九三〇―三三年)に刊行した書物(マンハイム 一九七六)で、法社会学、宗教社会学、文芸社会学、教育社会学などのいわゆる「連字符社会学」の成立根拠について、「社会学者は(中略)ある一定の精神的領域を社会過程に関連させ、この領域に対する社会過程の意義を問題とする」と述べて、一方で、個別精神領域を社会過程に関連づけることがもつ、その領域の固有な価値に対する社会的相対化による破壊効果を自覚しつつ、他方で「生によって設定される主題」にその精神領域学と協働して取り組むことになる、としている。

ドイツのシステム論社会学者ルーマンは「信頼」という倫理的テーマを扱うに当たって、社会学が「イデオロギー的な暴露を行う」とか、「批判的に解体」し「信用を失墜させる」のは「今日の思想状況ではたやすい」が、その次元にとどまるならば社会学が同じ言葉で同じ対象を扱う「短所のほうが目立ってくる」として、むしろその次元から離れて「(社会学)理論のほうから、社会生活の日常的な了解と対話し、倫理を通じた社会生活の形成と対話すること」で社会学の長所を発揮できる、と述べている(ルーマン 一九九〇、「序言」)。

三十余年を経た二人の社会学者の言明は、固有の「価値」をもって日常的に営まれる個別文化領域を、社会学がその概念装置(「社会過程」とか「社会システム」とか)で解明しようとする際の〈関係の二重性〉に自覚的である点で共通している。第一の関係は、「遅れて成立した社会学」がある文化領域に成立している概念を社会的現実と関連させて相対化するのは社会学の強みで重要だが、それでは「破壊」にのみ誤用する危険が大きい。だとすればそこに第二の関係として、社会学とその文化領域に日常的に存在する「価値・実践」との共同の関係が課題となる。それをマンハイムは「協働」、ルーマンは「対話」と呼んでいる。

この二重の関係性を、教育社会学研究の課題として考えてみよう。

(2) 教育学の積み上げた「価値」を社会的に相対化し「破壊」する教育社会学

近代教育学の成立がたとえばコメニウス（一九六二）とすれば、それは一七世紀である。教育社会学の本格的成立は、その理論でも実証研究でもデュルケーム（一九七六、一九六六）であるとすれば、それは一九世紀末—二〇世紀初頭である。教育社会学は、教育学に対してずっと遅れて成立した学問である。遅れて登場した教育社会学は、教育学に対して自らのアイデンティティを確保するために右に述べた「第一の関係」の位置取りを前面に出すことになるだろう。それは教育学が積み上げ、教育現場の日常にもなっている価値・実践を、社会的・歴史的事実に関連させることで相対化し、その価値性を破壊することである。

デュルケーム自身の諸著作・講義が、そのような破壊作用を意図していたものである[3]。

そして戦後日本でも、初期の代表的な教育社会学者たる清水義弘の仕事（清水 一九五五）にも同様の傾向が強く表現されている。それは遅れて登場した学問である教育社会学の宿命とでも言うべき作用であり、同時に遅れた学問が負った「隠れたカリキュラム」でもある。

(3) 教育を研究することと、その研究者がもつべき「倫理性」

「二〇世紀の最大の戯曲作家」と呼ばれるブレヒトは、『ガリレイの生涯』（一九七九）の「一四場」で、ガリレイが弟子に、隠していた『新科学対話』[4]を、オランダで出版するように、手渡す。すると、弟子が「先生が（宗教裁判で）学説（中略）を撤回なさったのは、ただ勝ち目のない政治的いざこざから身をひかれて、科学本来の仕事をお続けなさるためだったということに、私はあの時気づくべきだったのです」とガリレイを激賞する。それを、ガリレイは抑えて「撤回したのは、肉体的苦痛が怖かったからだよ」と応え、そのあとで「私は科学の唯一の目的は、人間の生存条件の辛さを軽くすることにあると思うんだ。（中略）ひとりの男が節を屈することをしなかったら、全世界を震撼させることもできたはずだった。私が抵抗していたら、自然科学者は、医者たちの間のヒポクラテスの誓いのようなものを行うことになったかもしれない。自分たちの知識を人類の福祉のため以外は用いないというあの誓いだ！」[5]（傍点原著者）。

ブレヒトの言わんとすることは、筆者の読み取りでは、科学が民衆の福祉以外に奉仕することは邪道だ、科学者は研究成果がその分野でどれほど重要だとしても、それで評価されるのではなく、民衆の生活をどれだけ向上させたかで評価される存在だ、ということだ。

かのマンハイムやルーマンも言ったように、民衆生活におけるその分野での価値の実現のために、社会学は、協働・対話することで寄与しなければならない、という誓いを立てる。それこそが「教育研究に携わる者」に、研究の対象である教育事象が耳元で常々ささやく「隠れたカリキュラム」に他ならないだろう。その「ささやきの呼びかけるところ」に応じることが、「社会学（理論）」と「対象（教育事象）」との「居心地の悪い関係」（馬場 一九六二）を克服する「再帰性（ここでは社会学が教育の改善に寄与すること）」を実現することになる。

かくして、教育社会学研究者は、このような「隠れたカリキュラム」の二つの面に呼びかけられて、研究活動をしていることになる。これが教育社会学研究の負った課題であろう。

（4）教育社会学の理論をめぐる「争点・課題」は、ことがらの性格として、何だったのか

本節全体を通して見たように、教育社会学はその成立根拠をめぐって、次の二つの争点をもっていた。

①社会学が、いかなる意味で教育研究に寄与できるか。

これは、教育社会学が右に述べた初期の「破壊性」を克服し、教育諸研究と対話・協働して「より良い教育」[6]を社会的につくり出すことに協同し、そしてそれに寄与できるのか、という課題である。

②教育社会学が、民衆の生活に対してもつ関係はいかなるものであるか

この点は、科学研究における真理追究だけに絶対的価値を置く立場を脱して、民衆生活の向上にこそ、価値を置かなければならない「そのための教育社会学研究」であるという論点である。

この二点の意味で教育社会学研究は、まさに「倫理性」を真正面から問われているということになる。以下第二節、第三節では、右に述べた①・②の二点を追究していきたい。

二　社会学の学問性格をめぐって――そこにある「倫理問題」

（1）ある教育社会学者の奇妙な言明

筆者が大学院・修士一年のとき、清水義弘教授ゼミで教授に要請されて、卒論で勉強した「デュルケームの教育社会学」について報告を行った際、レジュメのなかに「不可抗的」という言葉が出ていた。教授から「その「不可抗的」の原語は何か」と質問があった。原書と英訳本を見たがすぐには探せなかった。すると教授は「conservative じゃないか。社会学は、もともと実証主義だから、現実を肯定的に捉えるので、保守的なんだよ」と筆者を諭した。「不可抗的」は、英訳本を確かめると「irresistible」だった。筆者は卒論でデュルケームについて書いているときか

ら、彼を「民主主義者」だと思っていたので、驚いたのである。

以上は私的エピソードだが、筆者はそれまでの勉強で、デュルケームのいう「実証主義（positivism）」が「現実を肯定的（positive）に捉える」の意味でなく、「現実に故あり（社会的現実には、必ずそうなっている理由がある）」という意味だと思っていたので、驚いたわけである。(7)

（2）「社会学」は、民主主義的な性格の社会科学に他ならない

近代の市民革命後、政治制度は民主主義的になったにもかかわらず、現実には「階級格差」は残り、何故なのかが問われた。そこから二つの潮流が生まれた。「社会主義」と「社会学」である。つまり二つはきょうだい関係にある。前者は、革命を通して支配階級を打倒することを目指したが、後者は社会を実証的に研究し、階級格差がなくならない現実を解明し、それに換わる「あり得る社会」を追求する（グールドナー 一九七八）。一つは「革命を指向しない」点、第二は「現状を肯定することなく、そのあり得る変革を目指す」という意味で、「社会学は民主主義的な社会科学」であると言えよう。グールドナー（同書、第二章）はそれを、ソビエト連邦の「社会主義」と、米国シカゴ学派の「社会学」とに対応させている。

じっさい、多くの社会学者が「民主主義」を目指した理論研究と実証研究とを行っている。たとえば、先に述べたデュルケームもそうだったし、マンハイム（一九七一）も、自由な民主的社会の形成を目指す「自由のための社会計画」で、「民主的行動様式」や「民主的パーソナリティ」の計画的創出を目標としている。また、もちろん「フランクフルト学派」（第一世代ではホルクハイマー（一九九四）、フロム（一九五八）など、第二世代ではハーバーマス（一九七三）など、第三世代ではホネット（二〇〇三）など）の社会学者も民主主義を求め、権力に対抗し、大衆が民主主義的運動に立ち上がることの可能性を追求して、研究を進めたことは周知のことだろう。それにまた、仏国ではブルデュー（二〇〇一）が、「来

日記念講演」(二〇〇〇年)で、新自由主義の世界支配を批判し、それが生み出す世界的な悲惨・貧困・抑圧状況に言及し、民主主義の重要性を強調している。また、バーンスティンは『〈教育〉の社会学理論』(二〇〇〇)の「序章」で「民主主義と〈教育〉の権利」を書き、学校での教育をめぐる社会関係が「民主的である」ことの意味を、「自己成長」「包み込み」「参加・市民言説」の三点で提示している。

このように、社会学が「民主主義的な社会科学である」ことは明白であろう。

(3) 教育の社会学的研究がもつ「実証性」がはらむ二面

社会学がもつ実証性は、意外にも二つの面をもっている。それは次の二点である。

① 現実を肯定的に捉えて、それをそのまま受容し、「経済従属性」に立つ

戦後日本の教育社会学の研究活動は、二つのうちの第一の面を代表しているとも言えるだろう。たとえば、一九六〇年代の池田内閣「所得倍増計画」の一環としての「経済審議会・人的能力開発部会」の報告(一九六三)は、「教育における能力主義の徹底(中略)として、ハイタレント・マンパワーの養成の問題がある」「社会全体が、ハイタレント・マンパワーを尊重すべき意識を持つべきであろう」と提言した。しかも「ハイタレントは、人口の三%程度、これに準ハイタレントの層を入れても五ないし六%程度」と規定していた。それは教育を、当時の「経済成長が価値である」との立場をとったことになる。そこでは、教育の自由、教育の自律性、教育の福祉的価値を無視して、教育を経済に従属させていることを意味する。

さらに、その審議会に専門委員として参加した清水義弘は、その「著作選集」の第四巻(清水 一九七八)に、異例にも「自分が執筆した報告・本文」を収録している。これでは、日本の教育社会学が「国家政策追随」「既成事実容認」の立場をとったことになる。

②「弱者」の再生産における生活困難層の「生活・子育て」と学校・教師との関係への注目

①と違って、捉えた事実に問題を見出し、それを転換しようとする研究姿勢である。それは、さまざまの教育研究に見出せる。筆者とその研究仲間は、生活困難層の「生活と子育て・教育」について、北日本のB市A団地で一九八〇年代末から数年間と、その二〇年後の二〇一〇年前後数年間とに実態調査に取り組み、二冊の本（久冨編 一九九三、長谷川編 二〇一四）を刊行した。特に前者での主要な発見として、次の三点があった。

（a）地域の学校・教師と生活困難層の子ども・親との関係の特徴――学校・教師側に母子家庭を始めとする生活困難層の家族のあり方について「特定のステロタイプ」があって、それがあるベールとなってベールの向うにある生活・子育ての実態や、願いが見えなくなっている。そのため、その層の子どもの学校での低学力や躓きを「定型像化した家族生活のあり方」に帰責する傾向があること。

（b）この層の子ども・若者自身の自己イメージ・学校イメージに浸透する排除性――学校では教師たちからの「見下し」「見放し」を受け、自分自身も「学校へのこだわりの希薄さ」（長谷川 一九九三）へと「自己排除」する傾向が目立つ。

（c）不平等の実際を統計表として示された際の生活困難層の反応の特徴――調査結果をB市の生活困難層の生活改善を目指す運動団体の集会で報告した際、「不平等の実際」を示す統計表を眼にしたこの人々の反応は「現実の不平等に対する憤激」ではなく、「昔は〈金持ちのドラ息子〉や〈家貧しくして孝子出ず〉だったのに、今はそういうことはないのか」だった。これが運動団体でなく個々人であればむしろ「自分の弱み」として感じるだろう。そこにこの種のテーマに関する結果報告における「再帰性」を強く考えさせられた。

以上の三点から、この研究は「不平等の再生産」過程における学校制度内部の社会・文化過程を浮かび上がらせた点で、「新しい教育社会学」と通底する「実証性」(8)をもつと考える。

三　教育社会学にとっての、「教育実践」がもつ倫理の重要性

(1) 教育社会学の二つの名著から——教育実践との出会いの古典的な姿

ここでは、教育社会学が教育実践とどう出会うのか、を検討する。この課題を考察するにあたり、まず教育社会学研究の古典的名著として衆目の一致する二つの著作、デュルケーム『フランス教育思想史』(一九六六)と、ウォーラー『学校集団』(一九五七)とをとり上げて紹介・検討したい。というのはこの二著作において、教育社会学の「教育の社会性と実践性」の把握が、典型的に示されていると考えるからである。

① デュルケーム『フランス教育思想史』(一九六六)が捉えた教育の歴史社会学

このデュルケームの大著は、一九〇四—〇五年のパリ大学ソルボンヌにおける彼の講義ノートが、のちに出版されたものである。第一部では、初期の修道院学校も、フランク王国カロリング朝の宮廷学校も、中世大学の形成期も、スコラ哲学の全盛期にも、ローマ教会の教権と王権との対立が存在することが示される。デュルケームが注目するのは「大学制度」「コレージュ制度」「中等・高等教育の資格制度」などである。また「ラテン語教育」「文法教育」「論理学教育」などの教育の目標・内容・方法も解明されている。

第二部ではルネサンス以降、意識された教育思想・教育学が登場したこと、そして近代科学の発展と産業の近代化を背景に、現実主義的な本物の教育学が、コメニウスを始めとして生まれること、一九世紀を通じて中等教育の目標・内容・方法をめぐり、文法・修辞・論理学重視と、近代的科学重視との教育がどう相争ったかなどが分析されている。

この書で分析された教育とは、一方では教育制度であったが、同時に教育の目標・内容・方法の姿であり、それを

事実上導いた教育思想・教育理論であった。それは、長い歴史的スパンで解明する教育の歴史社会学的分析だったということができるだろう。

② ウォーラー『学校集団』(一九五七)が捉えた学校教育の社会関係論

この大著は、米国の二〇世紀初頭から一九二〇年代の〈学校〉に接近して、そこに生まれる諸社会関係を記述する手法を取っている。学校での相互的社会関係について、教師の提供資料、自叙伝風手記、学生の手記、大学院生の調査原稿、小説風手記などの素材を使い、現場での関係の性格と実際に即して記述し分析している。たとえば「学校で授けられる学業は、大部分、知識・技能その他の事項であるが、生徒が進んでこれを習おうという気を起こすことはまずないといってよい」、「学校は道徳博物館になりやすい」、「怒っている親の扱い方」、「学校でなぜスポーツがもてはやされるか」、「学級をめぐる教師・生徒の対立」などなど。これらは学校教育と教師の教える仕事についての社会関係様相の分析と記述であり、教師が実践現場での経験を通じて学ぶものを体系的に整理し、教師の実際的知恵の豊富な素材を提供している。

本書の分析は「学校教育実践の社会関係分析の社会学」といえるだろう。

右の①・②は古典段階だが、それ以降も教育社会学は教育実践を追究したのである。[9]

(2)「教育実践」という言葉の成立と教育社会学

「教育実践」という言葉の起源に関し、筆者の「恩師」の一人・中内敏夫[10]が筆者に、「一九二〇―三〇年代の生活綴方教師たちが創造した概念だ」という話をしてくれた。

「教育実践」に関して坂元忠芳(一九七九)に眼を通したとき、生活綴方教師・佐々木昂(一九三三)に「教育実践」という言葉があることを知った。続いて川口幸宏(一九八〇)や、中内敏夫(一九八五)を読む機会を得た。その勉強結果を簡潔に記すと、次のようになる。

①「教育実践」という言葉の成立と、潮流的背景――「教育実践」という用語の使用と意味を追究した川口は、それが一方で大正自由教育の「子ども中心主義」に根をもつこと、『赤い鳥』誌を中心とする新中間層を基盤とする潮流であることを明らかにしている。他方では社会主義的労働組合運動(新興教育・教労運動)の、国家権力の「戦争へ向けて国民や教育を抑圧する政策」に抗しながら、「世界恐慌」(一九二九年)、「昭和恐慌」(一九三〇―三一年)のなか、貧困に苦しむ労働者・農民層の子どもたちの窮状を直視し、相対的下層を基盤とする潮流にも重なっている点を明らかにしている(川口 一九八〇、また中内 一九八五)。

②「教育実践」という言葉の日本に独自の意味――「教育実践」は英語では「pedagogic practice」になる。英語は「教えるという行為」という中性的な言葉(坂元 一九七九)だが、「教育実践」には、「教育という仕事をより良いものにしようという志向をもった実践的活動」というニュアンスがあると考える。そこに、権力の教育支配に抗するという「政治性」を貫き、同時に貧困な子どもの発達を支援する「倫理性」との両方をもった「教育実践」[11]という言葉が成立して、それが日本の教員社会に定着したのである。こういう教育実践こそが、先に述べた時代に見合った相対的に「より良い教育」ということができるだろう。

③戦後日本の教育社会学の「教育実践」とその「実践記録」に対する否定的評価――かつて、清水義弘(一九五五)が、教育学の「規範性」をデュルケームと同様に批判した点は、教育の実証研究の重要性を強調したものとして肯定できるものである。しかし、「教育的「実践記録」」を「呪術的」と言ったのには、疑問がある。

清水が批判したのは「実践記録」の①「記述の不完全とその主観性」、②「文芸的記述パターン」、③「英雄主義、規範主義、ないしは一般化の態度」の三点である。どれももっともらしいが、たとえば①についていえば、前注(8)で城戸浩太郎(一九七〇)が指摘したように、教師の学校現場での観察のほうが、調査主義の実証研究よりも興味深い子どもたちの姿を捉える場合がある。また現場の教師の観察が的確な場合があると考える。

②では、近年の「ナラティブ・アプローチ」もいうように、あらゆる記述は「物語り」の形をなしており、「文芸的記述パターン」をとっている。何も実践記録だけが文芸的であるわけではない。③では、「英雄主義」や「一般化の態度」は研究者にも見られる。研究者の多くは「一般化」を目指しているし、またほとんどの研究者が、それがその分野の他の研究者にどう見られているか、どう読まれるかを気遣って論文・著作を書いている。なにも教師の「実践記録」だけが「英雄主義」・「一般化」の態度をとっているわけではない。

こうして戦後日本の教育社会学が「教育実践」と「実践記録」を、その創立期から否定的に評価したことが、教育社会学と教育実践との有効な関係を（それ以降も永く）築くことができないで、分断・亀裂を決定的にした原因であった。この分断・亀裂について、筆者は、久冨（一九八五a、一九八五b、二〇一四）で詳細に分析し、批判的検討をしている。

（3）教育社会学研究にとっての「階級制」と「実践性」

「階級・階層と教育」の問題は教育社会学にとって、古典的にしてアクチュアルな課題である。この課題は「教育実践」のなかには、右に述べたように既に戦前から存在した。

① 学校存在の特質と教師の実践志向――日本には先に述べたように「教育実践」という言葉がある。「教育という仕事をより良いものにしようという志向をもった実践的活動」という意味がある。日本の教師たちが近代学校の歴史のなかで、「教育実践志向」をもつ教員社会の財産を生み出したことは特筆に値するだろう。他国では「新教育運動」の民間展開が目立っている。日本では、ペダゴジーの点でも、公立学校の教師たちの間にも広く浸透している。

② 階級・階層制が生み出す格差・貧困問題が教育実践の課題に――皆学制近代学校は、一部社会層に限られてい

た学校制度の利用や、識字能力獲得を民衆層に開くので、「文字が五～六千年前に発明されて以来永く続いた文字と文字文化をめぐる社会内の（識字層と非識字層との）文化的亀裂」を克服する、画期的意味をもつものであった。

ただし皆学制は、それまで文字と文字文化に接する機会のなかった層も学校に集めるので、その層の子ども・親にも「学校に通うと、今の世の中を生きるのに意味のある能力・規律が身につく」と思ってもらわなければ、「義務教育」制度規定だけでは民衆層の「就学・通学」は定着しない。だとすると、学校はとりわけ「民衆層の子どもに意味ある働き」を、人々が実感できる程度に達成する課題を負うことになる。

「学校知識」と「学校の道徳規律」とに、家族生活・地域生活の面で慣れておらず馴染めない民衆層の子どもたちが「学校・教室の〈お客さん〉、あるいは〈逸脱者〉」とならずに、その子どもたちに就学・通学の意味を実感してもらい、学校に通ってもらう、その親たちに子どもを学校に通わしてもらうことが、皆学制の課題となった。この課題は、皆学制近代学校が成立以来今日まで負っている「教育の階級・階層間格差」という難問である。この問題は近年の日本で広く話題になっているような一九九〇年代半ばになって突然課題化したのではなく、「教育実践」にとって、課題焦点だったはずである。日本の場合、戦前・戦後の「生活綴方」実践にこの課題意識が強く流れていたと考える（村山 二〇〇四）。また、教育実践では「どの子にも豊かな学力を」とか「落ちこぼれを出さない」という階級・階層問題が前面に出ない目標を掲げる場合のほうが多いだろう。「教育実践の〈言葉〉が階級・階層問題を明示化しない」ことで「階級・階層の問題に無自覚だ」と判断するのは早計である。この点を認識しないのが、黒崎勲（一九九五）と、苅谷剛彦（二〇〇一）である。

結びにかえて——自生的な「新しい教育社会学」を目指して前進を期す

もう余白がなくなってしまった。「新しい教育社会学」、その「学校の日常の相対化」に関しては、十分な議論ができなかった。また、編集部に示唆された「競争」[12]や、バーンスティンの「ペダゴジー論」[13]にはまったくアプローチできなかったが、長谷川編(二〇一四)のような研究成果がある。

弁解ばかりになってしまったが、それに関しては別稿を期したい。少なくとも言えることは、教育社会学が、日本の「教育実践」の伝統を引き継ぎ、それを民衆的に発展させることに、社会学の教育研究への任務を果たして行きたいという点である。筆者自身はそのことにこそ研究者としての希望をあたため、未来へ向けて期していきたいと願う。

注

(1)この点に関して、本稿の執筆にあたり、一九九〇年代以降の『教育社会学研究』の以下の文献を主に参照した。
・第四七集(特集「教育社会学の反省と課題」)の天野郁夫「辺境性と境界人性」、柴野昌山「教育社会学のインテグリティ」、その他の特集論文。
・第四九集(特集「理論を創る」)の菊池城司「序論　理論を創る」、その他の特集論文。
・第五〇集(特集「教育社会学のパラダイム展開」)の麻生誠「教育社会学の制度化と新しい危機」、その他の特集論文。
・第九四集(特集「教育の社会理論の可能性」)の諸論文。
なお一九八〇年代半ばまでの議論に関し、筆者自身は論文(久冨　一九八五ａ)を書いた。
(2)この「継承された視角」については、『学校知識』(ウィッティ　二〇〇九)の「訳者まえがき」に、やや詳しく論じている。
(3)代表的なものとしては、デュルケーム(一九七六)がある。
(4)ガリレイの『新科学対話』(上・一九三七、下・一九四八)は、近代科学を確立する画期的な書物として、近代物理学の古典的な名著とされている。
(5)ブレヒトの同戯曲の初版は一三場までしかなく、どちらかと言えば「ガリレイに肯定的」であったが、亡命先で「広島・原爆投下」を知って一四場以降を大幅に加筆し、この箇所で「ガリレイの悔恨・自己断罪」へと、主題を変更している(同書末尾「訳者あとがき」を参照)。

(6)もちろん何を「より良い教育」と考えるかについては、さまざまの立場があり得る。しかし、その時代状況のなかで、相対的に「より良い」ことはあり得ると考える。この点は第三節で再論する。

(7)確かに、デュルケーム(一九七八)は、その「第一版への序文」で、「筆者の方法は、なんら革命的なものではない。それは、ある意味で本質的に保守的なものでさえある」と述べているが、その「ある意味」とは、「革命的」に対して、社会学の「穏健性」を言っているのであって、「民主主義」に対置して、「保守的」と言ったわけではない。じっさいボルドー大学の講師時代に、仏国を震撼させた「ドレフュス事件」(仏軍の将校が「ユダヤ人である」ことだけで「スパイ」とされて追放された事件)に対して、「同大学の再審要求がわに立って、右翼、軍部批判の筆をとり、また人権同盟のリーダーのひとりとしてボルドー地区で活動している」(同書、訳者「解説」より引用)。デュルケームは、仏国第三共和政を擁護して闘った「真の民主主義者」であった。

(8)城戸(一九七〇)は、組合教研に関して「教研大会が近づくと、わたしたちの研究室の机の上には、ガリ版刷りの報告書が、山のように積み上げられる。〔中略〕平和と独立の教育のためには、貴重な時間とエネルギーをさいてまでも、なにものかを発言せずにはいられない、現場の教師の研究心に、心から脱帽するのだ。〔中略〕みずからの目で観察し、みずからの手であつめられた資料にもとづいた研究報告書である〔中略〕実態調査をなかば専門とする社会学者にとってはまさに驚嘆すべき事実である。〔中略〕教育社会学者や〔中略〕教育研究の専門家にとって大きなショックであろう」と、教師の観察・報告を評価する。

(9)教師の近年の教育活動・教育実践に関して、日本の教師たちの「精神疾患による病気休職」の増加や、新採教師の一年目の難しさ(ひどい場合の「うつ病・自殺」)を考えている際に、たまたま米国の教師調査で、「教師の職業病」と言われる「バーンアウト(燃え尽き症候群)」について、それを押しとどめる効果をもつ人間関係要素が眼に止まった。そこには、「傾聴(Listening)」、「感情的サポート(Emotional Support)」、「技術的サポート(Technical Support)」と並んで、「社会的現実の共有・共感(Sharing Social Reality)」が挙がっていた。傾聴やサポートは比較的容易にその「押しとどめ効果」を理解できたが、「社会的現実の共有」という要素には新しい面を教えられ、考えさせられた。というのは、悩みをもつその人がその状況に置かれているのは、その個人の責任よりも、社会的に見れば「そうなる背景ないし関係があって起こることである」というややロングショットからの見方は、直ちに何らかのサポートを与える点では間接的ではあるだろう。しかし、悩みが孤立から「自責(=結局自分がダメなんだ、すべては自分の責任だ、ということがらへの意味づけ)」につながっているケースを考えると、そこで追い込まれてしまった視野を、何らか開くことには寄与するだろう。またその「社会的(Social)」の意味を、広い社会・制度・政策から、学校レベルの諸関係に、さらには身近な関係における「現実(Reality)」にまで当てはめると、それらのどのレベルにも「苦悩に追い込まれている当人だけの責任」というのではない、その教師が置かれている「広い〜狭い」までの構図が見えてくる。この面を共有・共感(Sharing)するということは、「ことがらへの意味づけ・視線」という文化の中心要素を、変更するという点でも重要である。そうした文化的な意味づけ・視線の組み換えが基盤にあって「傾聴」も

「感情的・技術的サポート」も、その有効性を発揮するのではないかと考える。

これは教員文化・教師の関係づくりの点では、教師層内部だけの問題ではない。今、学校の関係当事者である子どもたちは「育ちづらい」世界で生育しており、親たちは「難しい親子関係と子育て」に取り組みながら、生きづらい社会に生活している。子どもと親がこのように苦しいからこそ、教師にとってかつて以上に、かれらとの関係づくりがとりわけ難しく、また子どもの教育という仕事もいっそうの困難が伴っているわけである。だから、苦悩と傷つきは、教師だけでなく、その前に子ども・父母たちに起こっている。この点で、教員文化には従来から「苦しみの焦点に自分を置く」という傾向があった。その点で、教員文化における「誰が苦しんでいるのか」をめぐる意味づけの変換として、この点がどうしても重要だと考える。

教師層がそのような文化要素をつかむことで、当事者たちの多くが陥っているそれぞれの苦悩・傷つきを、単にその人間の弱点としてではなく、広くも狭くも共有すること(Sharing)、そういう相互の眼差しと共感を、相互関係・相互形成の文化とする可能性が生まれるだろう。それは学校の内・外の教員社会の相互関係において、新採教師を含む「悩める教師たち」への大きなサポート文化になるだろう。その関係がまた、先にバーンスティンが言うように「学校の民主主義」における「自己成長と包み込みと参加」が教師だけでなく、子ども・父母にとっても、現実のものになっていく土台になると思う。そこに、学校をめぐる民主主義的文脈のなかで、教員文化が成り立ち、教師存在が意味をもって働く新しい今日的構図と希望があると考える。

(10)教育の社会史、生活綴方研究、教育学論、教育目標・評価論などが専門。元教科研常任委員・『教育』編集長などを歴任。一橋大学名誉教授。二〇一六年三月逝去。

(11)川口幸宏(一九八〇)は「外国語の翻訳しにくい〔中略〕日本の教育界に独自に生み出され」たことばとして「生活指導」「生活綴方」と並べて「教育実践」を挙げている(二五―二六頁)。

(12)「競争の教育」の議論を発展させた好著として、本田由紀(二〇〇五)があると考える。

(13)ペダゴジー論を、不登校の「教育言説」に適用した好論文として、山田哲也(二〇〇二)がある。

参照文献

ジェフ・ウィッティ、久冨善之・松田洋介他訳 二〇〇九、『学校知識 カリキュラムの教育社会学――イギリス教育制度改革についての批判的検討』明石書店。

ウィラード・ウォーラー、石山脩平・橋爪貞雄訳 一九五七、『学校集団――その構造と指導の生態』明治図書出版。

大庭健 二〇〇五、『「責任」ってなに?』講談社現代新書。

苅谷剛彦 二〇〇一、『階層化日本と教育危機――不平等再生産から意欲格差社会へ』有信堂高文社。
ガリレオ・ガリレイ、今野武雄・日田節次訳 一九三七・一九四八、『新科学対話』上・下、岩波文庫。
川口幸宏 一九八〇、『生活綴方研究』白石書店。
城戸浩太郎 一九七〇、「実態調査の検討」同『社会意識の構造』新曜社。
久冨善之 一九八五a、「戦後日本教育社会学の批判的検討」同『現代教育の社会過程分析――教育における敵対的競争を協同へ』労働旬報社。
久冨善之 一九八五b、「教育計画の社会学を求めて」前掲久冨『現代教育の社会過程分析』。
久冨善之 二〇一二、「学校・教師と親の〈教育と責任〉をめぐる関係構成」『教育社会学研究』第九〇集。
久冨善之 二〇一四、「教育社会学と教育実践との出会い」教育科学研究会編『戦後日本の教育と教育学』(『講座　教育実践と教育学の再生』別巻)、かもがわ出版。
久冨善之 二〇一五、「教科研は「教師の困難」にどう取り組んだのか――教科研「教師部会」「教師の危機と希望分科会」の歩み」『教育』二〇一五年一月号。
久冨善之編 一九九三、『豊かさの底辺に生きる――学校システムと弱者の再生産』青木書店。
A・W・グールドナー、岡田直之他共訳 一九七八、『社会学の再生を求めて』(合本)、新曜社。
黒崎勲 一九九五、『現代日本の教育と能力主義――共通教育から新しい多様化へ』岩波書店。
経済審議会・人的能力開発部会 一九六三、「報告」。
コメニュウス、鈴木秀勇訳 一九六二、『大教授学』第一・第二、明治図書出版。
坂元忠芳 一九七九、「教育実践と教育科学」『教育』一九七九年一月号。
佐々木昂 一九三三、「指導の特殊性」『北方教育』一九三三年八月号。
清水睦美・すたんどばいみー編著 二〇〇九、『いちょう団地発！外国人の子どもたちの挑戦』岩波書店。
清水睦美・堀健志・松田洋介編 二〇一三、『「復興」と学校――被災地のエスノグラフィー』岩波書店。
清水義弘 一九五五、『教育社会学の構造――教育科学研究入門』東洋館出版社。
清水義弘 一九七八、『清水義弘著作選集　第四巻　教育計画――経済発展と教育政策』第一法規出版。
エミール・デュルケーム、山田吉彦訳 一九五二、『社会学と哲学』創元社。
エミール・デュルケーム、小関藤一郎訳 一九六六、『フランス教育思想史』上・下、普遍社。
エミール・デュルケーム、佐々木交賢訳 一九七六、『教育と社会学』誠信書房。

エミール・デュルケーム、宮島喬訳 一九七八、『社会学的方法の規準』岩波文庫。

中内敏夫 一九八五、『生活教育論争史の研究』日本標準教育研究所。

長谷川裕 一九九三、「生活困難層の青年の学校「不適応」——彼らはそれをどう体験しているか」、前掲久冨編『豊かさの底辺に生きる』。

長谷川裕編 二〇一四、『格差社会における家族の生活・子育て・教育と新たな困難——低所得者集住地域の実態調査から』旬報社。

馬場四郎 一九六二、『教育社会学』誠文堂新光社。

ユルゲン・ハーバーマス、細谷貞雄・山田正行訳 一九七三、『公共性の構造転換——市民社会の一カテゴリーについての探究』未来社。

バジル・バーンスティン、久冨善之・長谷川裕・山﨑鎮親・小玉重夫・小澤浩明訳 二〇〇〇、『〈教育〉の社会学理論——象徴統制、〈教育〉の言説、アイデンティティ』法政大学出版局。

ピエール・ブルデュー、加藤晴久編・構成・訳 二〇〇一、『新しい社会運動——ネオ・リベラリズムと新しい支配形態』藤原書店。

ベルトルト・ブレヒト、岩渕達治訳 一九七九、『ガリレイの生涯』岩波文庫。

エーリッヒ・フロム、加藤正明・佐瀬隆夫訳 一九五八、『正気の社会』社会思想社。

アクセル・ホネット、山本啓・直江清隆他訳 二〇〇三、『承認をめぐる闘争——社会的コンフリクトの道徳的文法』法政大学出版局。

堀尾輝久 一九七九、『現代日本の教育思想——学習権の思想と「能力主義」批判の視座』青木書店。

マックス・ホルクハイマー、森田数実編訳 一九九四、『批判的社会理論——市民社会の人間学』恒星社厚生閣。

本田由紀 二〇〇五、『多元化する「能力」と日本社会——ハイパー・メリトクラシー化のなかで』NTT出版。

カール・マンハイム、池田秀男訳 一九七一、『自由・権力・民主的計画』未来社。

カール・マンハイム、朝倉恵俊訳 一九七六、『マンハイム全集 第三巻 社会学の課題』潮出版社。

村山士郎編集代表 二〇〇四、『村山俊太郎 生活綴方と教師の仕事』桐書房。

山田哲也 二〇〇二、「不登校の親の会が有する〈教育〉〈ペダゴジー〉の特質と機能——不登校言説の生成過程に関する一考察」『教育社会学研究』第七一集。

ニクラス・ルーマン、大庭健・正村俊之訳 一九九〇、『信頼——社会的な複雑性の縮減メカニズム』勁草書房。

▼ブックガイド▲

ウィラード・ウォーラー、石山脩平・橋爪貞雄訳 一九五七、『学校集団——その構造と指導の生態』明治図書出版。

学校教育の社会関係論を捉えた大著で、米国の二〇世紀初頭から一九二〇年代の〈学校〉に接近して、学校での相互的社会関係について捉えた力作である。

Hargreaves, D. H. 1980, "The Occupational Culture of Teachers" in Woods, P. (ed.), *Teacher Strategies*, London: Croom Helm.

教師の「教える」仕事がもつ三つの課題を明らかにしている。英国の教育社会学者である著者は、「地位課題(status theme)」、「力量課題(competence theme)」、「関係課題(relational theme)」の三つの「難問」を明らかにした。

バジル・バーンスティン、久冨善之・長谷川裕・山﨑鎮親・小玉重夫・小澤浩明訳 二〇〇〇、『〈教育〉の社会学理論——象徴統制、〈教育〉の言説、アイデンティティ』法政大学出版局。

この書は、ペダゴジー論の可能性を明らかにしている。社会に存在する多様なコミュニケーション関係のなかにペダゴジックな関係を、見出すことができる理論性を活用し、「ペダゴジー論とは何か」を主張している。

8

教育社会学と歴史研究
――移動・選抜、社会史、ジェンダー史の観点から

今田絵里香

はじめに――歴史研究ブームの前と後

本章では、教育社会学の歴史研究が明らかにしてきた知見について整理し、一九九〇年代の歴史研究ブームの後、歴史研究が抱えるようになった困難について考察する。そして、今後の歴史研究がどのような道を進んでいくのかについて模索する。

ただし、日本教育社会学会が誕生した一九四九年から歴史研究を拾い集めていくと、その数は膨大なものになり、紙幅の点でも筆者の能力という点においても、一つひとつの研究を検討することは困難をきわめる。また、教育社会学の歴史研究にかんしては、広田(一九九〇b、一九九五、二〇〇六)、伊藤(一九九五)、竹内(一九九五)、高橋(一九九七)、大川(一九九七)、井上・森(二〇一三)などのレビュー論文がある。よって、本章は一つひとつの歴史研究を詳細に検討するのではなく、見取り図を描き出すことに重点を置くことにする。

また、議論の前提として、これらレビュー論文を踏まえつつ、本章では教育社会学の歴史研究を三つに分類する。高橋(一九九七)のレビューでは、教育社会学の歴史研究を二つに分類している。第一に「移動・選抜研究」、第二に「社会史的アプローチ」である。広田(二〇〇六)、井上・森(二〇一三)のレビュー論文でもその分類を引き継ぎ、第一

に「移動・選抜研究」、第二に「言説・社会史研究」という分類枠組みを設定している。本章ではこのうち、「言説・社会史研究」を「社会史研究」と「ジェンダー史研究」に分類し、①「移動・選抜研究」、②「社会史研究」、③「ジェンダー史研究」の三つの分類枠組みを設定することにする。このように三つの分類枠組みを設定した理由は、近年、言説・社会史研究において、教育社会学の「ジェンダーと教育」研究の成果を踏まえたジェンダー史研究が増え、一定の蓄積を示すようになったことである。このことについては、のちに詳述する。

一　移動・選抜研究

最初に、三つの歴史研究の歴史を把握する。三つの歴史研究のうち、第一の移動・選抜研究は、教育社会学における歴史研究の一つの流れを作ったといえる。以下では、これについて、広田(二〇〇六)にもとづいて見ていくことにする。

一九六〇年代、教育社会学の独自の視点、および方法にもとづく研究が生まれはじめた。「それは、研究関心と研究方法との両面において、当時主流だった歴史学や教育史研究の方向とは距離をおいたものであった」(広田 二〇〇六、一三八頁)。その独自の視点、および方法とは、どのようなものであろうか。広田によると、「教育のもつ選抜・配分機能に着目し、そこからマクロな社会変動や教育構造の変動を研究する視点が、一九六〇年前後には、教育社会学の最先端を作ることになった。方法論的にみると、教育のもつ選抜・配分機能を研究の焦点にすえた研究視角が、教育社会学のメインフレームにせり上がってきた」(広田 二〇〇六、一四二頁)という。たとえば、その歴史研究のパイオニアとして、麻生(一九六〇、一九六三など)、天野(一九六五、一九六九など)、菊池(一九六七など)らの研究がある。この背景としては、一九五〇年代後半から一九七〇年代前半にかけて、高度経済成長の時代が訪れたこと、そして、高度経済成長における教育システムの機能が着目されるようになったことであるとされている。

しかし、一九七〇年代後半から一九八〇年代にかけて、教育社会学の歴史研究は、その研究の視点を変えることになった。「経済発展・近代化に必要な人材の選抜・育成という時代遅れになった主題から、当時ジャーナリスティックな関心を集めていた学歴主義の問題へと主題を切り替えていく」(広田 二〇〇六、一四六頁)のである。一九七〇年代、高校進学率、および大学進学率が上昇するなかで、人びとの関心が学歴獲得競争に集まり、このような時代の流れのなかで、学歴主義に焦点を当てた歴史研究が、着目されるようになったといえる。そのパイオニアとして、竹内(一九八八、一九九一など)、天野(一九八二、一九八三など)、園田(一九八三など)らの研究がある。また、パイオニア世代のもとで育った世代として、天野門下のグループによる丹波篠山をフィールドにした研究(天野編 一九九一)も挙げられる。

このように、移動・選抜研究は、高度経済成長時代には、教育の人材育成の機能、すなわち選抜・配分機能に着目した歴史研究を生み出し、学歴獲得競争が激化する時代には、学歴主義に着目した歴史研究を生み出していった。すなわち、移動・選抜研究は、いつの時代においても、その時代の人びとの関心に結びついていたのである。広田は、「移動・選抜に注目した歴史研究は、一九六〇年代には、人的能力の開発や近代化の成功といった今日的な問題への関心と結びついていた。七〇年代後半—八〇年代には、現実の教育の大きな問題である「学歴主義」への関心と結びついて、研究のアクチュアリティを確保してきた」(広田 二〇〇六、一五〇頁)と指摘している。

一九九〇年代に入ると、歴史研究ブームがおきる(竹内 一九九五、高橋 一九九七、井上・森 二〇一三)。歴史研究ブームがおきた要因の一つは、教育社会学の歴史研究において、移動・選抜研究が量的に増加してきたこと、もう一つは、それとともに、新たな流れとして、言説・社会史研究がおこなわれるようになってきたことである。

二　社会史研究、ジェンダー史研究

高橋（一九九七）は、一九九〇年代の歴史研究ブームの要因を言説・社会史研究（高橋は「社会史的アプローチ」とよんでいる）の隆盛にあると見ている。言説・社会史研究とは、第一に、近代学校教育制度とそれを生み出した近代社会の意味を批判的に捉え直そうとする視点をもっているという。この点が、これまでの研究との大きな違いである。すなわち、「かつての研究は近代学校教育制度の意味を（たとえば社会移動促進機能の強調によって）楽天的にとらえるのが通例であった。これにたいし近年の社会史的アプローチにおいては教育制度（およびそれを生み出した近代社会）が根本的な批判・懐疑の対象になる」（高橋　一九九七、一八九―一九〇頁）というのである。たとえば、パイオニアとして、森（一九九三など）、広田（一九九〇a、一九九二）などがある。これらは、近代学校教育の意味を問い直す研究であるといえる。

第二に、言説・社会史研究の斬新な点は、それまでの研究が男子と中等・高等教育機関に焦点を当てがちであったのにたいして、女子、子どもといった存在に焦点を当てるようになったこと、また男子の中等・高等教育機関以外の機関、システム、文化に焦点を当てるようになったことであるという。そのパイオニアとして、女子教育を扱った小山（一九九一）、婦人雑誌の分析をおこなった木村（一九九二）などがある。また、青少年にたいする社会統制を明らかにした高橋（一九九二）、林（一九九五）なども挙げられている。

ただし、言説・社会史研究のなかでも、ジェンダー史研究にかんしては、他の言説・社会史研究とは異なる文脈のなかであらわれた点も見逃すことはできない。広田（一九九五）のレビューでは、言説・社会史研究は、フーコー（一九七七、二〇一二）、アリエス（一九八〇）の影響、また、構築主義の影響で生み出されたことが指摘されている。一方、高橋（一九九七）のレビューでは、女子教育に焦点を当てた研究の隆盛にかんしては、広田（一九九五）の指摘した影響に加えて、家族史、ジェンダー論の隆盛による影響もあると分析されている。

この点は、教育社会学の文脈のなかで考えてみると、わかりやすい。日本教育社会学会の大会で初めて「ジェンダー」部会が設けられたのは、一九八九年であった(多賀・天童 二〇一三)。それを境にして、一九九〇年代に入ると、教育社会学では、それまで「女子と教育」という枠組みで実施されていた研究が、「ジェンダーと教育」という枠組みで実施されるようになり(木村編 二〇〇九)、次々にすぐれた研究が生み出されていった。一九九〇年代は、歴史研究ブームとともに、「ジェンダーと教育」研究ブームもおきたのである。このような文脈に照らし合わせると、教育社会学におけるジェンダー史研究は、歴史研究ブームによっても生み出されたが、「ジェンダーと教育」研究ブームによっても生み出されたといえるのである。

逆にいうと、ジェンダー史研究は、「ジェンダーと教育」研究ブームの勢いにのって、歴史研究ブームと言説・社会史研究ブームを先導してきたのではないかと考えることもできる。清水・内田(二〇〇九)の教育社会学の質的研究のレビューでは、一九九七―二〇〇八年の『教育社会学研究』に掲載された論文のうち、構築主義の影響を受けている論文を、千田(二〇〇一)にもとづいて、①キッセ＆スペクター(一九九〇)を代表とする「社会問題をめぐる系譜」、②社会史研究を主要なものとする「物語叙述をめぐる系譜」、③バトラー(一九九九)を代表とする「身体をめぐる系譜」に分類している。そして、②「物語叙述をめぐる系譜」、③「身体をめぐる系譜」は、「ジェンダーと教育」研究が多数を占めることを明らかにしている。このなかで、②「物語叙述をめぐる系譜」は歴史研究を意味する。この結果を見ると、一九九七―二〇〇八年の『教育社会学研究』の言説・社会史研究は、ジェンダー史研究によって先導されていたことがわかる。

それに加え、ジェンダー史研究は、「ジェンダーと教育」研究のなかでも無視できない割合となっている。多賀・天童(二〇一三)は、一九九六―二〇一二年の『教育社会学研究』における「ジェンダーと教育」研究の論文を分類しており、それによると、①「女性の職業達成ならびに教育達成の条件や規定要因を主として計量分析の手法を用いて明らかにしようとする実証研究」、②「学校における「ジェンダー秩序」が形成・再生産される様子を、主として観察法やインタビューによって収集されたデータに基づいて明らかにしようとする諸研究」、③「日本における明治期以来の近代的ジェンダー秩序の形成と再編の過程を、歴史社会学の手法を用いて明らかにしようとするアプローチ」に分類できるという(多賀・天童 二〇一三、一三〇—一三三頁)。さらに、③の歴史研究は、一九九六—二〇一二年の日本教育社会学会大会、および『教育社会学研究』におけるジェンダー関連研究を分析してみると、どの時期でも全体の一〇%台を占めているという(多賀・天童 二〇一三)。ジェンダー史研究は、教育社会学の「ジェンダーと教育」研究のなかでも、一定の蓄積を示してきていることがわかる。

このように見てくると、言説・社会史研究は、①社会史研究、②ジェンダー史研究という二つの勢力によって発展してきたといえる。

三 移動・選抜研究と変容する社会

次に、歴史研究ブーム後における三つの研究の動きを見ていく。井上・森(二〇一三)によると、一九九〇年代の歴史研究ブームは、二〇〇〇年代に入ると終息するという。この終息の原因を、移動・選抜研究、社会史研究、ジェンダー史研究、それぞれについて考察する。

移動・選抜研究のブームの終息については、竹内(一九九五)、広田(二〇〇六)、井上・森(二〇一三)がそれぞれ考察をおこなっている。竹内(一九九五)は、社会学と教育学の差異が小さくなってきたことをその要因として挙げている。そもそも、教育社会学の歴史研究は、社会学と教育学の間で、それらを仲介する研究として脚光を浴びてきたと捉えられる。なぜなら、「教育社会学の歴史研究は教育史からみれば、理論や方法に準拠したものであり、社会学からみれば社会学者に興味ある歴史的テーマ（学歴や選抜など）を社会学と同じ学問的方法によって研究している」（竹内 一九九五、一二頁）からである。なかでも、もっとも成功したのが、移動・選抜研究である。しかし、教育学の教育史研究が社会学の理論を導入していき、また、社会学の歴史研究が移動・選抜というテーマに関心をもたなくなるにつれ、社会学と教育学の間にあった差異は小さくなったという。その結果、教育社会学の歴史研究は、仲介の利益を失ったというのである。

一方、広田（二〇〇六）は、「問いの空洞化」が進んだことを要因としている。広田によると、社会が大きく変容していくなかで、移動・選抜研究が設定する問いと、社会が関心を寄せる問いが一致しなくなったという。一つに、一九九〇年代後半から、社会が変化し、学歴主義にたいする関心が失われていった。「学校ばなれ・勉強ばなれの拡大が懸念される事態が到来している」（広田 二〇〇六、一五〇頁）。このような変化のなかで、「学歴主義の歴史をより若い世代が今さらたどり直すことにどういう現代的意義があるのかが、問われることになる」（広田 二〇〇六、一五一頁）。二つに、そのような変化も含め、社会が大きく変化していった。「自由化・市場化を原理とする教育改革が進んでいる」、「グローバル化や五五年体制の終焉やアジアとの関係の変化などの政治の変動が、教育を取りまく社会環境そのものを変化させようとしている」（広田 二〇〇六、一五一頁）。よって、「眼前の社会の課題を的確に歴史研究に反映させるセンスの良さが、今の世代にも求められている」（広田 二〇〇六、一五一頁）のである。

その一方、井上・森（二〇一三）は、教育社会学の歴史研究が「通常科学化」したからこそ、歴史研究ブームは終息したものの、その後も途絶えることもなく、また逆に急激に盛り上がることもなく、安定し、成熟したと見ている。「ブームの盛衰の陰で、教育社会学における歴史研究は学問領域として確実に成熟し、そこから新しい展開可能性の模索が始まっていることもまた事実である」（井上・森 二〇一三、一九六頁）。井上・森（二〇一三）は、教育社会学の歴史研究の新しい展開として、一つに、測定精度の向上（計量的手法の定着など）、二つに、事例研究の対象の拡大を指摘している。後者にかんしては、「近代から前近代へ（戦前から戦後へ）、エリートからノン・エリートへ（社会集団間の比較）、中央から地方へ（地域間の比較）と拡大している」（井上・森 二〇一三、一九九頁）としている。そして、三つに、社会が変容するにつれ、喫緊の課題として浮上してきた問いにたいして、関心を示す研究があり、それが、「学校から職業への移行問題」と、「敬遠されてきた問題」（たとえば「戦後」を問い直すなど）に果敢に挑みはじめた研究であると分析している。

これら三つのレビュー論文は、共通して、歴史研究ブームの後に社会が急激に変容したこと、そして、それゆえに、移動・選抜研究がそれまで掲げてきた問いの変更と、新たな問いの模索を迫られるようになったことを指摘しているといえる。

四　ジェンダー史研究とポストフェミニズム

言説・社会史研究のブームの終息について見ていこう。まず、言説・社会史研究のうち、ジェンダー史研究については、素朴に考えると、広田（二〇〇六）の「問いの空洞化」が進んだという要因は当てはまらないように思える。たとえば、世界経済フォーラム（WEF）は、二〇一六年一〇月二六日、一四四カ国の男女格差（ジェンダーギャップ）を比較した二〇一六年の報告書を出しており、そのなかで日本は一一一位にランキングされ、仏、米、英、独、日、伊、加のG7のなかで最下位とされている。また、教育に関わることでは、文部科学省の学校基本調査によると、二〇一六年の四年制大学進学率は、男子が五五・六%、女子が四八・二%となっている。したがって、日本社会には今なお男女間格差が存在するといえる。そうであるならば、ジェンダー史研究は、まさに日本社会において解決すべき喫緊の課題を扱っていることになる。「問いの空洞化」が進んだとはいえない。

ジェンダー史研究のブームが終息した理由は、「ポストフェミニズム」とよばれる文化変容から導くことができる。ポストフェミニズムとよばれる文化変容が生じたことによって、ジェンダー史研究もまた、「問いの空洞化」が進んでいると見なされるようになったのである。

三浦(二〇一三)によると、一九九〇年代の英米において文化変容が生じ、英語圏ではその文化変容をポストフェミニズムとして捉えることが定着しつつあるという。ポストフェミニズムとは、「「フェミニズムは終わった」という認識であり、また、フェミニズムが終わったとして「その後の女の問題」という意味でもある」(三浦 二〇一三、六二頁)という。そして、この「フェミニズムは終わった」という捉え方にもとづいて、英米においては、「女らしさ」の変容、「女」という表象の変容が生じているというのである。その文化変容とは、シェリー・バジェオンを引用すると、「第二波フェミニズムに対して自身をその後の世代と定義する女性たちが、かつての性差別的な制度はもはや存在しない、よって、かつてのフェミニズムはもはや無意味だと宣言し、現代社会において、私は個人の力で生きていくことができるしそうやって成功する(かりにその過程で種々の問題や抑圧があったとしても、それは社会制度の問題であっても性差別の問題ではない)とする」(三浦 二〇一三、六二頁)という言説の蔓延であるという。さらに、ロザリンド・ギルの研究を引用すると、「女性の身体とセクシュアリティが重要なアイテムになった」ことも含まれるという。それは、「女らしさ」が身体の問題となり同時に身体が自身の財とみなされること、自己管理・自己監視・自己統御が強調され、そこで「私」が「私の身体」から捉えられることは蔑視ではなくなること、その結果、個人主義・選択・エンパワーメントが重要になること、「私探し」による自己実現の流行とともに、男女には自然な差が存在するという主張が再び常識となること、文化全体において性が重要な話題となると同時に、さまざまな差異が商品化され消費主義が当然視されること」(三浦 二〇一三、六三頁)を意味している。

さらに、菊地(二〇一五、二〇一六)も、近年、「フェミニズムは終わった」という言説が英米において蔓延してきたこと、そして、二〇〇〇年代以降、その蔓延のありようをポストフェミニズムとして捉え、批判的な分析が加えられるようになったことを指摘している。その批判的な分析は、アンジェラ・マクロビー、シェリー・バジェオン、ロザリンド・ギルなどによっておこなわれてきた。これらの批判的な分析が共通に指摘することは、ポストフェミニズムが「女性の成功」を称揚していることである。菊地は、「フェミニズムは女性の集合体としての社会的地位の向上を目指したが、ポストフェミニズムにおいてはあくまで個人的な成功に価値がおかれる。そして女性の成功を称揚するさいに用いられるのが、女性を弱者としてひとからげにすることで女性のエンパワーメントを阻害するというフェミニズムに対する否定的なイメージである」(菊地 二〇一五、七四頁)と指摘している。ただし、このポストフェミニズムは、バックラッシュとは異なるものである。バックラッシュは、「一定の、明確な主張を持った運動団体や政治家に代表される潮流を意味する」が、ポストフェミニズムは、「より広範な、不特定多数によってわけもたれている意識や言説を指している」からである(菊地 二〇一五、七二―七三頁)。そして、それらを踏まえたうえで、菊地はポストフェミニズムを下記のように定義する。「フェミニズムを終わったものとして認識させ、フェミニズム的な価値観を周縁化し、それによってジェンダーとセクシュアリティの秩序を再編する社会状況」(菊地 二〇一六、二一頁)であるとするのである。

まとめると、近年の英米においては、じっさいには社会における男女間格差はなくなっておらず、したがってフェミニズムの扱うべき課題が消滅しているわけではないにもかかわらず、それとは別の次元として、「フェミニズムは終わった」として社会を捉えるまなざしが蔓延しつつある。そして、そのようなありようをポストフェミニズムとして捉え、批判的に分析しようとする研究があらわれはじめているのである。

そして、日本においても、ポストフェミニズムとよばれる文化変容がおきているという。たとえば、菊地(二〇一六)は、日本におけるポストフェミニズムとよばれる文化変容を、近年の「女子力ブーム」に見ている。本田(二〇〇五)は、ポスト近代社会のハイパー・メリトクラシーが基軸とされる社会においては、「ポスト近代型能力」が期待されるようになると指摘しているが、菊地は、この「ポスト近代型能力」の一つが「女子力」であると捉えている(菊地 二〇一六)。

江原(二〇〇〇)も、二〇〇〇年の時点で、若い世代の女性たちの間にフェミニズム離れがおきていることを指摘している。「この一〇年ほど経済不況によってもっとも厳しい就職状況に置かれたのは若い女性たちであるにもかかわらず、また彼女たちの大半が男女は家庭でも職場でも対等であるべきだという考え方に賛同するにもかかわらず、フェミニズムに賛同する者は、むしろ減っているのである」(江原 二〇〇〇、三頁)。江原は、日本社会においては、フェミニズムが普及することで、むしろ勢力が拡散、衰退しているというパラドクスに直面していると分析している。

日本社会においても、ポストフェミニズムといわれる文化変容が生じているとすると、ジェンダー研究、およびジェンダー史研究の問いは、「終わったもの」、すなわち、リアリティをもたないものとして見なされる。

この点を教育社会学の「ジェンダーと教育」研究から見てみよう。**表1**は、日本教育社会学会大会の「歴史部会」「ジェンダー部会」の発表件数、および発表人数の変遷を把握したものである。「歴史部会」「ジェンダー部会」は、一九〇〇年代後半において、発表件数、および発表者数ともに増加していることがわかる。歴史研究も「ジェンダーと教育」研究も、ブームが一九〇〇年代にはじまり、一九〇〇年代後半に頂点に達したということができよう。しかし、そのブームはやがて終わりを迎える。「歴史部会」は、二〇〇〇年代後半から、発表件数、および発表人数が減少しはじめる一方、「ジェンダー部会」はそれよりも早く、二〇〇〇年代前半から減少しはじめる。「ジェンダーと教育」研究のほうが、ブームの終息が早くはじまったといえる。多賀・天童(二〇一三)は、一九九六―二〇一二年の日本教育社会学会大会、および『教育社会学研究』における「ジェンダーと教育」研究の数を明らかにし、一九九六年

表 1　日本教育社会学会大会「歴史部会」「ジェンダー部会」推移

回	年	「歴史部会」					「ジェンダー部会」				
		部会数	発表件数	発表者数	大会1回あたり平均		部会数	発表件数	発表者数	大会1回あたり平均	
					発表件数	発表者数				発表件数	発表者数
42	1990	0	0	0			1	5	5		
43	1991	1	5	9			1	2	9		
44	1992	1	6	7	5.0	6.4	1	3	6	5.8	8.6
45	1993	1	5	7			2	12	14		
46	1994	2	9	9			1	7	9		
47	1995	1	7	7			2	10	17		
48	1996	2	10	12			1	6	6		
49	1997	1	3	7	9.4	12.6	2	13	13	8.8	12.4
50	1998	3	16	16			1	5	12		
51	1999	3	11	21			3	10	14		
52	2000	2	10	11			2	8	8		
53	2001	3	11	17			2	6	13		
54	2002	2	9	9	11.2	14.4	2	9	9	7.6	11.4
55	2003	3	13	19			2	8	17		
56	2004	3	13	16			2	7	10		
57	2005	2	8	10			2	9	13		
58	2006	1	5	5			1	5	5		
59	2007	1	5	5	6.4	8.2	1	5	5	6.4	7.6
60	2008	2	5	8			1	4	5		
61	2009	2	9	13			2	9	10		
62	2010	3	11	12			1	3	6		
63	2011	2	7	11			1	4	6		
64	2012	2	9	9	10.2	12.0	1	4	4	5.4	9.2
65	2013	3	11	15			2	7	8		
66	2014	3	13	13			2	9	22		
67	2015	1	5	6	7.5	8.0	1	4	4	5.0	6.0
68	2016	2	10	10			2	6	8		

注：「歴史部会」については井上・森(2013)の表 1 を参考に再集計した.

以降にかんしては、「少なくともジェンダー関連用語を含む研究に限れば、教育社会学研究全体を占めるその割合はどちらかといえば減少傾向にあると言えそうである」(多賀・天童 二〇一三、一二七頁)と指摘している。すなわち、教育社会学の「ジェンダーと教育」研究は、歴史研究と同じく一九九〇年代にブームを経験するが、二〇〇〇年代には歴史研究より早くブームの終わりを迎えるのである。このことは、ジェンダー史研究のみならず、「ジェンダーと教育」研究そのものが、ポストフェミニズムとよばれる文化変容のなかで、不振に陥っていったことを示しているといえよう。

このポストフェミニズムの背後にあるのは、ネオリベラリズムである。この点は、三浦(二〇一三)も、菊地(二〇一五、二〇一六)も指摘している。「このようなポストフェミニズムの誕生は、同時代のリベラリズムの変容・改革とかなりはっきりとつながっている。それは、バジェオンやギルも指摘するように、新自由主義の誕生であり、新自由主義の文化の蔓延である」(三浦 二〇一三、六四頁)。すなわち、ポストフェミニズムはネオリベラリズムによって促進されていると考えることができる。それゆえ、ポストフェミニズムとよばれる文化変容は、英米のみならず、ネオリベラリズムが浸透しつつある日本においても、見られるようになったのである。

五 社会史研究、ジェンダー史研究とネオリベラリズム

言説・社会史研究のうち、社会史研究のブーム終息について考えるとき、このネオリベラリズムの影響を無視することはできないと思われる。広田(二〇〇六)は、社会史研究の混迷の原因を、①「大きな問題意識だけでなく明らかにされるべき知見(命題)までしばしば欧米の研究からそっくり借りてきている」、②「ある事象の登場と単線的深化という、平板な物語になってしまっている」(広田 二〇〇六、一五二頁)ことに見ている。それに加え、③「この研究群

の問題意識が暗黙に依拠してきた近代批判やポストモダン論が、近年の社会の動きの中で、ネオリベラリズム的な制度批判とシンクロする局面すら生まれてきている」(広田 二〇〇六、一五二―一五三頁)ことを挙げている。この③の指摘は、きわめて重要である。なぜなら、①、②にかんしては、研究方法が成熟していけば、解決に向かっていくと思われるからである。じっさい、二〇一三年の時点で、井上・森(二〇一三)は、社会史研究について、「事例研究の対象拡大と測定精度の向上が進められた」(井上・森 二〇一三、一九九頁)と把握している。しかし、③にかんしては、ネオリベラリズムが浸透すればするほど、ますます深刻化するとシンクロするようになっていったがゆえに混迷していったと考えられる。たとえば社会史研究は、フーコー(一九七七、二〇一二)の権力にかんする研究にもとづいて、教育、文化、人びとの暮らしのあらゆるところに浸透している国家権力のありようを明らかにしてきた。そして、それによって、国家権力による人びとへの介入を批判してきた。ところが、そのような社会史研究の展開する批判は、ネオリベラリズムの展開する批判と一致することになる。ネオリベラリズムもまた、国家権力の介入を最低限にとどめようとしてきたからである。たとえば、ネオリベラリズムは、国家による福祉サービスを最小限なものとし、国家による規制を緩和して、自由競争を促進しようとしてきた。したがって、社会史研究による国家権力批判は、ネオリベラリズムによる国家権力批判と結びついて、ネオリベラリズムの進展を後押しするものになりかねないのである。たとえば、社会史研究とネオリベラリズムの一致について、広田は、「一九八〇年代の学校批判の盛り上がりが、そのまま、自由化・市場化の教育改革を後押しする流れを生み出した」点、「近代教育を批判しているつもりで、本来なら慎重に長所と短所を検討されるべき福祉国家的な公教育の機能や日本的システムの特徴を、ただ単に「権力」や「国民国家」に対するネガティブ評価で切り捨てる議論になりかねない」点を指摘している(広田 二〇〇六、一五三頁)。このように、社会史研究者は、研究をすればするほど、ネオリベラリズムを促進するようになってしまい、ジレンマに陥るようになってしまったのである。

一方、ジェンダー史研究もまた、ネオリベラリズムと一致するようになった。この点にかんしては、フレイザー(二〇一一)が明らかにしている。フレイザーは、一九六〇年代後半から一九七〇年代にかけて、「第二波フェミニズムとネオリベラリズムが並んで栄えたのはたんに偶然だったのだろうか」(フレイザー 二〇一一、三九頁)と問いかける。フレイザーによると、第二波フェミニズムは、国家組織型資本主義にたいして、①経済主義であること、②男性中心主義であること、③国家管理主義であること、④ウェストファリアリズムであることを明るみに出して、批判をおこなってきたという。すなわち、第二波フェミニズムは、①反経済主義という批判を繰り返すなかで、「「個人的なこと」を政治化して、不公正の意味を拡大し」、「公正の一元的・経済主義的見方を、より広い、経済・文化・政治を含む三次元的理解と置き換えた」。そして、②反男性中心主義を掲げて、国家組織型資本主義が男性中心主義であることを批判しつづけるとともに、「たんに、賃金労働者としての女性を資本主義社会の中に完全に組み入れることをめざすのとは全く違って、第二波フェミニストは、体制の深い構造とそれを動かしている諸価値を変革する」ことをめざした。さらには、③反国家管理主義を掲げて、「国家組織型資本主義の官僚的・管理者的エートスを拒否し」、「姉妹的繋がりの水平的な対抗的エートスを発展させ」、「フェミニズムはカウンター・カルチャーの民主化運動——反ハイラーキー的、参加的、民衆的——として自らを形成した」。最後に、④「フェミニズムは、明らかにトランスボーダーの公正に敏感であった。このことは、発展途上世界のフェミニストに特にあてはまり、そのジェンダー批判は、帝国主義批判と絡み合っていた」とされるように、反ウェストファリアリズムを掲げていた(フレイザー 二〇一一、三三—三七頁)。

ところが、第二波フェミニズムは、ネオリベラリズムと結びつき、再意味化されていったという。①の反経済主義にかんしては、それを推し進めれば推し進めるほど、社会・経済をめぐる闘争が後景に退き、かわりに承認をめぐる闘争が前景に押し出されるようになった。すなわち、「「再配分から承認へ」の転換とともに、第二波フェミニズムをアイデンティティ・ポリティクスの一変種へ変える強い圧力がやって」きて、第二波フェミニズムは「社会経済闘争を承認の闘争の下に置く」ようになったのである。②の反男性中心主義にかんしては、それを標榜すればするほど、ネオリベラリズムの掲げる「女性の進出とジェンダー公正」という「美しいストーリー」に合致するようになった。そして、その「美しいストーリー」は、労働環境の悪化を覆い隠してしまう機能をもっていた。フレイザーによると、「〔ネオリベラル資本主義は〕家族賃金という、国家組織型資本主義の理想をきっぱりと駆逐した。「まとまりのない」ネオリベラル資本主義において、その理想は二人稼ぎ手家族という標準にとって代わられた。この新しい理想の現実は、賃金水準の低下、職場保障の低下、生活水準の低下、世帯あたりの労働時間数の急激な増大、二重シフトの悪化——三重シフトまたは、四重シフト、女性が率いる世帯の増加であることなどは気にするなというわけだ。まとまりのない資本主義は、女性の進出とジェンダー公正という新たなロマンスを練り上げることによって、醜いものも美しくしてしまう」。さらに、③の反国家管理主義にかんしては、ネオリベラリズムによって、市場化を進めるために、そして国家管理主義を削減するために利用された。第二波フェミニズムが展開した批判は、「国家管理主義をたんに削減する計略のための種に」され、「国家権力を、市民のエンパワーメントと社会的公正を実現する機関として作りかえようという当初の展望は、今や、市場化と国家の削減のために使われている」。最後に、④の反ウェストファリアリズムにかんしては、それを唱えれば唱えるほど、資本主義の新形態の行政的需要とぴったりと符合するものとなった。すなわち、「公正の範囲を国民国家の外まで拡げる健全な試みとして始まったものは、いくつかの点で、資本主義の新形態の行政的需要とぴったりと符合するものとなったのである」(フレイザー 二〇一一、四〇—四五頁)。このように見てくると、ジェンダー史研究もまた、ネオリベラリズムを後押しするものになりかねないというジレンマを抱えているといえる。

おわりに――今後の歴史研究について

本章は、教育社会学の歴史研究を、①移動・選抜研究、②社会史研究、③ジェンダー史研究に分類し、それらが明らかにしてきた知見、そして一九九〇年代の歴史研究ブーム終息の後、抱えるようになった困難を明らかにしてきた。いいかえると、どのようにして一九九〇年代の歴史研究ブームがおこり、そしてどのようにしてそのブームが終わったのかを見てきた。

その結果をまとめてみよう。教育社会学の歴史研究のうち、移動・選抜研究は、一九六〇年代に生まれた。この時代、すなわち高度経済成長の時代において、移動・選抜研究は、教育の人材育成の機能に焦点を当てることで、時代の要請にこたえていった。しかし、一九七〇年代後半から一九八〇年代にかけて、すなわち学歴獲得競争が激化する時代において、それらの研究は、学歴主義に焦点を当てることで、人びとの関心を集めていった。そして一九九〇年代、一つには、移動・選抜研究が増加したこと、もう一つには、社会史研究とジェンダー史研究が生み出されていったことで、歴史研究ブームが形成された。ところが、二〇〇〇年代、歴史研究ブームは終わりを迎える。すなわち、移動・選抜研究は、社会の変容によって、「問いの空洞化」が進んだ。ジェンダー史研究は、ポストフェミニズムとよばれる文化変容によって、「問いの空洞化」が進んだと捉えられるようになった。そして、ジェンダー史研究と社会史研究は、ネオリベラリズムの浸透によって、ネオリベラリズムと一致するようになった。

このように見てくると、教育社会学の歴史研究のなかで、社会史研究にかんしては、「問いの空洞化」とよばれる事態に陥らなかったことがわかる。じっさい、社会史研究は、今日に至るまで、社会の関心に結びついた問いを設定しつづけてきたように思える。たとえば最近の研究では、元森(二〇〇九)、石岡(二〇一一)、牧野(二〇一二)、寺沢(二いて語ること、職業教育、自己啓発、英語教育など、社会が抱えている問いについて扱い、それを解き明かそうとしている。これらの研究が、日本教育社会学会、および関連学会で賞を受けるなど、高く評価されていることを考えると、教育社会学のなかでも、今後の進展に期待がよせられている研究であると考えることができる。社会史研究は、ネオリベラリズムとどのようにして折り合いをつけていくかを検討していかなければならないものの、少なくとも「問いの空洞化」とよばれる事態にかんしては、回避することができたといえよう。

とはいえ、歴史研究ブームの後、移動・選抜研究、社会史研究、ジェンダー史研究は、社会の変容によって、それぞれ困難を抱えるようになったことは確かである。しかし、社会が大きく変容しつつある時代にこそ、歴史研究は不可欠である。今後、社会がどのように変容していくのか、変容していくことが望ましいのかということについて、わたしたちが考えるためには、これまで社会がどのように進んできたのか、これまで社会がどのように過ちを犯して、喜びを生み出してきたのかを検証することが不可欠であるからである。たとえば、今後の社会が男女別学か共学かの道を選択するのかを見極めるためには、これまで男女別学／男女共学がどのようなことを生み出してきたのかの検証が、不可欠である。そのような狙いのもとにまとめられた一例が、小山編(二〇一五)である。

本章の作業も、この狙いのもとにおこなわれてきたといえる。今後の教育社会学の歴史研究がどのような道を辿っていくかを考えるためには、教育社会学の歴史研究における歴史を明らかにすることが不可欠だからである。それでは、今後の教育社会学の歴史研究について考えてみよう。

第一に、移動・選抜研究、ジェンダー史研究においては、「問いの空洞化」とよばれる事態を回避していかなければならないであろう。とくにジェンダー史研究においては、ポストフェミニズムとよばれる文化変容を克服することが不可欠となる。すでに英米では、ポストフェミニズムとともに、第三波フェミニズムとよばれる動きがおこっており、これが今後のジェンダー史研究に大きな影響を及ぼすと考えられる。第三波フェミニズムという枠組みでくくられる研究は、①文化政治への関心の移行、②個人主義への移行、③「女性」カテゴリーの複数化という、三つの軸をもつものとされている（田中 二〇一二）。とくに隆盛となったのが、少女文化とポピュラー文化にかんする研究である（田中 二〇一二）。たとえば、ガール・ジン（少女たちによる手作りの小冊子）を作る、それらを媒介にしてコミュニティを作るという、少女たちの文化実践に焦点を当て、少女たちの抵抗とかけひきについて明らかにするものが指摘できる（ピープマイヤー 二〇一一）。そこでは、少女たちの文化実践が、服従なのか抵抗なのか、あるいは共犯なのか抵抗なのかといったシンプルな構図で捉えられないことが示されている（ピープマイヤー 二〇一一）。[1] ジェンダー史を明らかにするうえで、その研究の俎上に載せられた女／男のありようについて、それが服従なのか抵抗なのか、あるいは共犯なのか抵抗なのかを判断しなければならないと思いがちであるが、わたしたちはもはやその罠にとらわれなくてもいいのではないかと、第三波フェミニズムは示唆する。第二に、社会史研究、ジェンダー史研究においては、ネオリベラリズムをどのように捉えるかが問われるであろう。

最後に、「教育社会学の歴史研究」という視点で見るとき、今後の教育社会学における歴史研究は、教育学の教育史研究とも、社会学の歴史研究とも異なるものを模索していくことが不可欠であろう。そのためには、一つに独自の問い、二つに独自の事例、三つに独自の方法を見つけることを模索していかなければならないと思われる。二つめの事例にかんしては、井上・森（二〇一三）が指摘するように、教育社会学の歴史研究は、近代から前近代へ、戦前から戦後へ、エリートからノン・エリートへ、中央から地方へと事例を拡大させている。今後ますますそれを促進させていくことがもとめられる。とりわけ戦後史は、未開拓な部分が残されている。三つめの方法にかんしては、今後、教育社会学の歴史研究においては、方法論について公開するとともに、その方法論の検討が試みられてもよいと思われる。

注

（1）筆者自身、このような第三波フェミニズムの研究に刺激をうけて、少女雑誌文化と少女雑誌をとおした少女たちの文化実践について研究をしてきた（今田 二〇〇七）。

参照文献

麻生誠 一九六〇、「近代日本におけるエリート構成の変遷」『教育社会学研究』第一五集、一四八―一六二頁。
麻生誠 一九六三、「明治期における高等教育諸機関のエリート形成機能に関する研究」『教育学研究』第三〇巻第二号、一〇九―一二四頁。
天野郁夫 一九六五、「産業革命期における技術者の育成形態と雇用構造」『教育社会学研究』第二〇集、一五六―一七三頁。
天野郁夫 一九六九、「近代日本における高等教育と社会移動」『教育社会学研究』第二四集、七七―九三頁。
天野郁夫 一九八二、『教育と選抜』第一法規出版。
天野郁夫 一九八三、『試験の社会史――近代日本の試験・教育・社会』東京大学出版会。
天野郁夫編 一九九一、『学歴主義の社会史――丹波篠山にみる近代教育と生活世界』有信堂高文社。
フィリップ・アリエス、杉山光信・杉山恵美子訳 一九八〇、『〈子供〉の誕生――アンシァン・レジーム期の子供と家族生活』みすず書房。
石岡学 二〇一一、『「教育」としての職業指導の成立――戦前日本の学校と移行問題』勁草書房。
伊藤彰浩 一九九五、「〝教育の歴史社会学〟研究の現段階――主要文献（一九九〇―一九九五年）の解題」『教育社会学研究』第五七集、四一―五四頁。
井上義和・森直人 二〇一三、「教育の歴史社会学――一九九五年以降の展開と課題」『教育社会学研究』第九三集、一九三―二二四頁。
今田絵里香 二〇〇七、『「少女」の社会史』勁草書房。
江原由美子 二〇〇〇、『フェミニズムのパラドックス――定着による拡散』勁草書房。
大川清丈 一九九七、「社会階層」筒井清忠編『歴史社会学のフロンティア』人文書院、一七六―一八三頁。
菊池城司 一九六七、「近代日本における中等教育機会」『教育社会学研究』第二二集、一二六―一四七頁。
菊地夏野 二〇一五、「ポストフェミニズムと日本社会――女子力・婚活・男女共同参画」越智博美・河野真太郎編『ジェンダーにおける「承認」と「再分配」――格差、文化、イスラーム』彩流社、六七―八八頁。
菊地夏野 二〇一六、「「女子力」とポストフェミニズム――大学生の「女子力」使用実態アンケート調査から」『人間文化研究』二五号、一九―四八頁。
J・I・キッセ、M・B・スペクター、村上直之・中河伸俊・鮎川潤・森俊太訳 一九九〇、『社会問題の構築――ラベリング理論をこえて』マルジュ社。
木村涼子 一九九二、「婦人雑誌の情報空間と女性大衆読者層の成立――近代日本における主婦役割の形成との関連で」『思想』八一二、二三一―二五二頁。
木村涼子編 二〇〇九、『ジェンダーと教育』日本図書センター。
小山静子 一九九一、『良妻賢母という規範』勁草書房。
小山静子編 二〇一五、『男女別学の時代――戦前期中等教育のジェンダー比較』柏書房。
小山静子・赤枝香奈子・今田絵里香編 二〇一四、『セクシュアリティの戦後史』京都大学学術出版会。
清水睦美・内田良 二〇〇九、「研究レビュー 質的研究の一〇年――『教育社会学研究』を中心に」『教育社会学研究』第八四集、一〇三―一二一頁。
千田有紀 二〇〇一、「構築主義の系譜学」上野千鶴子編『構築主義とは何か』勁草書房、一―四一頁。
園田英弘 一九八三、「学歴社会――その日本的特質」『教育社会学研究』第三八集、五〇―五八頁。
多賀太・天童睦子 二〇一三、「教育社会学におけるジェンダー研究の展開――フェミニズム・教育・ポストモダン」『教育社会学研究』第九三集、一一九―一五〇頁。
高橋一郎 一九九二、「明治期における「小説」イメージの転換――俗悪メディアから教育的メディアへ」『思想』八一二、一七五―一九二頁。
高橋一郎 一九九七、「教育と選抜」筒井清忠編『歴史社会学のフロンティア』人文書院、一八四―一九一頁。
竹内洋 一九八八、『選抜社会――試験・昇進をめぐる〈加熱〉と〈冷却〉』リクルート出版。
竹内洋 一九九一、『立志・苦学・出世――受験生の社会史』講談社現代新書。
竹内洋 一九九五、「教育社会学における歴史研究――ブームと危うさ」『教育社会学研究』第五七集、五―二二頁。
田中東子 二〇一二、『メディア文化とジェンダーの政治学――第三波フェミニズムの視点から』世界思想社。
寺沢拓敬 二〇一四、『「なんで英語やるの?」の戦後史――《国民教育》としての英語、その伝統の成立過程』研究社。
ジュディス・バトラー、竹村和子訳 一九九九、『ジェンダー・トラブル――フェミニズムとアイデンティティの攪乱』青土社。
林雅代 一九九五、「近代日本の「青少年」観に関する一考察――「学校生徒」の喫煙問題の生成・展開過程を中心に」『教育社会学研究』第五六集、六五―八〇頁。

アリスン・ピープマイヤー、野中モモ訳 二〇一一、『ガール・ジン――「フェミニズムする」少女たちの参加型メディア』太田出版。
広田照幸 一九九〇a、「〈教育的〉の誕生――戦前期の雑誌分析から」『アカデミア 人文・社会科学編』五二、四三―七一頁。
広田照幸 一九九〇b、「教育社会学における歴史的・社会史的研究の反省と展望」『教育社会学研究』第四七集、七六―八八頁。
広田照幸 一九九二、「戦前期の教育と〈教育的なるもの〉――「教育的」概念の検討から」『思想』八一二、二五三―二七二頁。
広田照幸 一九九五、「教育・モダニティ・歴史分析――〈習作〉群の位置と課題」『教育社会学研究』第五七集、二三―三九頁。
広田照幸 二〇〇六、「教育の歴史社会学――その展開と課題」『社会科学研究』第五七巻第三・四合併号、一三七―一五五頁。
ミシェル・フーコー、田村俶訳 一九七七、『監獄の誕生――監視と処罰』新潮社。
ミシェル・フーコー、慎改康之訳 二〇一二、『知の考古学』河出文庫。
ナンシー・フレイザー、関口すみ子訳 二〇一一、「フェミニズム、資本主義、歴史の狡猾さ」『法学志林』第一〇九巻第一号、二七―五一頁。
本田由紀 二〇〇五、『多元化する「能力」と日本社会――ハイパー・メリトクラシー化のなかで』NTT出版。
牧野智和 二〇一二、『自己啓発の時代――「自己」の文化社会学的探究』勁草書房。
三浦玲一 二〇一三、「ポストフェミニズムと第三波フェミニズムの可能性――『プリキュア』、『タイタニック』、AKB48」三浦玲一・早坂静編『ジェンダーと「自由」――理論、リベラリズム、クィア』彩流社、五九―七九頁。
元森絵里子 二〇〇九、『「子ども」語りの社会学――近現代日本における教育言説の歴史』勁草書房。
森重雄 一九九三、『モダンのアンスタンス――教育のアルケオロジー』ハーベスト社。

▼ブックガイド▲

教育社会学の歴史研究については、本章の「はじめに」で挙げたレビュー論文を参照してほしい。「おわりに」で指摘したように、戦後史の研究は少ないが、戦後史、しかもセクシュアリティの戦後史に挑戦した研究として、小山他編(二〇一四)がある。また、「おわりに」で指摘したように、「男女共学か別学か」という現代社会が抱える問いに取り組んだ歴史研究として、小山編(二〇一五)がある。

III

教育社会学の新たな課題

9

「貧困」「ケア」という主題の学問への内部化
――教育社会学における排除／包摂論の生成と残された課題

倉石一郎

本章の概要

本章では、これまで教育社会学において疎遠なテーマであった貧困とケアが、近年になってそれぞれ「排除」「包摂」という言葉(概念)を得ることで、教育社会学のなかに位置づけられ内部化されるに至った動向に焦点化する。関連する研究成果の到達点を概観しその意義をおさえることが第一の目的であるが、「排除」「包摂」という新しい切り口を獲得しディシプリンに内部化されたことで、もともと貧困やケアという問題設定のもとで求められていた視点の一部が見失われてしまったことについても、問題提起したい。

第一節では、貧困と排除という概念対を取り扱う。まず教育社会学にとって、貧困がなぜ語りづらいテーマであったのかを考える。貧困というテーマには規範的・倫理的判断が含まれることに加え、社会学の俎上にのせにくい個人化された実存的側面があり、このことが貧困を教育社会学から遠ざけた点を論ずる。次に、一九八〇年代以降、貧困に取って代わる概念として欧米で注目されるようになった社会的排除の議論に焦点化する。社会的排除の概念が教育社会学の視点と高い親和性をもつものであり、「恩恵」を研究にもたらしたことを論ずる。ここで近年の教育社会学の注目すべき研究成果をピックアップし、たとえ標題に「貧困」を掲げているものでも、基本的に社会的排除論の土俵で議論が行われていることを示す。貧困研究は、社会的排除論のなかにすっぽりと取り込まれているのが現状である。

第二節では、ケアと包摂という概念対を取り上げる。何をもってケアとするか簡潔に定義したうえで、ケアが教育社会学にとって疎遠なテーマであった背景を考える。その理由は、貧困と同様にケアが規範的・倫理的次元をふくみ、研究に価値判断が付随せざるを得ないことに加え、ケアには実践との結びつきという次元が伴うことにある。ところが、前述の排除概念と対をなすかたちで人口に膾炙《かいしゃ》するようになった「包摂」概念は、ケアを語る際に付随する「重苦しさ」を社会政策へのコミットによって解消し、教育社会学の既存の議論との接続を円滑にしてくれるものであった。ここでもいくつかの研究成果をオーバービューし、ケアという主題が包摂論として教育社会学に内部化されていった様子を浮き彫りにする。

最後に第三節では、教育社会学に多大な「恩恵」をもたらした面がある排除概念と包摂概念のそれぞれについて、その限界や、かえって視野を狭めてしまう点を考える。社会的排除概念の最大の問題点は、暴力や抑圧が作動する関係性をつかむ力の弱さである。その点をクリアにするために、佐藤裕の「差異モデル」と「関係モデル」の議論を補助線として導入する。他方、包摂概念の問題点は、ジョック・ヤングが指摘するところの規律訓練権力あるいは生−権力作用にひそむ抑圧性・暴力性が十分に自覚されないまま「包摂」の旗が振られるとき、マイノリティの社会的立場が考慮に入れられず、社会参加という名の同化の暴力が行使されるおそれがあるという点である。排除、包摂それぞれの概念がかかえるこうした弱点は結局のところ、価値判断を迫られ実践との結びつきを不可避とする主題に教育社会学がいかに取り組むか、という大きな課題へと収斂するものと思われる。

一 「貧困」から「社会的排除」へ

(1) 教育社会学はなぜ「貧困」を苦手としてきたか

本項では、久冨善之らによる先駆的な研究(久冨編 一九九三など)の例外はありつつも、教育社会学会の全体状況としては貧困研究が定着せず、低調な状態にあったと言わざるをえない点に鑑み、なぜ教育社会学にとって貧困は疎遠なテーマであったのかを考える(1)。

教育社会学は伝統的に、計量的手法にもとづく階層間移動の経年的変化を重要な研究テーマとし、また得意としてきた。階層間移動を説明するさまざまな社会経済的変数のなかで、出身家庭の所得は、親の学歴と並んでつねに最重視され続けてきた。ところが、たとえ扱っているデータのなかに、「健康で文化的な最低限度の生活」(憲法第二五条)を脅かすほど低額の所得金額を見かけたとしても、教育社会学者はそこで立ち止まって、この金額がこの家庭の構成員の生活や人生にとってもつ意味に思いを致したりはしない。それは価値判断抜きに、あくまで客観的な数値として、階層移動に及ぼす一変数として淡々と処理されねばならなかった。

いま述べた点は「絶対的貧困」のみならず、日本の社会政策が一九六〇年代初頭以降もとづいている「相対的貧困」の概念に対してもあてはまる。憲法第二五条を根拠とする生活保護制度は、等価可処分所得の五〇%に基準ラインを引いている。いわゆる「子どもの貧困率」の算定においても同様の算定方法が用いられている。ここで重要なのは、このように絶対・相対の区別を問わず貧困概念には、「あってはならない状態」、すなわち国家の責任においてただちに介入し、社会政策をもって解消すべき状態という含意がある、ということである。しかし冒頭に述べたように、教育社会学は伝統的に、この価値判断にコミットするのを巧妙に避けてきた。たとえ貧困という現実が否応なく目に入って来ざるをえないとしても、階層移動が主題である限り、貧困は後景に退かせることができたのである。

ところでここで、貧困としばしば並列して論じられ、混同されることさえある格差の概念と対比しておきたい。貧困と異なり格差は、教育社会学にとってくみしやすい概念である。志水宏吉が強調するように格差とはある指標（所得、学力等）の集団間の差異を言うものであり、単なる個人間や世帯間の差異をいうものではないからだ。たとえそこに「容認できない違い」（志水 二〇一六、五〇頁）という規範的・倫理的次元が含まれるとしても、格差は本来的に社会学研究に順接的な概念である。それに対して貧困には、個人や個別世帯を単位とするといった技術的理由に収まりきらない、学問的アプローチを容易に受けつけない実存的とも言うべき側面があるように思える。たとえ同じ困窮世帯のもとで成長したとしても、たとえばきょうだい間の力関係や立ち位置などによっても、「生きられた貧困」はまったく位相の異なったものとなるのではないか。[2] こうした厚い壁が、教育社会学による貧困へのアプローチを阻んできたと考えられる。

最後に、いま社会的に高い訴求力と影響力をもっている「子どもの貧困」概念について一言述べておきたい。子どもの貧困について山田哲也は、①子どもは親を選べず貧困に対して責任がない、②幼少時からの不利が蓄積するとその後の人生に多大な悪影響が及ぶ、の二つを理由に、「成人以降の貧困に増して、早急に対処しなければならない」（山田 二〇一六、一一一頁）と述べている。妥当な主張であり、異論をはさむつもりはまったくないが、ここで見落とせないのは、捉えにくい鵺《ぬえ》的な現象である貧困に「子ども」という集合カテゴリーを挟みこむことで、社会学的議論の土俵にのせやすくなるように概念操作が行われていることだ。「苦手」を克服しようとする教育社会学の、タクティクスの一つであると言えよう。

（2）「社会的排除」概念の登場

このように疎遠であった教育社会学と貧困との関係が、劇的に転換するきっかけとなったのが、社会的排除概念の導入であった。

社会的排除ははじめフランスで、次いで西欧や北米で一九八〇年代から、社会政策を議論する場において広く用いられるようになった言葉で、従来使われてきた「貧困(状態)」という言葉で十分に言い表せない、新たな事態の出現がその背景にある。たとえばそれは、若年失業率が高止まりの状態にあるだけでなく、それが特定の若者層にあって恒常化・長期化し、社会参加の糸口さえも失われていくといった事態である(Bhalla & Lapeyre 1999／邦訳二〇〇五)。その背景にグローバリゼーションの波による経済社会の変動があるのは言うまでもないが、特に論者の目をひいたのが、富や財の困窮や剝奪だけにとどまらない、社会からの孤立や関係の切断といった状況であった。それは階層構造の固定化という問題にとどまらず、社会的連帯を蝕みひいてはコミュニティや国家の解体につながりかねないとして、左派を超えた広範な人々の危機意識をかき立てた。このように多次元性およびプロセス重視を特徴とする社会的排除の概念は、主体と諸制度の関係や相互作用を重視する点で、社会学とも親和的であった。従来、経済的な要素は教育に影響を与える外部変数(＝所得)として処理せざるをえなかった教育社会学が、この概念を梃子としてこの種の問題に本格的に取り組む可能性を大きく押し広げたことはまちがいない。

つまり「社会的排除」概念の画期性は、経済の専門家以外の研究者にも、従来「貧困」と名づけられていた困難な現実に切り込んでいく道具立てを与えた点にある。さらにその概念の魅力を高めたのは、上述のように左右両派の立場を超えて誰もがこの議論にのりやすいという、その脱イデオロギー性であった。

また経済哲学の領域からのものだが、アマルティア・センの提唱する「ケイパビリティ・アプローチ」も、従来の貧困研究に新たな展開をもたらすかもしれない。センは、支援が必要な困窮状態を評価する際、資源の多寡を問題にする代わりに、資源を変換して何事かを行い生活を形作る能力が人ごとに多様なことに鑑み、さまざまな生活を選択する「自由」の平等にむけた支援の重要性を主張した(Sen 1992/邦訳一九九九)。卯月(二〇〇九)など一部をのぞき教育社会学者にまだ広く共有されていると言えない概念だが、ケイパビリティ・アプローチには、経済的富だけの一元論から多元的次元に視野を広げ、プロセスを重視する社会的排除の概念と力点が重なる面がある。

(3) 教育社会学における近年の「貧困・排除」論の展開

教育社会学における「貧困・排除」系の研究は、大きく二段階に分けられる。第一期では、学校から社会への移行の困難や青年期の長期化という問題意識から、フリーター、ひきこもり、「ニート」の存在などがクローズアップされた。『教育社会学研究』(以下『教社研』)掲載論文では新谷(二〇〇二、二〇〇五)、石川(二〇〇六)、尾川(二〇一二)、上原(二〇一四)などがあり、単行本では本田他(二〇〇六)、本田編(二〇〇七)、湯浅他編(二〇〇九)が重要である。他方で、貧困を直接主題とするものは、単行本では青木編(二〇〇三)の先駆的な仕事があるものの、採択論文は見られない。しかし第二期に入ると、よりストレートに「子どもの貧困」に取り組む論考が『教社研』に掲載されるようになる。本項ではそれらのうち、盛満弥生、林明子、志田未来の三名の新進気鋭の仕事(盛満 二〇一一、林 二〇一四、志田 二〇一五)をピックアップし、教育社会学における近年の研究成果を概観することにしたい。なお林はのちに単行本も著している(林 二〇一六)。

盛満(二〇一一)の論考は、標題に「貧困」という言葉が入っている点で注目されるばかりでなく、教育社会学での貧困・排除研究のリバイバルの狼煙をあげる画期的なものである。盛満は、これまでの教育社会学研究において貧困が取り上げられにくかった背景として「低所得者層といった特別な見方は教育の場にふさわしくない」(久冨編 一九九三、一六〇頁)という言説に象徴される学校文化の存在を指摘したうえで、エスノグラフィの手法を用いて、中学校における生活保護世帯の子どもたちに表れる学校生活上の課題を明らかにした。対象生徒の半数近くが「脱落型」の不登校を経験し、また学習資源の不足によって低学力に陥っていることが分かった。しかしこうした子どもたちが、学校側から一つのカテゴリーとして認識され、特別な配慮の対象となることはない。これには上述の学校文化が強く影響している。良心的な教師による散発的な支援は、集団のなかで顕在化する不利を隠そうとする消極的なものにとどまっていることを盛満は指摘している。

林(二〇一四)は、生活保護世帯の子どもたちの中学校卒業後の進路を「移行」として捉え、ある自治体の協力を得てケースファイルのデータにもとづき、移行経験の多様性を描き出したものである。三六三名の対象者を調べ、高校非進学者・高校中退者の非直線型進路と、そうでない直線型とが分岐する要因について検討した。その結果、非直線型の移行過程をたどる者は全体の一七・一%を占めること、母親の学歴や就労状況に加え、「きょうだい数、小中学校時代の引越し回数や不登校経験の有無」が直線型との分岐に関連していることが分かった(林 二〇一四、一九頁)。これについて林は、「貧困世帯においても潜在的な差異が存在しており、不利な条件や困難な状況が積み重ねられている者ほど非直線型の移行をたどりやすい」(林 二〇一四、一九頁)と考察している。これらの知見から林は、従来の進路研究が想定しているような主体性はここに見られず、「選択」したコースではなく、学校から排除され押し出された結果だと強調する。

志田(二〇一五)は、ひとり親家庭の子どもたちが困難な現実を生き抜くため、どんな資源を活用して自己の家庭経験と折り合い、家庭外の資源とつながっているかを明らかにした。この論文で志田は、「貧困の議論の中で語られることによってひとり親家庭が持つであろう多様な側面が経済面のみに収束されてしまったことは否めない」(志田 二〇一五、三〇四頁)という問題意識を議論の出発点に据える。こうした問題意識のもと五名の当事者に半構造的インタビューを行い、そこからかれらが、生活の変化に戸惑いながらも現在の状況を肯定的に捉えていること、親戚、ひとり親家庭の友人、教師などとのつながりを豊富にもち、さまざまなネットワークから情報や経済面などのサポートを得ていることが明らかになった。こうした知見をもとに志田は、ひとり親家庭の子どもを支援する際に重要なのは「承認」の次元であり、承認によってはじめて肯定的な理解や家庭外の資源につながりを得ることができる、と結論する。

以上、盛満、林、志田の論考を検討してきたが、この三者には共通する視点や問題意識がある。それは、生活保護世帯出身生徒やひとり親家庭の子どもなど、従来から経済的な不利や貧困が指摘されてきた存在について、その困難や不利益が経済面のみならず人間関係をはじめとする社会・文化生活の多方面におよび、そのことが学校生活にさらに大きな支障をもたらしているとする視点である。これは、前項で述べたように貧困に代わる概念として社会的排除が提起されることで開かれた、新たな探究領域に対応している。またこの視点は、単に困難の重層性を強調するだけにとどまらない。志田の論考において、困難を生き抜くためのキーワードとして「承認」が析出されたことから分かるように、当事者が活用する資源に繊細なまなざしを注ぐことで、支援構想の手がかりに寄与する可能性も示している。直線型、非直線型の分岐に注目した林の問題意識も、社会的排除概念のポテンシャルを活かそうとするものと考えられる。このように見てくると、たとえ標題に「貧困」を掲げていても、また逆に社会的排除の概念に言及がなく先行研究としてそれが参照されていなくとも、フロントランナーたちの研究のなかで事実上、貧困から社会的排除への移行は自覚せずともなし遂げられ、社会的排除論の土俵で議論が行われていることが分かる。「貧困」研究は、実際には社会的排除論のなかにすっぽりと取り込まれ、教育社会学においては「貧困・排除」論という研究ジャンルとして成立していることが確認できる。

二　「ケア」から「包摂」へ

(1) 教育社会学においてケアという主題が疎遠であった理由

本題に入る前に、ここでは何をもって「ケア」と呼ぶかについて定義を与えておきたい。近代学校が、「近代以前の、教えるという単一の機能を果たしていた学校にいくつもの層が付け加わることによってできたもの」(北村 二〇一五、一〇頁)であるとすれば、これらの層のうち福祉システムと強く結びついた学校の機能層を主題化したものを、本章では「ケアをテーマとした研究」と呼ぶことにする。すなわち、たとえば生徒の障害への配慮やその他必要な医療的な配慮が学校現場でどのように行われているか、[3] また福祉をさらに広義にとれば、経済的貧困をはじめとする家庭内のさまざまな問題を負荷としている子どもへの配慮が、教育現場でどのように行われているかを問う、といった主題が考えられる。

このように定義されたケアへの視角から、もしかすると読者はミクロな次元、すなわち個と個の一対一の関係を連想したかもしれない。そして対象がミクロに過ぎているため、教育社会学のコレクティブなアプローチに馴染まないのだ、と了解するかもしれない。だがケア＝配慮は何もミクロな次元に限定されたものではない。限られた国家予算のなかで、どの社会集団の主張するニーズを優先し、予算的・政策的優遇＝配慮を行うかという非常にマクロな次元の判断もまた、ケアという主題に含まれる。だから本質的な問題はミクロ、マクロといった次元にあるのではない。重要なのはそこに価値判断が含まれ、正義や公正といった概念へのコミットがあるという点である。また価値の問題と並んで、ケアの実践との距離の取り方も問題となる。アクション・リサーチの伝統が希薄な教育社会学にとって、倫理問題も含むケアの研究はあまりにハードルが高すぎたのである。

しかしながらこうした困難な条件下にもかかわらず、近代学校におけるケアの層に果敢にアプローチした研究がないわけではない。ここでは保田直美の仕事を挙げておきたい。保田(二〇〇八)は、九〇年代以降、学校でのケアの担い手としてスクールカウンセラーの存在感が高まっている現状を念頭に、心理学的知識の受容・増大をイコール心理主義の浸透とみなす通念に批判を加えた。計量分析の結果、心理学の知識をもつことと子どもの行動を心理に還元すること（心理主義）との間に正の相関は存在せず、むしろ「子ども中心主義」との間に強い相関を示すことが明らかになった。また保田（二〇一四）においては、スクールカウンセラーやスクールソーシャルワーカーなど、生徒のケアを担う新たな専門職が配置されている学校現場での教師の役割の変化を、フィールドワークの方法で探った。その結果、生徒指導を担う教師は「ゲートキーパー」としての役割を担い、これまでの教師の「指導の文化」は他の専門職との兼ね合いで、ますます強化されていることを明らかにした。いずれも、ケアという主題を考察する際の礎を与えるような重要な知見である。

（2）「包摂」概念の導入

ところが、これまで教育社会学にとってケアという主題を語りにくくしていた状況を、大きく変える概念が近年登場し、またたく間に広がった。それが「包摂」概念である。

包摂は一般に、前出の社会的排除と対をなして「社会的排除／包摂」と表記されることも多い。それは、社会的排除という問題に対して政策的な処方箋を与えるものとして「包摂」概念が構想されたからである。英国を例にとれば、労働党ブレア政権が成立してすぐ、一九九七年、社会的排除の問題と取り組むための特別な機関であるソーシャル・エクスクルージョン・ユニット（SEU）が立ち上げられた。この政府機関は以後十余年にわたる労働党政権期間中、若年層の就労支援、地域の活性化、公的サービス利用の促進など、排除の現状に風穴を開け社会参加をうながす「包摂」政策の司令塔となった。包摂策のなかでも、乳幼児を抱えた低所得層の育児を支援するため、貧困率の高い地域に設置したSURE START CENTREは地域住民に無条件に開かれ、浸透度は高かった。また初等・中等教育レベルをターゲットとした包摂として、保健・福祉サービスや放課後事業など多機能を備えた拡張学校（米国ではフルサービス学校と呼ばれる）の設置が目をひく（ハヤシザキ 二〇一五）。

日本でも、民主党政権下の二〇一一年、内閣府に「社会的包摂推進室」が設置されたことは記憶に新しい。また政権交代後の包摂の動きとして酒井(二〇一五)は、「学びのセーフティネット」構想と、「子供の貧困対策大綱」に位置づけられた「チーム学校」を挙げている。前者は、教育を社会参加の基礎的条件として位置づけ、格差の固定化を防ぐための学習者の経済的支援や不登校・中途退学者などへの多様な教育機会の保障をうたったものである。後者は、いじめや不登校、発達障害、子どもの貧困など学校が直面する課題に取り組むため、たとえばスクールソーシャルワーカーのような教員外の専門家が、学校とチームを組んで対処しようという構想である。このように包摂は、政策的対案の提供というかたちで、現実にコミットメントを果たす道を研究者に用意した。これによって、上述の二つの「重荷」、すなわち価値判断の必要と実践との結びつきが、後景に退いた。これらの課題が解決したわけではないが、政策へのコミットメントによって、価値判断や実践に対する責任がいくぶん分散されたとは言えるだろう。

ところでここで、教育における「包摂」的アプローチの無限定性という論点に触れておきたい。それは、既存の公教育システムが画一的で硬直したサービスしか提供できないがゆえに対応困難な多様なニーズがあるという現状認識のもと、それら一つ一つにできるだけ丁寧に応えようとするアプローチである。たとえば発達障害児のニーズを「発見」し、きめ細かい対応をとろうとする特別支援教育の現在の潮流はその代表格だ。だがその射程とする対象は、たとえば生活保護受給家庭の子ども、社会的養護の子ども、貧困状態の子ども、外国につながる子ども、LGBTの子どもなど、無限に細分化しながら増殖する様相を見せている。この無限増殖は、包摂概念がマジカルターム化し、分析概念としての力が無効化していく凋落の兆しかもしれず、注意が必要である。

(3)「包摂」概念にもとづく教育社会学の研究成果

『教社研』掲載論文で「包摂」を標題にかかげたものは、二〇一五年の特集「教育における排除と包摂」をのぞけば、自由投稿論文の倉石(二〇〇一)のみである。倉石(二〇〇一)の主題は在日朝鮮人教育であり、「貧困・排除」系とも「ケア」を問うたものとも異なる、マイノリティ研究の論文である。それ以外では、英米の拡張学校、フルサービスコミュニティ学校の動向を紹介した酒井(二〇一五)やハヤシザキ(二〇一五)、米国シカゴの教育福祉プロジェクトを主題とする歴史研究の玉井(二〇一三)ぐらいしか『教社研』には見当たらず、包摂に関する本格的な研究は今後の展開に待たなければならないのが実情である。そこで本項では単行本に目を転じ、長く被差別マイノリティの研究を行ってきた西田芳正の『排除する社会・排除に抗する学校』(西田 二〇一二)、および養護教諭の存在に焦点を合わせ学校保健のあり方を長い射程で論じたすぎむらなおみの『養護教諭の社会学』(すぎむら 二〇一四)の二点にスポットをあてることにする。

西田(二〇一二)はタイトルに「排除に抗する学校」と銘打っているが、同書の大半はむしろ「排除する学校」の実態に叙述の力点を置いている。包摂に関係する分析がなされているのは第八章「排除に抗する学校・教師」である。ここで西田は、児童自立支援施設(以下、施設)からの通学先のある中学校の事例を取り上げている。施設の子に対する組織的サポートが中学校で始まるきっかけになったのは、施設内で繰り返されたいじめ・暴力が保健室に来た生徒から明るみにされたことだった。その後、施設内で行われる週二回の学習会に中学教師が顔を出すようになり、学力保障、進路保障、さらに生活を支える指導の各面で密な取り組みがなされるようになったという。また西田は別の同和教育推進校の事例も挙げ、「学校・教師の守備範囲を家庭、親のサポートにまで広げる必要がある」(西田 二〇一二、二四六頁)と提起している。

すぎむら(二〇一四)は、自身も高等学校で養護教諭として勤務する立場からなされた、本格的な養護教諭研究であり、一種の当事者研究である。同書において著者は、性暴力被害に苦しむ生徒に対して養護教諭が無力であり被害者を十分にケアし得ない現実を直視し、その原因を学校文化、ジェンダーといった概念に関連づけて探っていく。その淵源は、養護教諭がまだ「学校看護婦」と呼ばれた時代に、地位の向上を目指して展開した職制運動にまでさかのぼる。養護教諭はそれ以来、ひたすら教師一般や学校文化への同化をめざし、同一化をはかってきた。その学校文化がはらむ問題、とりわけ男性中心主義のジェンダーバイアスが、性暴力被害への対応を困難なものにしているさまが丁寧に分析されている。従来ケア・包摂を主題とする教育社会学研究において散発的にその可能性が論じられてきた保健室や養護教諭について、それをとりまく非常に厳しいリアリティを正面から描いたすぎむらの仕事は、このテーマを発展させるうえで避けて通れない一里塚となるだろう。またその論点は、次節で論じる包摂概念の陥穽をも一部先取りしている。

三　内部化が覆い隠してしまったもの、そして教育社会学の新たな課題

(1)「社会的排除」概念が覆い隠してしまったもの

本項では、貧困に代わって社会的排除の概念が導入され、教育社会学がこの主題を格段に語りやすくなったことで、かえって覆い隠され見えなくなってしまったものについて考えたい。「社会的排除」概念の限界を考えるための補助線として、ここでは佐藤裕による差異モデルと関係モデルの区別を導入する。佐藤がこの概念を用いた直接的文脈は、社会学における「人権問題」へのアプローチと「差別」研究とを概念的に区別するためであった(佐藤 二〇〇五)。

佐藤は差別を捉えるモデルとして、差異モデルと関係モデルを指摘する。差異モデルにおける差別とは、社会的カテゴリーによって扱いを区別することである。「女性と男性を差別する」、「黒人と白人を差別する」といった具合だ。この捉え方の優れた点は、差別かどうかを客観的に明らかにすることが比較的容易で、経験的研究に落とし込みやすいことである。それゆえ多くの教育社会学者の実証的アプローチも、この差異モデルに準拠するものであった。とこ

ろで差異モデルにあって、異なる扱いが区別ではなく「差別」である根拠、つまりそれが「不当な差異」である根拠は、カテゴリー間の不平等に求められる。ではなぜ不平等が不当かと言えば、それは「平等に扱われることが「権利」として構成されているから」だと佐藤は言う。つまりこのモデルは抽象的・普遍的概念である人権に基礎づけられ、最終的にそこに回収されてしまうのだ。ところで差異モデルに抜け落ちているのは差別者の存在、「誰が差別するのか」という視点である。この点に着目したのが関係モデルである。そこでは差別は「男性が女性を差別する」、「白人が黒人を差別する」といった具合に捉えられる。関係モデルにあっては、差別する者とされる者の関係の不当性、すなわち非対称性が問題となる。佐藤によれば不当な関係性が現出するのは排除という現象、すなわち「もともとある社会のメンバーであるにもかかわらず、そのなかの一部の人々がその社会の外部へと押しやられてしまうこと」においてである。抽象的・普遍的人権概念を安易な落とし所とせず、不当で非対称な関係それ自体を徹底的に究明の対象とするのが「差別」研究である。

この佐藤の議論を踏まえると、「社会的排除」概念にもとづいた研究もまた差異モデルに立脚し、それゆえに関係の不当性や非対称性を十分に捉えられていないことが明瞭になるだろう。すなわちそれらの研究は、たとえば生活保護世帯の子どもとその他の子どもとの間の差別や格差をつぶさに論じてはいるが、両者の非対称で不当な関係性は十分に検討されていない。たとえば盛満（二〇一一）では生活保護世帯の中学生と教師との関係が論じられているが、そこで分析されているのはコンタクト・ゾーンとしての中学校で偶発的・散発的に起こる関係にとどまっており、本格的な関係論的展開は今後の課題となっている。

（2）「包摂」概念が覆い隠してしまったもの

次にここでは、「包摂」概念が覆い隠してしまった論点について論じる。近年の「包摂」概念の興隆に大きく貢献したのが、ジョック・ヤングによる「排除型社会の到来」という議論である(Young 1999／邦訳二〇〇七)。しかし多くの議論はヤングの論点の半面にしか注目しておらず、そこに「包摂」概念の陥穽があると考えられる。

ヤングによれば、前近代社会はその権力作用として追放、排除、抑圧、暴力、死を主要なものとしてきた。それに対して近代社会は同化、包摂、矯正、規律、生を旨とする社会であるという。この近代社会の成熟した姿が、同質的で安定した「包摂型社会」であるというのだ。典型的には、西欧の福祉国家が包摂型社会の例である。ところが、二〇世紀の中盤から後半にかけて異変が発生する。完全雇用の崩壊、不完全雇用の拡大により福祉システムが機能不全に陥って包摂型社会がくずれ、変動と分断を特徴とする「排除型社会」へのシフトが発生したというのだ。そこでは若年層の長期失業、家族の崩壊、アルコールや薬物依存、住居の喪失などのさまざまな問題が発生している。

だがここで立ち止まって考えてみなければならない。現実には「包摂型社会」が完全に過去のものとなったわけでもなく、また「包摂型社会」が抱えていた問題点が解決されたわけでもない。また、ヤングがそのように論じているわけでもない、ということをである。包摂型社会の問題点を一言でいえば、いったん分類し他者化したうえで、二級市民として同化・規律化・矯正をはかろうとする規律訓練権力あるいは生‐権力作用、そこにひそむ抑圧性・暴力性、ということである。これが十分に自覚されないまま「包摂」の旗を振り続ければ、マイノリティの置かれた社会的文脈をよく考慮せず、いたずらに社会参加を促進することになり、包摂という名の新たな暴力に加担しかねない。戦後日本の同和対策事業、養護学校義務化に象徴される障害児者政策、在日朝鮮人に対する徹底的な同化体制などには、包摂型社会の否定的な面がくっきりと姿を見せている。今日では、これらに対する反省がきちんと行われないまま、新たな課題に翻弄されている社会状況だが、実はその少なくない部分は包摂型社会そのものから生み出されたことに、もっと注意が向けられねばならない。

おわりに——教育社会学者の新たな像とは

最後に、研究者の責任という問題を考える手がかりとして、筆者のささやかな経験をあげておきたい。筆者は、戦後高知県において長期欠席・不就学問題の解決をはかるため、県独自の福祉教員制度をたちあげ、結果的にそれが高知県の同和教育を長く牽引する重要な役割を果たしてきたことに注目し、長年研究を行ってきた(倉石 二〇〇七、二〇〇九、二〇一四、二〇一五、二〇一六)。その際に描かれてきた福祉教員像は、長欠状態の子どもたちの生活の必要を充たすために駆けずり回り、たとえば教科書がないため学校に足が向かないという事情を察知し、急ぎ書店に掛け合って教科書を手配し、翌朝子どもの家に迎えに行って登校を促すといった「分かりやすい」福祉教員像であった。

ところで近年、この福祉教員を日本のスクールソーシャルワーカー(SSW)の萌芽・起源と位置づける議論が散見されるようになった(日本スクールソーシャルワーク学会編 二〇〇八など)。さらにそれとシンクロして二〇〇八年以降、とりわけ現政権(第二次安倍政権)になってから、異常なまでにSSW導入熱が高まっている現状を私たちは目撃している。そこでSSWに対して想定されている役割は、あくまで個別のニーズに個別に応え、個々人の生の向上や改善を集積していくというものである。そこには、貧困や格差という危機の高まりに対し、富の再分配を行うことなく、個々の生の向上や改善の累積によって対処しようとする〈政治〉の存在がある。生命の維持・再生産だけを目的に行使される政治権力は、行政権力と一体化し、無謬の権力として誰もそれを批判できない。いわば、個別ニーズへの対応という概念を媒介として、新自由主義イデオロギーと「包摂」とが共鳴、共振し合うという不幸な状況がいま、ここにあるのではないだろうか。もし筆者の描いた福祉教員像が、このようなブームの片棒を担いでしまったとしたら極めて心外であるが、結果責任を負わなければいけないことはまちがいない。福祉教員の実践には、こうした新自由主義的文脈に還元されない、公共性や社会的連帯を追求したものも含まれる[4]が、それを十分に描いてこなかったツケがまわってきたのである。

本巻第1章の広田論文にあるように、これまで教育社会学は教育学と対立しているように見えつつ依存関係にあり、教育のなかの目標・内容・方法といった実践に関わる領域を教育学に委ねるか、そこから借用してきた。しかしこれまで見てきたように、貧困やケアという新たな課題は、価値判断と実践との結びつきを要請し、ブラックボックスとしての「教育」というこれまでのあり方に清算を迫るような側面をもっている。こうした重い課題を担っていくには、新たな教育社会学者像も求められているだろう。本章で紹介したすぎむらなおみのような、実践現場と研究に等価の重みを置き、その間を往還しながら研究を行っていくあり方が、その一つのイメージを与えるのかもしれない。

注

(1)元森絵里子は一九五〇年代から一九六〇年代半ばまでに刊行された教育社会学のテキストを分析し、そこに貧困を問題化する視点が希薄であり、その代わりにたとえば「後進地域の教化」といった言説が目につき、未来の理想社会の実現によって置き換えられるべき「後進性」としてしか、貧困が認識されていなかった点を指摘している(相澤他 二〇一六、一四二―一四四頁)。また上間陽子は戦後を三期に時期区分し、学校における貧困の表れ方を分析した。それによれば第一期では教育における競争がまだ抑制され、貧困が直視されていたが、競争の教育の強化とともに第二期に一旦学校から貧困が不可視化され、その後第三期において競争そのものに乗ることができない層の析出とともに貧困が再浮上した(上間 二〇〇九)。

(2)貧困のこうした実存的側面を再認識させてくれたのが、鑑定記録の再読を通じて永山則夫の生い立ちに再度迫った堀川恵子の仕事(堀川 二〇一三)であった。

(3)こうしたジャンルの『教育社会学研究』掲載論文として、秋葉(一九九五)、木村(二〇〇六)、鶴田(二〇〇七、二〇〇八)、末次(二〇一二)、佐藤(二〇一三)などがある。これらの大半がエスノメソドロジーや相互行為分析などに立脚し、現場のケア＝配慮そのものに対する判断を括弧に入れ中断し、ミクロ社会学の厳密な方法論的手続きに従って、ケア＝配慮の実践に際して動員される資源やロジックの抽出を試みている。

(4)たとえば高知市長浜地区で福祉教員を務めた水田精喜による、教科書無償闘争へのコミットメントなどが挙げられる。詳しくは倉石(二〇一六)において論じた。

参照文献

相澤真一・土屋敦・小山裕・開田奈穂美・元森絵里子 二〇一六、『子どもと貧困の戦後史』青弓社。

青木紀編 二〇〇三、『現代日本の「見えない」貧困――生活保護受給母子世帯の現実』明石書店。

秋葉昌樹 一九九五、「保健室における「相談」のエスノメソドロジー的研究」『教育社会学研究』第五七集、一六三―一八一頁。

新谷周平 二〇〇二、「ストリートダンスからフリーターへ――進路選択のプロセスと下位文化の影響力」『教育社会学研究』第七一集、一五一―一六九頁。

新谷周平 二〇〇五、「青年の視点から見た社会・制度――選択の解釈と支援の構想」『教育社会学研究』第七六集、一一一―一二六頁。

石川良子 二〇〇六、「「ひきこもり」と「ニート」の混同とその問題――「ひきこもり」当事者へのインタビューからの示唆」『教育社会学研究』第七九集、二六―四六頁。

上原健太郎 二〇一四、「ネットワークの資源化と重層化――沖縄のノンエリート青年の居酒屋経営を事例に」『教育社会学研究』第九五集、四七―六六頁。

上間陽子 二〇〇九、「貧困が見えない学校――競争の時代区分で見る学校から排除される子ども・若者たち」湯浅誠・冨樫匡孝・上間陽子・仁平典宏編『若者と貧困――いま、ここからの希望を』明石書店。

卯月由佳 二〇〇九、「教育の公共性と準市場――多様な個人のために機会を創造すること」広田照幸編『自由への問い5 教育――せめぎあう「教える」「学ぶ」「育てる」』岩波書店。

尾川満宏 二〇一一、「地方の若者による労働世界の再構築――ローカルな社会状況の変容と労働経験の相互連関」『教育社会学研究』第八八集、二五一―二七一頁。

北村和夫 二〇一五、『オートポイエーシスとしての近代学校――その構造と作動パタン』世織書房。

木村祐子 二〇〇六、「医療化現象としての「発達障害」――教育現場における解釈過程を中心に」『教育社会学研究』第七九集、五―二四頁。

久冨善之編 一九九三、『豊かさの底辺に生きる――学校システムと弱者の再生産』青木書店。

倉石一郎 二〇〇一、「マイノリティ教育における〈包摂〉原理の再検討――一九七〇年前後の大阪市における在日朝鮮人教育をめぐる「言説の交代劇」から」『教育社会学研究』第六九集、四三―六三頁。
倉石一郎 二〇〇七、「〈社会〉と教壇のはざまに立つ教員――高知県の「福祉教員」と同和教育」『教育学研究』第七四巻第三号、三六〇―三六九頁。
倉石一郎 二〇〇九、『包摂と排除の教育学――戦後日本社会とマイノリティへの視座』生活書院(二〇一七年末に増補新版を刊行予定)。
倉石一郎 二〇一四、「公教育における包摂の多次元性――高知県の福祉教員の事例を手がかりに」一橋大学大学院社会学研究科『〈教育と社会〉研究』第二四号、一―一一頁。
倉石一郎 二〇一五、「生活・生存保障と教育をむすぶもの／へだてるもの――教育福祉のチャレンジ」『教育学研究』第八二巻第四号、五七一―五八二頁。
倉石一郎 二〇一六、「二つの「包摂」的アプローチ――新自由主義との共振を乗り越えるために」日本教育経営学会第五六回大会シンポジウム「共生社会の実現と教育経営の課題――多様性に教育はどうこたえるか」(京都教育大学)報告原稿。
酒井朗 二〇一五、「教育における排除と包摂」『教育社会学研究』第九六集、五―二三頁。
佐藤貴宣 二〇一三、「盲学校における日常性の産出と進路配分の画一性――教師たちのリアリティワークにおける述部付与／帰属活動を中心に」『教育社会学研究』第九三集、二七―四六頁。
佐藤裕 二〇〇五、『差別論――偏見理論批判』明石書店。
志田未来 二〇一五、「子どもが語るひとり親家庭――「承認」をめぐる語りに着目して」『教育社会学研究』第九六集、三〇三―三二三頁。
志水宏吉 二〇一六、「教育格差と教育政策――公教育の再生に向けて」佐藤学・秋田喜代美・志水宏吉・小玉重夫・北村友人編『岩波講座 教育 変革への展望 第一巻 教育の再定義』岩波書店。
末次有加 二〇一二、「保育現場における「特別な配慮」の実践と可能性――子ども同士のトラブル対処の事例から」『教育社会学研究』第九〇集、二一三―二三二頁。
すぎむらなおみ 二〇一四、『養護教諭の社会学――学校文化・ジェンダー・同化』名古屋大学出版会。
玉井眞理子 二〇一三、「米国における子どもの貧困と福祉的支援――クリフォード・R・ショウによる地域福祉の理念と方策」『教育社会学研究』第九二集、六五―八二頁。
鶴田真紀 二〇〇七、「〈障害児であること〉の相互行為形式――能力の帰属をめぐる教育可能性の産出」『教育社会学研究』第八〇集、二六九―二八九頁。
鶴田真紀 二〇〇八、「自閉症児の言語獲得をめぐる相互行為系列――療育実践場面の分析を通して」『教育社会学研究』第八二集、二〇五

—二二五頁。
西田芳正 二〇一二、『排除する社会・排除に抗する学校』大阪大学出版会。
日本スクールソーシャルワーク学会編 二〇〇八、『スクールソーシャルワーカー養成テキスト』中央法規出版。
林明子 二〇一四、「生活保護世帯に育つ子どもの中卒後の移行経験に関する研究」『教育社会学研究』第九五集、五—二四頁。
林明子 二〇一六、『生活保護世帯の子どものライフストーリー——貧困の世代的再生産』勁草書房。
ハヤシザキカズヒコ 二〇一五、「英米のコミュニティ・スクールと社会的包摂の可能性」『教育社会学研究』第九六集、一五三—一七四頁。
保田直美 二〇〇八、「心理学知識の受容が学校にもたらす意味の再検討——心理学知識と子ども中心主義の親和性」『教育社会学研究』第八二集、一八五—二〇四頁。
保田直美 二〇一四、「学校への新しい専門職の配置と教師役割」『教育学研究』第八一巻第一号、一—一三頁。
堀川恵子 二〇一三、『永山則夫——封印された鑑定記録』岩波書店。
本田由紀・内藤朝雄・後藤和智 二〇〇六、『「ニート」って言うな!』光文社新書。
本田由紀編 二〇〇七、『若者の労働と生活世界——彼らはどんな現実を生きているか』大月書店。
盛満弥生 二〇一一、「学校における貧困の表れとその不可視化——生活保護世帯出身生徒の学校生活を事例に」『教育社会学研究』第八八集、二七三—二九四頁。
山田哲也 二〇一六、「格差・貧困から公教育を問い直す」佐藤学・秋田喜代美・志水宏吉・小玉重夫・北村友人編『岩波講座 教育 変革への展望 第二巻 社会のなかの教育』岩波書店。
湯浅誠・冨樫匡孝・上間陽子・仁平典宏編 二〇〇九、『若者と貧困——いま、ここからの希望を』明石書店。
Bhalla, A. S. & Lapeyre, F. M. 1999, *Poverty and exclusion in a global world*, Palgrave Macmillan.(アジット・S・バラ他、福原宏幸・中村健吾監訳『グローバル化と社会的排除——貧困と社会問題への新しいアプローチ』昭和堂、二〇〇五年)
Sen, A. 1992, *Inequality reexamined*, Oxford University Press.(A・セン、池本幸生他訳『不平等の再検討——潜在能力と自由』岩波書店、一九九九年)
Young, J. 1999, *The Exclusive Society*, Sage.(J・ヤング、青木秀男他訳『排除型社会——後期近代における犯罪・雇用・差異』洛北出版、二〇〇七年)

▼ブックガイド▲

倉石一郎 二〇〇九、『包摂と排除の教育学――戦後日本社会とマイノリティへの視座』生活書院(二〇一七年末に増補新版を刊行予定)。

個別には分厚い議論の蓄積がそれぞれある被差別部落と教育、在日朝鮮人の教育という主題を、包摂/排除という一段抽象度の高い議論に引き上げようとした苦闘の軌跡。

すぎむらなおみ 二〇一四、『養護教諭の社会学――学校文化・ジェンダー・同化』名古屋大学出版会。

本文でも詳しく触れたが、日本の教育社会学を新たなステージに押し上げるほどの意欲作なので、改めてここで一押ししておきたい。

10

アイデンティティ概念の構築主義的転回とその外部——ジェンダー・エスニシティ・若者・起源

仁平典宏

一　問題設定

近代社会はアイデンティティの問いを駆動する。身分制の崩壊と産業化に伴う社会移動の増大は「個人」を析出していった。私が何者であるかは自明ではなく、社会が提供する様々な役割への同一化《アイデンティフィケーション》を通じて何者かになる必要がある。しかし一九七〇年代頃から、アイデンティティの揺らぎや拡散、多元化が注目されるようになっていく。現在の社会学におけるアイデンティティ研究の多くは、それが発話や相互行為の中で構築されており、個人や集団の「同一性」の中に矛盾や亀裂が内在していることを明らかにしている。

しかし皮肉なことに、アイデンティティ概念の脱構築が進んだはずの二〇〇〇年代の日本は、自己／他者の同一性を求める欲望が増大した時期でもある。第一に、ネオリベラリズムの席巻の中で自己責任論が隆盛したが、そこでは過去から現在に至る個人の時間的／因果論的同一性が強く前提とされている。第二に、排外主義やバックラッシュが起こり、個人をエスニシティやジェンダーという社会的カテゴリーに還元するコミュニケーションが生じた。

研究と現状の乖離をどう考えればいいのか。本章で考えたいのは両者の関係である。両者は単純に対立しているのではなく、学問の中にも同一性の回帰を許容／欲望するベクトルが混入していたのではないだろうか。そして教育社会学も、そこに何らかの形で関与しているのではないか。

本章ではこの仮説をもとに、教育社会学の関連領域におけるアイデンティティ概念の整理を目的とする。ただし字数の制約上、全ては対象にできず、挙げられる文献も限られる。主な検討対象は、階級・階層、ジェンダー、エスニシティの諸カテゴリーと関連の深いマイノリティと、若者である。それらのテーマとの関連でアイデンティティ概念は鍛えられてきた。ただし本章の関心は、彼・彼女たちのアイデンティティ自体ではなく、特定の形での同一化《アイデンティフィケーション》を要請し、マイノリタイズしていく言説／権力の配置の方にある（坂本 二〇〇五）。

二　近代化とアイデンティティ

(1) 近代化と社会化

近代化は社会的な同一性の解体と再編を伴う。資本主義の発展と市民革命は、旧来の封建的秩序を解体し男性市民間の形式的な平等を実現する一方、大多数の人々を賃労働者へと変え、その身体を都市に流出させた。これは群衆と概念化されアノミックな社会の象徴になった。また帝国主義化の帰結として国民の範囲や定義も揺らいでいく。このような混乱の中で、人々をしかるべき位置に再配置・同一化させるための知／装置が必要とされていた。

デュルケムが社会学を拓いたのはその文脈下である。彼の社会化概念は子どもが当該社会の道徳や集合知、役割を学習することで成員性を獲得することであり、それによって「社会」の存立・再生産が可能になると考えた（デュルケム 一九八二）。この議論は保守的と見なされることも多いが、論敵の一つが社会進化論《ダーウィニズム》的決定論にあったことを想起したい。当時、ゴルトンの優生学やロンブローゾの生来的犯罪人説が影響力をもっており、人々を分類する知として利用されつつあった。デュルケムの議論は、これらの生物学的決定論に対して、次の点で自由と可変性を擁護するものになっている。第一に、犯罪を規範との相関物と捉えた上で、逸脱者を遺伝ではなく社会化の結果として捉えている。第二に、社会化の宛先は民族ではなく、フランス「国民」というカテゴリーである。つまり、デュルケムの過剰な社会の強調は、遺伝や民族(彼自身がユダヤ人である)といった変更不可能な要素ではなく、社会によって人が創られるという可変性の認識と不可分の関係にあった。

デュルケムの社会化論は、パーソンズによってパーソナリティシステム論へと組み込まれる。そこでの重要な概念が同一化である。同一化とは、人が支配的な価値パターンに従って一定の役割を演ずることを学習することで、集合体の成員になる過程をさす(パーソンズ 二〇〇一、一二〇頁)。しかしその後、社会/役割に対して批判的距離を取るための理論的余地がないことや、複数の役割が根本的に矛盾しながら併存する分裂した状態を記述できないことが問題にされるようになった(上野 二〇〇五、一四―一五頁)。パーソンズのパーソナリティ概念と入れ替わるようにして、社会学において用いられるようになったのが、パーソナリティに比べ本質主義的な含意を持たない(バー 一九九七、四七頁)アイデンティティ概念だった。

(2) アイデンティティ概念とその受容

発達心理学者のエリクソンが提唱した自己アイデンティティ概念は、下位分類である個人的アイデンティティと社会的アイデンティティの相互依存により構成される。前者は私が認識する自己像であり、後者は他者が「私」について認識する(と私が認識する)自己の像である。この二つにはズレがあるが、一致するとアイデンティティが統合され安定した状態になり、一致しないままだと危機が生じるとされる(エリクソン 一九七三)。

彼の価値前提には、統一的なアイデンティティを持つことが望ましいという「アイデンティティ強迫」(上野 二〇〇五、三頁)がある。しかしそれは、アイデンティティが絶えず拡散しうるという認識と表裏である。またアイデンティティは生涯を通じて固定されるわけではなく再編されるものと概念化されていた。不義の子どもでユダヤ人という出自を持ち、ナチスに追われアメリカに亡命したエリクソンにとって（フリードマン 二〇〇三）、自己が出生によって決定されず、構築や再編の可能性に開かれていることは重要だったと思われる。

さてアイデンティティ概念は、日本の教育社会学においては捻れた形で受容されていった。まず多くの議論で、学校がアイデンティティの産出に寄与することが前提にされている。その前提を置くことで、学校を擁護することも批判することもできる。批判的な論者が時に、デュルケム＝パーソンズ的な社会化装置としての学校像に加担しているように見える理由はここにある（例えば、森 一九九八）。フーコーやアルチュセール、イリイチなどを引用する批判的な議論が、一見、素朴な社会化論と重なって見える理由も同様である。

他方で、社会が子ども・若者のアイデンティティ形成に失敗していることや、成人すら統一的なアイデンティティを獲得できていないことに対する関心も当初からあった。『教育社会学研究』で初めてアイデンティティ概念を正面から論じた柴野昌山（一九七六）は、小此木啓吾の議論を踏まえ、現在の教育制度が作り出したモラトリアム期の延長が、青年のアイデンティティ形成に混乱をきたし、社会の再生産を阻害していると主張する。興味深いことに柴野のみならず、アイデンティティ概念を日本に導入した小此木や江藤淳も、アイデンティティ獲得の失敗という位相を重視していた（斎藤 二〇〇五）。日本におけるアイデンティティ概念は、導入当初から、「既に失われた」というメランコリックな意味の下で受容されていたのである。

このような捻れを反映するかのように、教育社会学におけるアイデンティティ概念の展開の方向は分岐している。次節では、そのもっとも基本的な形、つまり教育システムにおけるアイデンティティ形成とその社会的帰結に着目した議論を検討する。

三　再生産論からアイデンティティ・ポリティクスへ

(1) 階級／階層／部落

教育社会学のもっとも重要な知見の一つは、社会階層ごとに教育・職業達成に差異があるということである。アイデンティティ形成もまずはその枠組みの中に位置づけられる。

階級に関しては、ウィリス(一九九六)が、イギリスの労働者の子どもが階級的アイデンティティの形成を通して、肉体労働を主体的に選び取る過程を描出し大きな影響を与えた。同様にエッカートは、デトロイト郊外の高校を舞台に、ミドルクラス出身のグループと労働者階級出身のグループが相互行為を通じてそれぞれのアイデンティティを強化しつつ、異なる進路に進む過程を描いた(Eckert 1989)。

日本でも文化的再生産論の枠組みを用いた研究は多く行われてきたが(詳しくは、大前他 二〇一五)、日本では同一化の宛先となるような文化的同一性を前提とした階級概念のリアリティに疑義が呈される傾向があった。一方で、一元化された選抜制度内で成績によってアイデンティティが差異的に形成され、それが階層の再生産に寄与することが注目されてきた(樋田他編 二〇〇〇など)。この議論の裏面にあるのが、成績が下位の生徒が否定的アイデンティティを形成し非行に走るという俗流ラベリング理論的な逸脱論である(秦 一九八四)。

これらの議論の問題点は二つある。第一に、研究者の枠組みも一元的な成績序列を自明視していたため、学校で形成されるアイデンティティの多様な形を捉えきれなかった。これに対し片山悠樹(二〇一〇)は、工業高校生がどのように能力アイデンティティを獲得しているか検討している。第二に、アイデンティティの政治的役割への感度を欠いていた(フレイザー・ホネット 二〇一二)。実際には労働者の階級文化は承認の源泉や対抗的アイデンティティの資源でもあり、労働争議や政治的行為の基盤にもなる。この後者の点にセンシティブだったのが、同和研究だったと思われる。同和地区の学校の学力は他地域に比べ低い水準にあり、それは教育拡大の中でも解消されなかった。その原因を部落民の文化に求める傾向が一般的にあったが、教育社会学の研究では社会や学校からの排除に原因があることが指摘された(池田 一九八七)。その中で構成される「部落民」としての集合的アイデンティティは学校への参入に対する抵抗につながることもあったが(鍋島 一九九三)、否定的アイデンティティを肯定的なものに変え、差別と闘うためのアイデンティティ・ポリティクスの源泉にもなってきた(内田 二〇一三)。

(2) 性役割パラダイムと家父長制パラダイム

ジェンダー・アイデンティティも、まずは階層再生産論とパラレルな枠組みにおいて捉えられた。社会化機関が性別役割規範を内面化させ、その結果として教育・職業達成における性差が再生産されていることが告発された。天野正子(一九八八)によると、学校が伝達する性別役割規範は平等な業績主義と対立しており、それが女性の教育・職業達成を妨げる。そのため、子どもをジェンダー・トラックへと水路づける学校の「隠れたカリキュラム」を解釈的アプローチで明らかにすることが求められ、多くの成果が生まれた(森 一九八九、宮崎 一九九一、氏原 一九九六など)。一方で計量的な研究は、近年、女性の進路決定の過程に業績主義が浸透し、女性の進路決定の構造が男性に近づいてきたことを明らかにしている(白川 二〇一一など)。セクシズムは払拭されつつあるように見える。

しかし堀健志は、先の天野の議論を以下の点で批判する(中西・堀 一九九七)。天野は業績主義を「平等」と捉え、その実現を妨げるものをセクシズムと捉えているが、「「能力」が「男性性」を基準にして構成されたものであるならば、業績主義は「女性性」や〈女の経験・声〉を組織的に抑圧し、その抑圧を正当化するイデオロギー装置」(中西・堀 一九九七、八五頁)に他ならない。この指摘を踏まえるならば、女性の進路決定に業績主義が浸透してきたという知見も、平等化の進展ではなく、女性を男性的な秩序に深く巻き込み周辺化するという点でセクシズムの拡大を意味するだろう。

この堀の批判は、リベラル・フェミニズムに対するラディカル・フェミニズムからの批判と重なる。ラディカル・フェミニズムは文化や意識、個人的な性愛関係に埋め込まれたセクシズムの総体を家父長制と捉え、その政治性と支配の解明と告発をめざす。多賀太・天童睦子(二〇一三)は、これを性役割パラダイムに対して、家父長制パラダイムと整理している。家父長制パラダイムは、単に教育達成のジェンダー格差を問題にするのではなく、学校や社会の中に埋め込まれたセクシズムが他の権力構造と交錯しながら再生産されていくメカニズムを明らかにする。ジェンダー・アイデンティティ形成の精緻なメカニズム分析を伴う優れた研究群もここに含まれるだろう(宮崎 一九九三、木村 一九九九、上床 二〇一一など)。さらに詳述しないが、ジェンダーへの同一化を促す諸装置の分析は、歴史研究という形でも豊かな成果が生まれている。

先程の堀の用語を用いるなら、これらの研究は〈女の経験・声〉を内側から記述することを通じてジェンダー秩序の諸相を解明し、その総体に異議を突きつけるポリティカルな言説実践でもあったといえるだろう。また上間陽子(二〇一五、二〇一七)は、排除された女性たちの語りと実践の記述を通じて、再生産論の枠組みとは異なる形で生のあり様を浮かび上がらせたが、これも彼女たちの〈経験・声〉を記述する優れた成果といえる。

(3) エスニシティ

エスニシティというテーマもアイデンティティ概念の理論的深化の舞台だった。しばしば、在日コリアン(在日韓国・朝鮮人)を中心とするオールドカマーと、一九八〇年代半ばから急増する移住労働者のニューカマーが区別される。ニューカマーが経済的グローバル化に起因するのに対し、在日コリアンは日本の植民地支配に起因し、それが十分清算されないままポストコロニアルな状況を形成している点で、両者の位置は異なる。

戦後、単一民族神話に支えられたエスニック・ネイションとして再出発した日本は、強制連行などを通じて日本にいた朝鮮人に対し、帰国か同化かの二者択一を迫り民族教育を厳しく制限した。彼・彼女らはまた就職差別も受け、周辺的な労働への従事と経済的困窮を強いられることになった(稲月・山本 一九九六など)。学校でも職業達成への展望がなく日本人生徒を前提とした授業の中で、在日コリアンの子どもが意味を見出すことは難しく、それは問題行動の背景にもなったが、日本人によってレイシズム的な枠組みで解釈された(倉石 二〇〇一)。

差別的な学校環境の中で、出自を隠して「日本人として生きる」方略を取る子どもも多かった。通名の使用もその一つであり、学校も通名を使うことを奨励した。しかしそれは在日コリアンを劣位とする日本社会の秩序を受け入れ自分のルーツを否定することを意味し、アイデンティティを危機に至らしめるものだった(小沢 一九七三、金 二〇〇七、宋 二〇一二)。一九七〇年代以降、ようやく同化教育政策に対する異議申し立てや反省が進み、本名を名乗る運動も展開される。本名を名乗り民族衣装を着ることは、自分の民族的なアイデンティティを肯定することであり、自分を否定する社会秩序に異議を突きつけるアイデンティティ・ポリティクスという意味があった(韓 二〇〇六)。

他方、ニューカマーに関しては、差別や支配―被支配を巡る権力の問題というより、異文化間移動に伴う不適応の問題として捉えられることが多かった。しかしその背景にあるのは、日本の学校の制度的・慣行的なエスノセントリズムであり、在日コリアンを周辺化してきた権力構造と連続上にある。多くのニューカマー研究は、言語習得や学業達成など様々なレベルで生じる子どもの困難の分析を通じて、日本の教育システムに埋め込まれたエスノセントリズムを、多様な角度から照射してきたといえる(レビューとして、志水編 二〇〇九、志水他 二〇一四など)。ニューカマーが自らの民族的・宗教的アイデンティティを肯定的に構築する実践は、やはり既存の秩序を変容するためのアイデンティティ・ポリティクスという意味を持っていた(森田 二〇〇七、福田 二〇〇七)。

四 アイデンティティの構築主義的転回

(1) 同質性という前提の揺らぎ

前節に登場した階層・地位の再生産論とアイデンティティ・ポリティクス論は対照的に見えるが、同一化の宛先となるカテゴリー内部の同質性(例えば〈女の声・経験〉)を仮定している点で共通性をもつ。これは対抗的アイデンティティが戦略的本質主義を取ってきたこととも関係するだろう。しかし近年は、アイデンティティの被構築性とカテゴリー内部の差異が焦点化されてきた。

階級に関しては、ポストフォーディズムが肉体労働を減少させ、かつて集合的アイデンティティの基盤だった労働者階級の文化は自明性を喪失した(McDowell 2009)。その中で若者は失業者やサービス業の非正規労働者でありながら、昔の男性肉体労働者が表出していたであろう男性性を身体的/言語的実践を通じて再演する(Nayak 2006)。日本でも、下位に位置づけられる若者のアイデンティティが、経済的地位に一意的に規定されず、実践を通じて再帰的に構築されている面に着目した研究が増えている(尾川 二〇一一、知念 二〇一二など)。また部落に関しても、内部の階層分化と人口の流動化によって身分・職業・地域の結びつきが揺らぎ、若い世代を中心にアイデンティティのあり方は多様になっている(内田 二〇一三)。

ジェンダーについては、三つの点が重要である。第一に、女性内部にも収奪関係があり一枚岩ではないというブラックフェミニズムからの異議申し立てを契機に、女/男カテゴリーそれぞれの内部の差異が注目されるようになっていく。教育社会学でも、カテゴリー内部に複数のジェンダー・アイデンティティが構築されていることを明らかにする研究が生まれた(宮崎 一九九三、多賀 一九九六など)。第二に、女/男という二分法自体が、制度的環境や相互行為の実践の中で構築・運用されていく過程に焦点を当てる研究が見られるようになる(羽田野 二〇〇四、大滝 二〇〇六、上床 二〇一一など)。第三に、二分法に回収されないLGBTQの性的少数者が提起する問題が重視されるようになった。例えば土肥いつき(二〇一五)はカミングアウトを通じて学校のジェンダー秩序を変容させたケースを分析している。また本節の文脈で興味深いのは、性的少数者がそのカテゴリーに同一化することなく、引用と差異化を通じて自己を構築し続ける過程に焦点が当てられるようになったということである(草柳 二〇〇一、石井 二〇一二)。

エスニック・アイデンティティに関しては、在日外国人が定住していく中で、その位置が変容してきた。韓東賢(二〇〇六)は在日朝鮮人二世の女性に対する回顧的インタビューを通じて、朝鮮学校でチマ・チョゴリを着ることがエスニック・アイデンティティの表出であるのと同時に、「コスプレ」としての「伝統の創造」でもあるという側面を指摘している。さらに在日コリアンの若い世代になると、ルーツのエスニック・アイデンティティを求めず、日本人として生きることを自明視する人も増えていく(宋 二〇一二)。名前についても、在日コリアンも含め、近年は生徒自身が通名を名乗ることを望むことが多い(藪田 二〇一三など)。

しかしこれは「日本人になる」ことを意味しない。彼・彼女らは文化的には日本社会に包摂されていても、常に制度的・社会的な排除に直面しうる。しかし朝鮮語を話せない彼らは韓国・北朝鮮にも同一化できない。どちらのネイションへも十全な同一化が拒まれる中で、どちらかの民族に同一化しなくてはいけないということ自体が不適切なのである(平田 二〇〇五、鄭 二〇〇五、宋 二〇一二)。アイデンティティは本質主義的でも実体的でもなく、言語的な実践の中で構築され続けるという視角は、この文脈において極めて重要である。ニューカマーの子どもたちに対する研究においても、彼・彼女らと日本人双方のエスニック・アイデンティティを固定的に捉えず、相互行為の中でそれらのカテゴリーがどのように運用され、いかなる帰結を生み出しているのかについて精緻な分析を行う優れた研究が産出されている(児島 二〇〇六、清水 二〇〇六など)。

（2）ポスト構造主義のインパクトとその教育社会学的隘路

上記の文脈と状況を捉える上で、決定的な役割を果たしたのが構築主義的なアイデンティティの諸理論であった（上野 二〇〇五）。在日外国人のアイデンティティはディアスポラやクレオールといったポジショナリティと結びついた視角の中で理解され、スチュアート・ホールに代表される異種混交的なアイデンティティの理論が参照された。中でも厳密な理論構成と実践的含意ゆえに大きな影響を与えたのがジュディス・バトラーである（バトラー 一九九九）。

バトラーは、ポスト構造主義のフェミニズムの理論家であり、海外の教育社会学の学会誌（*British Journal of Sociology of Education*）でも特集が組まれるなど注目されている。彼女は言語理論を踏まえてカテゴリーの被構築性を徹底的に明らかにし、主体／アイデンティティの脱構築を進めてきた。例えば通常、生物学的性差《セックス》の基盤の上に社会的性差《ジェンダー》があると理解されがちである。しかし実際には生物学的性差《セックス》は、特定の身体的特徴を「本質的なもの」として言語を通じて差異化することを通じて生み出されている。つまりジェンダーこそがセックスを生産するのだ。また我々は、社会的カテゴリーに関する言説を引用／反復しながら自己を構築しているが、その実践に先立つ主体が存在するわけではない。主体が発話をするのではなく、発話の結果、主体があるかのような残余的効果（エージェンシー）が事後的に生まれる。ここで重要なのは、言葉を引用／反復する際の誤用や発話行為の文脈依存性などにより、既存の秩序の再生産は絶えず失敗しうるという点である。この議論は特定のカテゴリー＝社会的アイデンティティの受容か拒否かの二者択一を迫る制度的権力に対し、そのカテゴリーを手放すことなく問い直す可能性を確保するための批判的／政治的含意と、そのための方法論的構えを有していた。

日本の教育社会学でも、特にジェンダー研究において、ポスト構造主義の重要性が指摘され（西躰 一九九八）、それを掲げる研究は増えていった。しかし多賀・天童（二〇一三）は、それらの研究が実際には実在論と切れておらず、言説実践に先立つ女／男としての主体の存在や、学習された価値・知識の内的継続を前提にしていると総括する。私見では、その理由の一端は、ジェンダー分化の要因を明らかにしなくてはならないという教育社会学特有の因果論へのこだわりにあるように思われる。小宮友根（二〇〇九）が指摘するように、因果説明の枠内で用いられる限り、社会構築的説明は生物学的説明とも並立するものになりポテンシャルが失われる。重要なのは因果論／社会化論的問題設定ではなく、そのつどの主体構築／変容の実践のありようを文脈に即して記述し、そこにいかなる行為の可能性が開かれ／閉ざされていくのか明らかにすることである（例えば、片田孫 二〇〇六）。しかし次節以降に見るように、教育社会学におけるアイデンティティ論は、それとは異なる方向で隆盛することになった。

五　若者論との接続と実体論の回帰

（1）解離的アイデンティティ？

アイデンティティ概念の刷新には、前節とは異なる系譜がある。それは、ギデンズ（二〇〇五）やバウマン（二〇〇七）、ベック（Beck and Beck-Gernsheim 2002）などの社会理論を参照しながら後期近代論として展開されたものである。つまり現代は、家族・仕事・学校などの自明性が失われる一方、労働市場の流動化や、消費市場や情報技術の発展によって、人間関係やライフスタイルの偶有性／選択可能性が高まっている。それが自己の構築における再帰性を亢進させていく。この議論は日本では、若者論を舞台に、複数の異なるアイデンティティが併存する多元的／解離的自己論へと接続され訴求力を持った（レビューとして、浅野 二〇一三）。教育社会学者も――その「原因」として教育改革を挙げる特徴はあるものの――同様の議論を展開した（伊藤 二〇〇二、岩見 二〇〇五、土井 二〇〇九など）。多元的／解離的なアイデンティティをもつとされる若者は、時に賞賛され、時に病理的な存在と表象された（岩木 二〇〇四）。同時に、望ましい自己形成が困難な時代という観察を前提に、シティズンシップ教育的なものを要請する言説の回路もできていく（小玉 二〇〇三、田中 二〇〇五など）。いずれにせよ、この若者像は十分に実証的な裏付けがないまま流通していった（後藤 二〇〇八）(1)。

前節の構築主義的アプローチが、マイノリティの直面している現実を踏まえてアイデンティティ概念の実体化を避けるための方法論として提示されていたのに対し、これは子ども・若者に先導される現代人の性質記述であり実体的な類型論という点で、異なっている。さらに、若者の実体的な変容を主題としているため因果論とも折り合いがよい。若者論の喧騒の果てに、若者の変容の原因を脳の劣化に求めるような議論まで登場したが、これも実体化の戯画的な帰結だったといえる。

現在から見て興味深いのは、リベラルな論者も前節と本節の議論が同じ性格を持つと見なす傾向があった点である（上野 二〇〇五）。しかし、実践の中に実体を解消するのか別の実体を対置するのかには、本来大きな差異があった。

（2）ネオリベラリズムとメタ自己の政治性

さて前節の議論を踏まえると、カテゴリーの過度の固定化を避ける上で、内部の差異に着目することが有効である。若者のアイデンティティに関する経験的研究でも、この方向に重要な成果が生まれている。

例えばストール（Stahl 2015）は、イギリスの男子高校生のエスノグラフィーを通じ、状況に応じて柔軟にアイデンティティの構築実践ができるのはミドルクラス出身の生徒であることを指摘している。これに対し労働者階級の生徒は、そのようなアイデンティティのあり方をフェイクと見なし、「本物」（authentic）であることにこだわるが、そのために学校や進路選択で不適応を起こす。なぜならネオリベラリズムとポストフォーディズムの要請で、労働市場は柔軟なアイデンティティの持ち主を求めるからである。これは一見ウィリスの議論を想起させるが、前節でも見たようにすでに階級的な文化的基盤は失われている。そのため、彼らがこだわる「本物」であることは空虚な記号にならざるをえず、柔軟に自己を構築できる(ように見える)ミドルクラスに対する反感を示す表現に留まるだけになる。このストールの議論は、ネオリベラリズムの権力分析とも通底する。それが照準するリフレキシブな主体像は、若者論が好む解離的自己ではなく、多様な自己を場に応じて調整し自己統治するメタ的な自己である(Rose 1999)。ストールが明らかにしたのは、そのようなアイデンティティワークの成否が階層によって異なるという点である。

他方日本の教育社会学では、階級以上に学校のアイデンティティ形成機能が重視されてきたが、ポストフォーディズム下でメリトクラシーの基準が再帰的に問われ続けるようになり、成績が能力アイデンティティの確固たる備給源にならなくなっていく(中村 二〇一一)。実際に本田由紀(二〇〇五)によると、成績のみならず、コミュニケーションスキルが社会的地位に影響を与えるようになってきている。しかしその形成も家庭環境の影響を受けており、階層の再生産は別の形で反復されているのである。この問題系は他の学問も含めさらに展開していくが、それは次節で検討したい。

ここでは多元的アイデンティティ論と排外主義との関係を検討したい。「本物」を求める労働者階級の男性が、失業したり低賃金の仕事にしかつけない場合、傷ついた尊厳を回復するために男性性や白人性などのカテゴリーに依存し、排外主義やバックラッシュを生み出すことがある(ハージ 二〇〇三など)。いわば排外主義的なアイデンティティ・ポリティクスである。他方で柔軟なアイデンティティを有するミドルクラスは、多文化主義的でリベラルだと見なされる。しかしハージ(二〇〇三)は、白人の多文化主義者は自らを多様な民族の中の一つとして位置づける寛容さをもつ一方で、空間の管理者として特定の民族が増えすぎないよう注意を払い、過剰と感じる時には排外主義に転じると論じる。マジョリティの民族だけが、メタレベルと下位レベルを往復しながら空間内の人口配分を統制できるという自己像を持つ。ミドルクラスの「多文化主義的」なアイデンティティも、メタ自己のレベルはネイションと同一化しているということだ。この点も、アイデンティティの多元化とリベラル化を等置する議論の死角になっている。

六　起源への遡行

(1) 索出される同一性

前節までで見たように、教育社会学では、アイデンティティの構成を地位・権力の分配の問題系で捉える傾向があった。しかしこのテーマは、近年、経済学や心理学、社会疫学など他領域によっても取り組まれるようになっている。社会学という制約が外れるなかで、同一性《アイデンティティ》をめぐる問題設定がどのように転位していくのか、最後に試論的に検討したい。

教育社会学に近いところから始めよう。コテ(Côté 1997)によると、後期近代では不確実性が高まり、若者の人生を導くモデルがないため、自分で大人だと自認したり帰属すべきコミュニティを見つけられることが重要になる。コテはこれをアイデンティティ・キャピタルと呼び、その要因を大学生へのパネル調査を通じて分析した。その結果、親の収入や学歴などの社会経済的要因に還元されない自尊感情や自己コントロール、自我の強さなどの心理的要因が大きな効果を持つことを示す。

遡行は続く。コテの議論ではアイデンティティ・キャピタルに寄与する心理的要因が何によって生じるのかは説明されないが、この変数群はいわゆる非認知スキルなどの社会情動的スキルと重なっている。それらは特定のパーソナリティや選好から構成され、教育達成や賃金水準に影響を与える要素であるが、その形成においては幼少期の家庭環境の影響が大きいことが明らかにされている(Heckman et al. 2006, Cunha and Heckman 2007 など)。

これらの研究は、アイデンティティやパーソナリティに関する新たな実証的な知見を生み出した。しかし私見では、この研究群の「アイデンティティ」概念に対するより重要な含意は、外部から捕捉可能な時間的／因果論的な同一性《アイデンティティ》という問題系を、方法論的に浮上させた点にあったと考えられる。例えばパネルデータ分析は、観察不可能な個人間の差異——それは個人特有の性格や能力、選好等として解釈される——を固定効果として抽出できるというメリットがある。それらは通常、統制の対象となるが、テーマによってはその測定こそが目的にもなる(北村 二〇〇六、七頁)。いずれにせよ、社会に還元されない「個人」の位相はかつては残差＝残余として処理されてきたが、今は社会学でも実定的に対象化できることになった。さらに次に見るように、「個人」の固有性は、別の方法論／対象のもとで遺伝という概念とも結びつくようになる。

(2) 遺伝学的アイデンティティ

これまで社会学は、遺伝を因果論的枠組み上に据えてこなかった。始祖のデュルケムが社会進化論《ダーウィニズム》を否定したように、対象の社会的な被構築性を捉えようとする点に社会学のアイデンティティがあったためだ。それは自然がもたらす不平等に対し、契約と連帯で平等を築いていこうという理念が「社会」という言葉自体に刻印されていたこととも関係するだろう(市野川 二〇〇六)。しかし他領域にそのような制約はない。例えば経済学者と心理学者たちによる双子研究は、教育達成や収入の格差の三割程度が遺伝によって説明できることを示した(Yamagata et al. 2013)。さらに、子どもの学校不適応に対する遺伝学の適用も広がっている。近年、発達障害が医療化されてきたが、それは子どもの「個性」とされてきた領域への遺伝学的まなざしの浸潤でもあり、遺伝子スクリーニングや発症前の治療的介入も提唱されるようになっている(ローズ 二〇一四)。

この文脈では、遺伝に対して環境を対置しても社会学の地平に十分に引き戻せない。疫学における環境は、遺伝子の表現型に影響を与える胎児環境でもあるためだ。例えば胎児期起源仮説によると、胎児期に子宮内で十分な栄養を得られなかった子どもは、その後の教育や収入の水準が有意に低い（Almond 2006）。

エビデンスレベルが高いとされるこれらの研究の中で、教育社会学が比肩していくために、社会学の制約を外して同様の対象や方法へと向かう動きも生じるだろう。(2) その時「教育社会学のアイデンティティ」とは何かという問題が浮上するかもしれない。しかしより重要なのは、このような起源に向かって作動する因果論的探求がもたらす社会への再帰的な効果である。

ニコラス・ローズは、遺伝学的な知の増大は宿命論につながらず、新たな主体を創造するという。ローズは、この新しい自己のあり方を「遺伝学的アイデンティティ」と呼ぶ。それは、何らかの遺伝学的リスクを持つという認識が、アイデンティティ構築における一つの参照点になるような自己のあり方である。その認識が自己のあり方を決定するわけではないが、人間関係の選択や他者や子どもに対する責任の持ち方などに影響を与える（ローズ 二〇一四、二一〇―二一一頁）。これは遺伝についての議論だが、確率論的なリスクを有し自分では変えられないという点では、幼少期の家庭環境や胎児時の状態も同じ位相にある。それらの知が、再帰的に人々のアイデンティティ構築に関与することはないのか。もしそうだとしたら、われわれはすでに新たな自己の産出に関わっているのではないだろうか。最後にこの点を考えたい。

七　教育社会学的アイデンティティを越えて

本章では、アイデンティティ概念の脱実体化／非本質主義化という理論的な潮流が、教育社会学の関連領域においてどう変位するのか検討してきた。その回路は複数あったが、前節でみた他学問分野によって主導される起源への遡行の試みは、遺伝などの本質主義的な変数を重視する点で構築主義的思考の対極にあった。またそれは社会／文化的な変数を重視してきた教育社会学とも一見異なっている。しかし同時に、両者には大きな共通性があるようにも思われる。それは「私はこのような私である」という同一性《アイデンティティ》の重要な原因／根拠が、自分のコントロールの外部＝過去にあるかのような言説の効果を作る点である。(3) この知は再帰的に社会に還流し、私たちのアイデンティティ構築の言説資源となっている可能性がある。家に両親はいたか、十分な経済／文化資本があったか、親は幼い自分の話を聞いてくれていたか、劣悪な保育環境で育っていないか、胎内でも健康だったか、リスクのある遺伝子は受け継がれていないか。このような過去に関する情報を、自分を「理解」するための準拠点とする――そのために時間的／因果論的同一性を召喚する――アイデンティティ構築のあり方。これを前節の遺伝学的アイデンティティになぞらえ、本テーマを開拓してきた学問の名を借りて「教育社会学的アイデンティティ」と呼ぼう。

自己の統治と他者の統治は表裏だ。排除の文脈で見られる光景――ある人の行為をその人のエスニシティ／国籍／ジェンダーに帰属させて理解することや、困難な境遇で育った人をリスクある存在として自分の親密圏に入れないこと――これらは他者と特定のカテゴリーを固定的に結びつけ、過去／起源に規定された存在として理解する点で、上記のアイデンティティのあり方と共振している。

もちろん教育社会学のプロジェクトは、因果論的遡行を通じて粗野な自己責任論を無効化するとともに、構造的な負の条件を政策的に取り除くための未来への投企だった。しかしすでに通過してしまった人にとって、過去の情報は――胎児期であれ子ども期であれ――今の私のアイデンティティ構築に執拗に絡みつく残響でしかない。この言説実践に関わる学問分野が増えてきた今、それを解除する方向も同時に模索する必要があるのではないか。

実は格差を起源の方で解決するという枠組みは、近年のワークフェア／アクティベーションの隆盛という文脈と親和性が高い(仁平 二〇一五)。人生の早い時期の格差を是正することで、社会的費用を抑えられるという投資的判断もそこに介在する。近年、他の学問分野でこのテーマへの関心が高まっているのも、その政策的文脈と無関係ではない。

しかし言うまでもなく、格差の抑制は、「分配」の是正を通じてだけでなく、税制の見直しや社会サービスの普遍化などによる「再分配」の強化を通じてもできる。同様にセクシズム、レイシズム、エイジズムに対する社会規制の強化によって、カテゴリー自体を制度的に無力化させ、可変性の社会的条件を実装していくことも決定的に重要だろう。それは教育の問題とされてきたことを、人間の安全保障という大きな枠組みの中で位置づけ直すことでもある。それは教育社会学のアイデンティティの危機を意味するかもしれない。しかしアイデンティティは常に変わり続けることを考えると、それも一つの可能なあり方だと思われる。

注

(1)例外の一つとして社会学者の浅野智彦(二〇一三)が、質問紙調査の経時的比較によって若者のアイデンティティの多元化テーゼの実証を試みているが、そこで用いられている指標の解釈可能性もやはり多様であるように思われる。

(2)教育研究におけるエビデンスをめぐる議論に関する誤解や問題点については中澤渉(二〇一六)を参照のこと。

(3)これは教育学/教育社会学と(新)優生学の近さという問題系にもつながる。その歴史的な結節点の一つが、東京大学教育学部と同附属校における双生児研究だったことは明記されるべきだろう。この論点については桑原真木子(二〇〇三、二〇〇五など)の一連の研究を参照のこと。

参照文献

浅野智彦 二〇一三、『「若者」とは誰か――アイデンティティの三〇年』河出書房新社。
天野正子 一九八八、「「性(ジェンダー)と教育」研究の現代的課題――かくされた「領域」の持続」『社会学評論』三九(三)。
池田寛 一九八七、「日本社会のマイノリティと教育の不平等」『教育社会学研究』第四二集。
石井由香理 二〇一二、「カテゴリーとのずれを含む自己像――性別に違和感を覚える人々の語りを事例として」『社会学評論』六三(一)。
市野川容孝 二〇〇六、『思考のフロンティア 社会』岩波書店。

伊藤茂樹 二〇〇二、「青年文化と学校の九〇年代」『教育社会学研究』第七〇集。
稲月正・山本かほり 一九九六、「在日韓国・朝鮮人と階層構造」八木正編『被差別社会と社会学』明石書店。
岩木秀夫 二〇〇四、『ゆとり教育から個性浪費社会へ』筑摩書房。
岩見和彦 二〇〇五、「現代社会と後期青年期問題」『教育社会学研究』第七六集。
ポール・ウィリス、熊沢誠・山田潤訳 一九九六、『ハマータウンの野郎ども――学校への反抗・労働への順応』ちくま学芸文庫。
上床弥生 二〇一一、「中学校における生徒文化とジェンダー秩序――「ジェンダー・コード」に着目して」『教育社会学研究』第八九集。
上野千鶴子 二〇〇五、「脱アイデンティティの理論」上野千鶴子編『脱アイデンティティ』勁草書房。
上間陽子 二〇一五、「風俗業界で働く女性のネットワークと学校体験」『教育社会学研究』第九六集。
上間陽子 二〇一七、『裸足で逃げる――沖縄の夜の街の少女たち』太田出版。
氏原陽子 一九九六、「中学校における男女平等と性差別の錯綜――二つの「隠れたカリキュラム」レベルから」『教育社会学研究』第五八集。
内田龍史 二〇一三、「部落差別への抵抗としての〈アイデンティティの政治〉」畑中敏之・朝治武・内田龍史編著『差別とアイデンティティ』阿吽社。
エリック・エリクソン、小此木啓吾訳 一九七三、『自我同一性』誠信書房。
大滝世津子 二〇〇六、「集団における幼児の性自認メカニズムに関する実証的研究――幼稚園における集団経験と幼児の性自認時期との関係」『教育社会学研究』第七九集。
大前敦巳・石黒万里子・知念渉 二〇一五、「文化的再生産をめぐる経験的研究の展開」『教育社会学研究』第九七集。
尾川満宏 二〇一一、「地方の若者による労働世界の再構築――ローカルな社会状況の変容と労働経験の相互作用」『教育社会学研究』第八八集。
小沢有作 一九七三、『在日朝鮮人教育論　歴史篇』亜紀書房。
片田孫朝日 二〇〇六、「ジェンダー化された主体の位置――子どものジェンダーへのポスト構造主義的なアプローチの展開」『ソシオロジ』五〇(三)。
片山悠樹 二〇一〇、「職業教育と能力アイデンティティの形成――工業高校を事例として」『教育学研究』七七(三)。
北村行伸 二〇〇六、「パネルデータの意義とその活用――なぜパネルデータが必要になったのか」『日本労働研究雑誌』四八(六)。
アンソニー・ギデンズ、秋吉美都・安藤太郎・筒井淳也訳 二〇〇五、『モダニティと自己アイデンティティ――後期近代における自己と社会』ハーベスト社。

木村涼子 一九九九、『学校文化とジェンダー』勁草書房。
金侖貞 二〇〇七、『多文化共生教育とアイデンティティ』明石書店。
草柳千早 二〇〇一、「現代社会における「生きづらさ」と「アイデンティティ」――生き方の多様性と社会」『三田社会学』六。
倉石一郎 二〇〇一、「マイノリティ教育における〈包摂〉原理の再検討――一九七〇年前後の大阪市における在日朝鮮人教育をめぐる「言説の交代劇」から」『教育社会学研究』第六九集。
桑原真木子 二〇〇三、「優生学と教育――「教育的」環境操作がたどりつくところ」『現代思想』三一(一三)。
桑原真木子 二〇〇五、「戦後日本における優生学の展開と教育の関係――終戦から一九五〇年代の教育言説にみられる「その人の存在を脅かす能力主義」」『教育社会学研究』第七六集。
児島明 二〇〇六、『ニューカマーの子どもと学校文化――日系ブラジル人生徒の教育エスノグラフィー』勁草書房。
小玉重夫 二〇〇三、『シティズンシップの教育思想』白澤社。
後藤和智 二〇〇八、『「若者論」を疑え!』宝島社。
小宮友根 二〇〇九、「行為の記述と社会生活の中のアイデンティティ――J・バトラー「パフォーマティヴィティ」概念の社会学的検討」『社会学評論』六〇(二)。
斎藤環 二〇〇五、「解離の時代にアイデンティティを擁護するために」上野千鶴子編『脱アイデンティティ』勁草書房。
坂本佳鶴恵 二〇〇五、『アイデンティティの権力――差別を語る主体は成立するか』新曜社。
柴野昌山 一九七六、「青年期の教育と社会化」『教育社会学研究』第三一集。
志水宏吉編 二〇〇九、『エスニシティと教育』日本図書センター。
志水宏吉・高田一宏・堀家由妃代・山本晃輔 二〇一四、「マイノリティと教育」『教育社会学研究』第九五集。
清水睦美 二〇〇六、『ニューカマーの子どもたち――学校の間の日常世界』勁草書房。
白川俊之 二〇一一、「現代高校生の教育期待とジェンダー――高校タイプと教育段階の相互作用を中心に」『教育社会学研究』第八九集。
宋基燦 二〇一二、『「語られないもの」としての朝鮮学校――在日民族教育とアイデンティティ・ポリティクス』岩波書店。
多賀太 一九九六、「青年期の男性性形成に関する一考察――アイデンティティ危機を体験した大学生の事例から」『教育社会学研究』第五八集。
多賀太・天童睦子 二〇一三、「教育社会学におけるジェンダー研究の展開――フェミニズム・教育・ポストモダン」『教育社会学研究』第九三集。
田中雅文 二〇〇五、「後期青年期における自己アイデンティティとNPO――再帰性と公共空間の視点からの試論」『教育社会学研究』第七六集。

知念渉 二〇一二、「〈ヤンチャな子ら〉の学校経験――学校文化への異化と同化のジレンマのなかで」『教育社会学研究』第九一集。

鄭暎恵 二〇〇五、「アイデンティティとポジショナリティ――一九九〇年代の「女」の問題の複合性をめぐって」上野千鶴子編『脱アイデンティティ』勁草書房。

エミール・デュルケム、佐々木交賢訳 一九八二、『教育と社会学』誠信書房。

土井隆義 二〇〇九、『キャラ化する／される子どもたち――排除型社会における新たな人間像』岩波書店。

土肥いつき 二〇一五、「トランスジェンダー生徒の学校経験――学校の中の性別分化とジェンダー葛藤」『教育社会学研究』第九七集。

中澤渉 二〇一六、「教育政策とエビデンス――教育を対象とした社会科学的研究の動向と役割」佐藤学・秋田喜代美・志水宏吉・小玉重夫・北村友人編『岩波講座 教育 変革への展望 第二巻 社会のなかの教育』岩波書店。

中西祐子・堀健志 一九九七、「「ジェンダーと教育」研究の動向と課題――教育社会学・ジェンダー・フェミニズム」『教育社会学研究』第六一集。

中村高康 二〇一一、『大衆化とメリトクラシー――教育選抜をめぐる試験と推薦のパラドクス』東京大学出版会。

鍋島祥郎 一九九三、「「部落」マイノリティと教育達成――J・U・オグブの人類学的アプローチをてがかりに」『教育社会学研究』第五二集。

西躰容子 一九九八、「「ジェンダーと学校教育」研究の視角転換――ポスト構造主義的展開へ」『教育社会学研究』第六二集。

仁平典宏 二〇一五、「〈教育〉化する社会保障と社会的排除――ワークフェア・人的資本・統治性」『教育社会学研究』第九六集。

ヴィヴィアン・バー、田中一彦訳 一九九七、『社会的構築主義への招待――言説分析とは何か』川島書店。

ジグムント・バウマン、伊藤茂訳 二〇〇七、『アイデンティティ』日本経済評論社。

ガッサン・ハージ、保苅実・塩原良和訳 二〇〇三、『ホワイト・ネイション――ネオ・ナショナリズム批判』平凡社。

タルコット・パーソンズ、武田良三監訳 二〇〇一、『新版 社会構造とパーソナリティ』新泉社。

羽田野慶子 二〇〇四、「〈身体的な男性優位〉神話はなぜ維持されるのか――スポーツ実践とジェンダーの再生産」『教育社会学研究』第七五集。

秦政春 一九八四、「現代の非行・問題行動と学校教育病理」『教育社会学研究』第三九集。

ジュディス・バトラー、竹村和子訳 一九九九、『ジェンダー・トラブル――フェミニズムとアイデンティティの攪乱』青土社。

韓東賢 二〇〇六、『チマ・チョゴリ制服の民族誌――その誕生と朝鮮学校の女性たち』双風舎。

樋田大二郎・耳塚寛明・岩木秀夫・苅谷剛彦編 二〇〇〇、『高校生文化と進路形成の変容』学事出版。

平田由美 二〇〇五、「非・決定のアイデンティティ――鷺沢萠『ケナリも花、サクラも花』の解説を書きなおす」上野千鶴子編『脱アイデンティティ』勁草書房。
福田友子 二〇〇七、「移民による宗教団体の形成――滞日パキスタン人ムスリムを事例として」『日本都市社会学会年報』二五。
ローレンス・フリードマン、やまだようこ・西平直監訳 二〇〇三、『エリクソンの人生――アイデンティティの探求者』上、新曜社。
ナンシー・フレイザー、アクセル・ホネット、加藤泰史監訳 二〇一二、『再配分か承認か？――政治・哲学論争』法政大学出版局。
本田由紀 二〇〇五、『多元化する「能力」と日本社会――ハイパー・メリトクラシー化のなかで』NTT出版。
宮崎あゆみ 一九九一、「学校における「性役割の社会化」再考――教師による性別カテゴリー使用をてがかりとして」『教育社会学研究』第四八集。
宮崎あゆみ 一九九三、「ジェンダー・サブカルチャーのダイナミクス――女子高におけるエスノグラフィーをもとに」『教育社会学研究』第五二集。
森繁男 一九八九、「性役割の学習としつけ行為」柴野昌山編『しつけの社会学』世界思想社。
森重雄 一九九八、「学校の空間性と神話性」『季刊子ども学』一八。
森田京子 二〇〇七、『子どもたちのアイデンティティー・ポリティックス』新曜社。
藪田直子 二〇一三、「在日外国人教育の課題と可能性――「本名を呼び名のる実践」の応用をめぐって」『教育社会学研究』第九二集。
ニコラス・ローズ、檜垣立哉監訳 二〇一四、『生そのものの政治学――二十一世紀の生物医学、権力、主体性』法政大学出版局。
Almond, D. 2006, "Is the 1918 Influenza Pandemic Over? Long-Term Effects of In Utero Influenza Exposure in the Post-1940 U.S. Population," *Journal of Political Economy*, 114(4).
Beck, U. and E. Beck-Gernsheim 2002, *Individualization: Institutionalized Individualism and its Social and Political Consequences*, Sage.
Côté, J. E. 1997, "An empirical test of the identity capital model," *Journal of Adolescence*, 20(5).
Cunha, F. and James J. Heckman 2007, "The Technology of Skill Formation," *American Economic Review*, 97(2).
Eckert, P. 1989, *Jocks and Burnouts: Social Categories and Identity in the High School*, Teachers College Press.
Heckman, J., J. Stixrud and S. Urzua 2006, "The Effects of Cognitive and Noncognitive Abilities on Labor Market Outcomes and Social Behavior," *Journal of Labor Economics*, 24(3).
McDowell, L. 2009, *Working Bodies: Interactive Service Employment and Workplace Identities*, Wiley-Blackwell.
Nayak, A. 2006, "Displaced Masculinities: Chavs, Youth and Class in the Post-industrial City," *Sociology*, 40(5).
Rose, N. 1999, *Powers of Freedom: Reframing Political Thought*, Cambridge University Press.

Stahl, G. 2015, *Identity, Neoliberalism and Aspiration: Educating white working-class boys*, Routledge.
Yamagata, S., M. Nakamuro and T. Inui 2013, "Inequality of Opportunity in Japan: A behavioral genetic approach," *RIETI Discussion Paper Series*, 13-E-097.

▼ブックガイド▲

ジュディス・バトラー、竹村和子訳　一九九九、『ジェンダー・トラブル——フェミニズムとアイデンティティの攪乱』青土社。

ジェンダー、アイデンティティ、主体、身体などの諸カテゴリーがパフォーマティブに構築されていることをポスト構造主義の哲学に依拠して開示し、激震を与えた。関連して、参照文献の坂本佳鶴恵本と小宮友根論文もお勧め。

上野千鶴子編　二〇〇五、『脱アイデンティティ』勁草書房。

社会学者を中心として編まれた、アイデンティティ概念の脱構築を志向する論集の決定版で、この種の議論の布置を捉える上で便利。ただし本論でも述べたように、論者間の共通性ではなく差異に注目した方が、理論的には実りが大きい。

アンソニー・ギデンズ、秋吉美都・安藤太郎・筒井淳也訳　二〇〇五、『モダニティと自己アイデンティティ——後期近代における自己と社会』ハーベスト社。

後期近代の抽象的システムの発展の中で展開される自己の再帰的プロジェクトとその帰結について、ギデンズらしく大きな見取り図で描く。ただし原著が一九九一年のため、情報技術という現在の自己論に不可欠な要素を欠く点に注意。

11

国家・ナショナリズム・グローバル化

――国民国家と学校教育

岡本智周

はじめに

社会科学としての国家論やナショナリズム論においては、国家・国民を対象化し、その創発性や維持存続のメカニズムを分析する作業が当然のこととして行われるようになった。そこでは近代学校教育を国民統合のための社会的装置と捉える観点が広く採用されている。国家・国民という現象を素朴に自明視していると、教育とはすなわち国民教育であると無自覚に前提することになるが、それを認識の対象とすることができれば、教育による創発、改変、あるいは復古や強化などを研究の俎上にのせることができ、現象を肯定的にも否定的にも議論することができる。

教育社会学研究はこの観点に理論的根拠を与えつつ、そこから把握できる具体的な社会の像を社会科学一般に対して提供してきたと言える。そこで本章では、日本教育社会学会の『教育社会学研究』誌上で国民国家と教育の関わりを探索し表現してきた諸論文を紹介し、この領域における一群の研究が辿ってきた理路を整理したい。そのうえで、国民国家の創発と存続に関わる学校教育の存在意義が、他ならぬ教育行政によって自覚的に実践されるに至った状況以降の、教育社会学研究の課題を考えることとする。

一　国家・国民という現象の対象化

『教育社会学研究』の最初期においてすでに堀尾輝久(一九五七、一九五八)は、国民国家における国民(ネイション)に二つの相反する性格があることを捉え、それを市民性と公民性と表現していた。独占資本主義の段階に至ると、国民国家は自由な市民のほかに実質的な自由をもたない公民(大衆)を形式的主体とすることになる。市民国家は公民国家、さらには大衆国家へと変質し、そこでは「政治意識を空洞化し、国家への忠誠義務のみを持つ国民〈大衆〉を上から創出する」必要が生じる。堀尾の論考において教育は、その大衆操作の手段として、マスメディア、政治制度(普通議会)とともに動員されるものとされた。この論考は、天皇制国家における国民の大衆化の基盤を思想善導の構造に求めることによって、国民国家論としての先鞭をつけたと言える。

片岡徳雄(一九七二)の論考においては、教育権の帰属先を国家か国民かと考える時、国家が抽象概念であるのと同様に国民も抽象概念であると前提されている。したがって国民による「教育の自由」の帰結が「国家中心の教育観」あるいは「国民の教育の自由に反対する教育観」であったような場合、公教育制度としての学校教育は成り立ち難くなると指摘された。現にこの時期に行われた意識調査の結果からは、自由主義・民主主義・平和主義といった教育内容の価値についての社会的合意はみられるものの、「勤労者の団結と大衆の意思表示としてのデモ行進」や「天皇への尊敬と建国記念日の意義」といった教育内容については、政治的志向によって評価が鋭く対立することが観察されていた。「教育の社会統制的側面」は重要な考慮対象であり、かつ「国民的」課題であるとするこの論考もまた、国民社会の維持存続およびその変化に対する学校教育の役割の大きさを表現したものである。

熊谷一乗《かずのり》(一九八三)の論考では端的に、学校知識の編成を議論する際に「ナショナリズムと国家の要因」を考慮することの重要性が主張された。「公教育が国家の統制下におかれてきた明治期以降の日本においては学校知識の編成はナショナリズム及び国家の圧力を直接的に、しかも強烈に受けており、これにともなって学校知識の虚構性が形成されている」という指摘は、カリキュラムを捉えるための一つの観点を確立しており、それは現代にもまた適用されなければならない。同様にこの論考では、階層的職業的分化に対応して知識が成層化しつつナショナリズムという共通項で全体としての統一性が保たれる構造に、「成層化(分化)と合一化(統合)との弁証法的関係」という表現を与えている。そのような知識群の性質は、国家権力の統制下に「学校知識」が編成されることで可能となることが議論された。

そして、教育によって国家・国民の形成が支えられるという現象自体の近代的創発性を正面から議論したのが、ましこひでのり(一九九一)である。ナショナルな空間の創発期を対象化したその論考では、「琉球文化圏の標準語化」の検討を通して、歴史的連続体としてあった地域が国民国家へと切り替えられていく経緯が浮き彫りとなった。そこで重要な役割を果たした新しい地域知識人は、学校空間によって生み出され、社会教育によって地域に送り出され、後続世代のモデルとなった者たちである。また、そのようなプロセスにおいて「国語」は社会的な同一性を獲得し、国民国家の「血液」として循環するようにもなった。国民とは「地政学的な論理のつくりだす境界線から演繹された」ものだとする認識によって、国民なるものの歴史的位置づけ方に深く切り込む議論が展開されたと言える。

二 国民の創発性と可塑性についての検討

国民教育に向き合うための以上のような社会学的視座からは、国家形成(state formation)や国民形成(nation building)が近代を起点とすること、さらには国民(ネイション)そのものが近代の所産であることが示されたと言える。その視座を得て、『教育社会学研究』誌上では以降も多様な事象の検討の成果が提示され、それら一群の論考を通して国家・国民の創発性と可塑性とが描き出されることとなった。国民なるものを永続主義[1]や原初主義[2]ではなく近代主義[3]に拠って捉えること、すなわち国民社会を歴史のなかに相対化する論理は、一九八〇年代から一九九〇年代にかけて次第に確立された。

近代的社会制度の生成に関しては、たとえば西島央《ひろし》(一九九七)が唱歌科に着目し、それが学校教育における一つの教科として制度的に成立していくのと並行して、国民統合に向けた実践としての特徴を兼ね備えていったことを、「ヘゲモニー装置としての成立過程」を辿ることで示した。今田絵里香(二〇〇二)は雑誌『少女の友』を対象として少女と家族の関係の変容を辿り、家族内の情緒的関係の変化が少女の新たな主体化を生み出し、それを国民国家が回収するという、「国家と個人的情緒の間の相互作用的な関係」を描き出した。幼児教育については小玉亮子(二〇一二)が、フリードリヒ・フレーベルによる教育体系の基礎としての幼稚園の構想を読み解くことを通して、近代の幼児教育がその誕生の時点から国民国家を支える普遍的な人間教育の基礎とされ、国民形成を目指したことを整理している。より最近には秋吉和史(二〇一三)が、明治期から戦後直後に至るまでの「指導」という語と概念を扱った教育言説の分析を通して、国民道徳の価値規範を背後にもつ「指導」パラダイムが、「国体─国民」「天皇─臣民」といった政治イデオロギーの正当性を教育と社会に条件づけたと指摘する研究を行っている。これらの研究は、まさに国民なるものの由来について検討したものと言える。

また現代における国民的社会制度の生成と存続に関しては、たとえば相澤真一(二〇〇五)が、第二次世界大戦後の日本社会において国民教育が立ち現れる様相を、外国語(英語)教育の一般化を事例として描き出している。一九五〇年代から一九六〇年代にかけて議論されていた教育知識の学習必要性と学習可能性が、日本教職員組合の運動内部ではいかに語られていたのかを再構成した。「全員が受けることに意義がある」と示されることによって、教育知識の要不要の問題が解消され、個々の生徒の学習可能性についての判断も留保されたとする。まさに学習意義の正統化が、国民教育という形態によって成し遂げられたことになる。

この研究の視角を引き継いだ寺沢拓敬《たくのり》(二〇一二)は、英語教育が「すべての者が学ぶことが自明視される」ものとしての国民教育に組み込まれていった要因を検討した。国民の側からの要求や教育内容についての議論よりも、高校入試への英語試験導入や高校進学率の上昇といった構造的・制度的な変化が大きく影響していることを明らかにしたこの研究は、ある内容の学習を自明視する「国民」が社会制度によって創られるものであることを示している。

あるいはまた、「帰国子女」についての検討も国民教育を照らし返すものとなっている。渋谷真樹(二〇〇〇)は、国民文化が恣意的に構築された語りであること、また「それに帰属することで安定したアイデンティティを得るというのは幻想にすぎない」ことを前提とし、帰国生のもつ差異は解消されるべきではなく、国民教育に代わる新たな教育の創造の契機であることを指摘した。もちろん帰国生に内面化された順応の姿勢には根強さがあり、生徒間・生徒教師間にも強い影響力がある。既存の国民教育の性格はそこに指摘されることになる。

さらに、「帰国子女」を送り出す在外教育機関のより最近の状況を描き出したものとして、芝野淳一(二〇一四)の研究がある。グアム日本人学校での調査をもとに、経済的・制度的基盤の脆弱さを補うための日本人学校の戦略とその帰結が描かれた。そこでは多様な背景をもつ日本人生徒を呼び込むための戦略として、象徴的かつノスタルジックな「日本らしさ」が掲げられる。多様な子どもたちに対してますます「日本人性」に方向づけられた教育内容が提供されるという、状況のパラドクスがそこに指摘される。こうした研究は、文化ナショナリズムの創造ないし再構築の場を表現したものと言える。

三　国民教育とグローバル化の布置

さて他方で、学校教育を国民統合のための仕組みとして捉える観点は一九九〇年代以降、教育行政の側に取り込まれることとなった。グローバル化についての状況認識が社会に浸透するのに合わせて、国民に凝集性を与えるための意図的な実践の起点とされるようになったのである。[4] そこでは、国民国家は確かに想像の共同体である、だからこそグローバル時代においては国民を想像させるプロセスをきちんと作動させなければならない、という論法が採られる。国民意識の涵養を明示的な目的とする国家官僚制による新たな統制（国旗・国歌の扱い、教科書検定基準の改変）、教師にとっての教育知の外在性（教科書採択における行政指導の強化）、あるいはまた客観的基準を前提にした学力論の問題（「ゆとり」教育に対する批判）などを、例として挙げることができよう。

学校教育が国民統合のためのイデオロギー装置であることが自覚的に遂行されるようになったわけであるが、ここにおいて教育を対象とする学においては、教育とナショナリズムの関係をいかに問題化すべきなのかが改めて問われねばならない事態となったと言える。国家・国民を自明の単位とする思考が現実的になるなかで、教育に加わる社会的力の性質に無自覚なままに、教育研究、とりわけ学校教育を対象とした是非論を行うことは、ナショナリズムの強化に自ら素朴に貢献することにもなるからである。

そうした際に思考が分岐する指標の一つとなっているのが、国家・国民形成とグローバル化とを相互に独立の（ないし対抗的な）動きと捉えるのか、それとも、両者を同一の力学のなかで捉えるのか、というまなざしの性質である。前者の議論としてしばしば参照されるのが、アンディ・グリーンの所論である。「国民的アイデンティティ形成のために教育を利用することは、歴史的にいえば、国民国家が誕生しつつあるとき、あるいは戦争や革命といったものの後の国家再建のときによく見られるものである」（グリーン 二〇〇〇、二四〇頁）と述べるグリーンは、この国民形成の作用の史的固有性を強調する。グローバル化の進行する時代においても、その作用は健在だと捉えるのである。

グローバルな観点からすれば、依然として、市民を形成し、国民的アイデンティティを形成することは、多くの国で、教育の最も基本的な機能のひとつであるように思われる。全国的なカリキュラムは依然として国民的な言語と国民文化に非常に重点をおく傾向にある。歴史は、国民神話を普及させ、国民的アイデンティティを推進するために使われる。文学は国民的な言語とそれによって書かれた文学作品を讃え、公民と道徳教育は国民的価値観とよりよき市民性を教え込むために使われる。多くの学校が、依然として、国旗の掲揚、国歌の斉唱及び誓約や宣言の暗唱という、国民性の象徴的な小道具一式を日々の儀式に動員している。（グリーン 二〇〇〇、二三九頁）

二〇一三年刊行の『教育と国家形成（*Education and State Formation*）』の新版においても、なお同様の認識が示されている。

グローバル化は〔各国の〕教育における政策を一様にしていく潮流をある程度生み出すかもしれない。確かに高等教育は次第に国際化されており、国際的なデータの利用可能性の高まりや、超国家的な政策主体の働きによって、国家間での相互の政策の取り入れが促される事例も増加している。しかしながら明らかであるのは、少なくとも初等段階においては国民的な仕組みは消失してはおらず、互いに似通ったものなどにはなっていないということである。諸政府はそれぞれの国民経済に対する統制力を次第に失っていくかもしれないが、しかし教育というものは、諸政府が国民的政策をなお貫徹させようとする領域なのである。（Green 2013, p. 3）

国家・国民形成をグローバル化とは基本的に独立した史的現象として捉えると、それには固有の動力があり、今でもあるべきだと考えられるようになる。グローバル化が言われる時代にあっても今まさに国家形成を行う領域があるではないか、と。ここでは、地域による近代化のタイムラグについては考慮が留保されている。たとえば世界システム論の立場に立つと、一六世紀以降の地球上の諸地域は一つの分業体制に組み込まれたものと捉えられ、近代化現象はその中心から周辺へ向けて伝播するため、両者のあいだで時間的なズレが伴う。また地域ごとに進行の度合いも異なることになる。グリーンの所論はこの点において、中心—周辺を想定に入れた世界システム論とは無縁の思考となっていると言える。

対して、「国民国家の創発と流行」という近代化現象も人間社会の史的変容の一環として捉えるまなざしからは、国家・国民形成もまたグローバル化の力学の内にある。ベネディクト・アンダーソンは国民(ネイション)の創発は出版資本主義に支えられた下部構造と不即不離であることを指摘したが(アンダーソン 二〇〇七、八二頁)、それによって人間の共同性の形態が社会構成体の状態と対応すること、すなわち社会構成体が可能にする「想像のスタイル」によって共同体のあり方が異なることを考慮していた(5)。国民なるものが想像による産物であるとただ指摘するのではなく、それを可能にする社会的な仕組みがあることを丹念に検討していたと言える。だからこそアンダーソンの所論は、下部構造の変化に伴う上部構造の変化を読み込む世界システム論との接続が可能になったのである。こうしてみると、グローバル化のもとでの国民教育を観察するための構えが分岐するのは、世界認識にシステム論の枠組みをあてがうか否かという点だと理解できる。

四　国民教育の動揺の把握

以上のような理念型で把握できる国民国家とグローバル化との関係性は、『教育社会学研究』所収の諸論文においてはどのように表現されてきたことになるだろうか。国家・国民・ナショナリズムに影響を与える要因としてのグローバル化の検討は、二〇〇〇年の第六六集での特集「教育におけるグローバリゼーション」がその集約的な場となっている。

この特集のなかで矢野眞和(二〇〇〇)は、国民国家の骨格たる経済ナショナリズムに対するグローバル化の影響に焦点を当て、変化する社会から教育に要請されるものを整理している。イギリスのように政策的に経済ナショナリズムを現出させた福祉国家では一九七〇年代半ばにグローバル化による国家の変質を経験したが、家庭・会社・国家が一体となって独特の経済ナショナリズムを支えていた日本においては、国際動向から二〇年ほど遅れて、国内型産業の破綻としてグローバル化を経験することになった。グローバル化現象に通底する要素は「移動」の拡大と「知識」中心の社会であり、教育にはそれらへの対応が求められると論じられた。また金子元久(二〇〇〇)は、高等教育を検討対象とするうえでグローバル化を「国家による教育市場の独占あるいは強力な秩序形成が、様々な要因によって崩れていく過程」とみることができるとした。ただし、国家の枠を越えた知識生産の市場が生み出す利害に対処する仕組みは、まだ国家という枠組みのほかはなく、日本の高等教育がグローバルな市場で縁辺の地位に置かれている状況に対しては、国家と大学自身がいかに関わるのかが問われていると指摘している。

これらの観点を実際の政策分析に活用しているのが、大森不二雄(二〇〇五)の研究である。ここではオーストラリアの大学認可・評価に係る質保証政策が分析され、「国境を越える大学」に対する国民国家の対応の実際が検討された。国境を越える大学に関する質保証は、新たな国際的アクターを国民教育システム内に取り込むための統制と捉えることができ、この視点の有効性はオーストラリアのケースにおいて確認できるとされた。さらにはその観点から、最小限の統制の状態とされる日本の高等教育に向けた政策的含意が引き出されている。

グローバル化現象によって国家ないし国民教育が受ける影響を分析しているのがこれらの論考ということになるが、市川昭午(二〇〇二)はさらに、国民教育の側の具体的な変化を捉えている。アンディ・グリーンの所論に言及し、一九九〇年代以降にも国民国家と国民教育は維持存続されていると前提しながらも、「一方におけるグローバリズム、他方におけるローカリズムの挟み撃ちに遭って、政府の行動が制約を受け、国民の国家意識に衰退の兆しが見え始めた」(市川 二〇〇二、七頁)とする。国民国家の弱体化は国民教育の存在理由の揺らぎをもたらすこと、また、教育機関への実施権限の委譲・拡大は監督者の評価権限の増大と不即不離であることが指摘された。

これらの論考において、グローバル化とは国民教育に対して否応ない再編を要請する不可避の現象として描かれていると言えよう。それに対抗し得る国民教育の意義を再提示する思考も一方では表明されつつも、大枠においては、教育の基礎となる社会制度と、教育が基礎となる共同性のあり方の変化を捉えていることになる。そこで採用されているのは、国家・国民形成自体を時代の推移の中に相対化して位置づける観点である。

実際、国民教育の動揺とは、国民社会とは別なる社会の現出を表現するものでもある。教育内容の面でのそのような変化を捉えているのが、『教育社会学研究』第六六集の特集に寄せられたジョン・W・マイヤー(二〇〇〇)の論考である。ここでは、国民教育システムに多大の影響を及ぼしている力がグローバルな社会での同型的な教育装置を形づくる強力なモデルを提供しているとされ、とくに国民教育の内容が取捨選択される様にそれが顕著だと論じられた。また、台頭しつつあるグローバル・カリキュラムでは国民国家の単なる拡張版ではない、世界的社会での人間の連帯や統合が描かれると主張された。そのような観察からは、「世界中に広まった社会と教育の標準的なスキームやモデルは、多様な装置によって運営されながらも、グローバルなシステムをつくりあげている」とする知見が引き出されている。世界教育システムは現に存在しているとするのがマイヤーの認識である。

そのマイヤーの所論において「歴史は明らかに大きく編集し直されるに違いない」とされたが、岡本智周(二〇〇二)はこの点に関して、アメリカ合衆国の歴史教育内容を事例としながら具体的に検討したことになる。歴史教科書知識で示される「国民」の定義のなかに、日系人というマイノリティグループに関する情報がいつ頃からいかなる形で含まれるようになったのかを検討したこの研究では、社会における多様性への気づきに促される形で国民教育の内容が変化し、やがて多様性の承認を促す装置へと変質したことが示された。一九九〇年代のアメリカ史教育が国民教育という形式を採用しながらも「国民の権利」よりも普遍的な「人権」概念の伝達を第一義とし始めたことは、共同体統合の論理自体の変化を示すとされた。

『教育社会学研究』における一群の論考はこのように、グローバル化現象が国民教育に与える動揺を捕捉してきた。その作業は同時に、国民社会とは異なる共同性への社会化の経路を描き出す試みとなっているとも言える。

五 教育社会の構造転換

社会体制がグローバル化の影響を受けて再編される際に公教育の領域で生じた構造変容については、小玉重夫(二〇〇二)が捉えている。福祉国家と資本主義の再編のプロセスにおいては公的セクターが諸々のアイデンティティの承認に関わらざるを得なくなり、そこでの政治的な中立性という前提は維持できなくなる。「規制緩和と自由化のために強い政治が必要であるという自由化のパラドックス」を帯びつつ政治は復権し、市民の政治的な自立にとって責任を帯びる公教育の領域の再政治化が求められることとなる。同様の状況認識と課題性は潮木守一(二〇〇六)によっても共有されており、国家や社会といった従来の保護機構を当てにできない「丸裸の個人」にとって必要なものとして、教育の再定義が求められる。潮木はそれをポストモダンの社会を生き残るための「危機回避手段としての教育」と表現し、個々の人間自身が危機管理の責任主体にならざるを得ないとした。

加えて、再政治化する公的セクターがそれ自体で保守的傾向を強めていくことを論じているのがマイケル・W・アップル(二〇〇六)である。公的セクターの管理・運営を担うのは専門的・管理的技術を武器として上昇移動を図る新中間層である。彼らは生活の諸局面では穏健派であり、政治的には「リベラル」ですらある。しかし自身の階層移動が管理・測定・効率性という専門職イデオロギーの社会的拡大に依存しているために、評価や説明責任の専門家としては、彼らは保守的近代化の諸政策を「中立な道具」として支持する場合が多くなる。教育の実施権限の委譲・拡大と不即不離にある評価権限の増大を推進することを、自らの任務とする自己意識をもたないとも限らない、ということになる。アップルの所論は、公的セクターの担い手がいわば怒りも興奮も無く保守化することを捉えている。

福祉国家体制からの転換に際して、行政機構が規模の縮小を要請されながらもその管理・評価の権限は拡大されるという現象は、実際に日本の中央省庁再編の前後に確認できることである。本章第三節で言及した「国民を想像させるプロセスを作動させる」動きにも、権限の根拠に従順であるがゆえのナショナリズムの再演という面が見出されよう。そこでの思考においては、国家・国民形成とグローバル化とのあいだに対峙的な関係が想定されていると言える。グローバル化現象は国民国家に影響を与える要因であり、国民国家はそれに対応(ないし対抗)することができる――この想定は、両者が相互に独立の動因をもつと考えるからこそ可能になるものである。その延長線上に、行政機構の側の思考の代弁としての「経済ナショナリズム」の擁護論が展開されもする(中野 二〇〇八)。

そしてこの点に関しては、教育研究に従事する者もまた、アップルのいう「新中間層」に含まれ得ることに気づかれねばならない。国民教育がグローバル化によっていかなる影響を受けるのかを問うことは、国民教育をいかにして持続可能なものとするかを論題とすることにもつながるからである。たとえばアメリカでは、カリキュラムのナショナルスタンダードの策定が一九八〇年代以来、教育研究者の側から主張され、その動きは「アメリカらしさ」の再定立を求める保守の思考と相俟って、文化戦争と呼ばれる状況を生み出した。連邦議会でのスタンダードの承認はなされなかったものの、州レベルでの教育内容の基準の採択と標準化されたテストの導入が進むこととなった。そこに生じたオーソドックスなナショナリズムに基づく企業型教育改革の状況は、かつて教育内容の標準化を推進した研究者の自己批判を引き出すことにもなった(ラヴィッチ 二〇一三、二〇一五)。「学び」や「知識」の内容の検討よりも客観的基準を前提としたプログラムの推進を重視する思考が生み出した状況については、社会学的反省が今後も十分になされる必要がある(アップル 二〇〇七、二〇〇八)。とくに、政策科学のための学であることを旨とする教育社会学においては、専門職イデオロギーを無自覚に採用してしまう面の有無について、常に省察が必要だと言えよう。

おわりに

他方で、『教育社会学研究』の誌上では国家・国民の変容や、そのカテゴリを超越した社会関係や社会像の現出が捉えられていることには改めて注目する必要がある。たとえば帰国生の経験についての考察は、それ自体が国民教育の相対化の視点を示すものである。また帰国生を送り出す日本人学校での「日本らしさ」の扱いについての探索は、素朴に擁護ないし推進される国民教育とは異なる社会状況を捉えている。マイヤーが指摘するような、カリキュラムや制度の面で進行しているグローバル社会における同型的な教育装置の現出にも、今後の教育社会を捉えるための重要な方向性が示されていることになろう。グローバル化は国民統合の装置としての国民教育に影響を与えつつ、別なる社会統合の論理を引き出す現象でもある。

このような視座からは、国家・国民形成とグローバル化とが混然一体となった不可分の現象と捉えられている。グローバル化を世界全域での諸社会の相互依存のプロセスと捉えるならば、国民国家の形成はもちろん、今日的状況での変容もまた、諸社会を相互に関連づけていく現象の一環としてみることができる。国家・国民という社会的実体は人間社会の空間的拡大と関係性の複雑化のうちに位置づけられ、常に変質していくものとなるのである。一九九〇年代以降の社会と教育が経験したことの内実については、このような視点からの把握がさらに重ねられてよいはずである。(6)

そもそも社会科学において近代の発端を市民革命と産業革命におくのは、近代化の動因を市民主義と産業主義の社会的浸透に求めるからである(宮寺他 二〇一二、一二四―一二六頁)。いわく、産業主義の徹底においては資本主義が優勢であり、資本はまず外殻としての国民国家を求め、そこでの国民経済の充実を要請した(経済ナショナリズムの発生)。また市民主義も近代初頭の社会的現実のなかでは国民主義としての自由や平等を要請する必要があり、国民国家はその意味でも有効であった。しかし国際化・グローバル化の進展は、資本が国民経済から離脱することを容易にし、市民主義が国民主義を通過点としてさらに追求され得ることを明らかにするものであった。近代的理念の普遍的適用が想定可能なものとなった時、そこで課題となるのは、近代初頭においては国民国家を要請した資本と近代的社会理念が、やがてその国家・国民の枠組みを超越し自らを普遍化させていくプロセスを、いかにして社会制度として定着させていくかということである。それは、国家とナショナリズムについての探究を重ね、グローバル化現象を対象化できるようになった教育社会学研究が記述し分析すべき課題でもある。

この点についてウルリッヒ・ベックは、「グローバル市民社会の安定化、つまり世界規模で移動する資本にとっても民主主義の革新にとっても鍵となる問題は、いかにしてナショナルな狭隘さから国家の理念と理論と制度を解放し、コスモポリタン時代のために切り拓くことができるかということである」と端的に述べていた(ベック 二〇〇八、二一頁)。ベックの所論によれば、国家・国民という現象のうち批判されるべきは共同性の概念としてはもはや限定的である「国民」の狭隘さであり、政治制度としての「国家」の理念や制度の重要性はそれとは切り分けて考えることができる。市民社会の成熟は必ずしも国家の否定・棄却に向かう必要はなく、「国民」の概念を更新しつつ「国家」が機能する状態を志向することができる。既に見たように、『教育社会学研究』においてはその初期の時点で「市民国家」と「国民国家」の概念を切り分け、それらを対照させるなかで歴史的社会的現実について論究しようとする視座が用意されていた。「国家」と「国民」の組み合わせを必ずしも自明視することなく、社会的凝集のあり方の一つとしての「国家」が行う教育の機能と限界を対象化すること、また、「国民」の意味内容の変容を捉えていくことが、二一世紀中盤に向けてのこの領域における課題である。

加えてまた、本章で取り上げてきた研究群とは異なる文脈にある教育社会学研究においても、国家・国民に関する既存の諸概念を塗り固めるだけの知見が重ねられることは虚しいと気づかれる必要がある。それは学問によるナショナリズムへの屈託のない荷担となるだけでなく、教育が国家や国民をも生み出し変質させていく側面を捉える社会学の視座を、すっかり放棄した営為となるからである。

注

(1)ネイションを普遍的な存在と捉え、時間の経過に関係なく過去から未来まで永続するとする発想。
(2)ネイションとエスニックな人間集合とを区別なく扱い、それらが歴史的に「自然」な存在であるとする認識。ネイションはエスニシティを基礎とした人間の自然な集合であるとし、将来的にもその凝集性は変わらないと想定する。
(3)ネイションを近代の産物と捉え、その可塑性を前提におく発想。
(4)一般に、ネオリベラリズムのもとでの保守的政治化と呼ばれる現象である。

（5）「実際には、日々顔付き合わせる原初的な村落より大きいすべての共同体は（そして本当はおそらく、そうした原初的村落ですら）想像されたものである。共同体は、その真偽によってではなく、それが想像されるスタイルによって区別される」（アンダーソン 二〇〇七、二五頁）。

（6）この点に関して言えば、二〇一〇年代の日本の歴史教科書では近代主義的国民観と世界システム論の枠組みが採用されており、国家・国民形成とそれを促す国民教育の世界的潮流の関連が把握できるようになっている。学校教育がナショナリズムを産み出す社会的な仕組みの一つであることが、自己言及されるようになったのである（岡本 二〇一三）。メタヒストリー水準の記述を採用することによって学校教育の国家・国民形成との関わりを対象化できるようになったことは、学校知を整備する人びとの入念かつ細心の作業の成果であり、そうした知識を受け取った世代によって形成される社会の新たな性質を、教育研究に従事する者は今後の記述の対象としていかねばならない。なお、そのような「学校知についての学校知」は、いわゆる新学力観の提唱以降に歴史教科書に登場したものである。

参照文献

相澤真一 二〇〇五、「戦後教育における学習可能性留保の構図――外国語教育を事例とした教育運動言説の分析」『教育社会学研究』第七六集。

秋吉和史 二〇一三、「「指導」パラダイムの成立――戦前・戦中・戦後における「指導」言説の歴史社会学」『教育社会学研究』第九三集。

マイケル・W・アップル、山本雄二訳 二〇〇六、「市場と測定――教育における監査文化・商品化・階級戦略」『教育社会学研究』第七八集。

マイケル・W・アップル、野崎与志子・井口博充・小暮修三・池田寛訳 二〇〇七、『オフィシャル・ノレッジ批判――保守復権の時代における民主主義教育』東信堂。

マイケル・W・アップル、大田直子訳 二〇〇八、『右派の/正しい教育――市場、水準、神、そして不平等』世織書房。

ベネディクト・アンダーソン、白石隆・白石さや訳 二〇〇七、『定本 想像の共同体――ナショナリズムの起源と流行』書籍工房早山。

市川昭午 二〇〇二、「九〇年代――教育システムの構造変動」『教育社会学研究』第七〇集。

今田絵里香 二〇〇一、「近代家族と「少女」の国民化――少女雑誌『少女の友』分析から」『教育社会学研究』第六八集。

潮木守一 二〇〇六、「転換点に立つ教育社会学――日本からの視点」『教育社会学研究』第七八集。

大森不二雄 二〇〇五、「国境を越える大学の認可・評価に関する豪州の政策――国民教育システムへの取込みとしての質保証」『教育社会学研究』第七六集。

岡本智周 二〇〇一、「二〇世紀後半の米国歴史教科書に表現された「日系アメリカ人」像の変質——多文化教育と共同体統合に関して」『教育社会学研究』第六八集。
岡本智周 二〇一三、『共生社会とナショナルヒストリー——歴史教科書の視点から』勁草書房。
片岡徳雄 一九七二、「学校への期待——親の政治的立場を中心として」『教育社会学研究』第二七集。
金子元久 二〇〇〇、「周縁の大学とその未来——高等教育のグローバル化」『教育社会学研究』第六六集。
熊谷一乗 一九八三、「学校知識の編成に関する社会学的試論——M・ヤング「知識成層論」を越えて」『教育社会学研究』第三八集。
アンディ・グリーン、大田直子訳 二〇〇〇、『教育・グローバリゼーション・国民国家』東京都立大学出版会。
小玉重夫 二〇〇二、「公教育の構造変容——自由化のパラドクスと「政治」の復権」『教育社会学研究』第七〇集。
小玉亮子 二〇一一、「幼児教育をめぐるポリティクス——国民国家・階層・ジェンダー」『教育社会学研究』第八八集。
芝野淳一 二〇一四、「日本人学校教員の「日本らしさ」をめぐる実践と葛藤——トランスナショナル化する在外教育施設を事例に」『教育社会学研究』第九五集。
渋谷真樹 二〇〇〇、「「帰国生」の批判力と変革力——校則に関する議論を中心に」『教育社会学研究』第六六集。
寺沢拓敬 二〇一二、「「全員が英語を学ぶ」という自明性の起源——《国民教育》としての英語科の成立過程」『教育社会学研究』第九一集。
中野剛志 二〇〇八、『国力論——経済ナショナリズムの系譜』以文社。
西島央 一九九七、「ヘゲモニー装置としての唱歌科の成立過程——教案に示された授業実践の変遷を手がかりに」『教育社会学研究』第六〇集。
ウルリッヒ・ベック、島村賢一訳 二〇〇八、『ナショナリズムの超克——グローバル時代の世界政治経済学』NTT出版。
堀尾輝久 一九五七、「大衆国家と教育(一)——天皇制下における〈大衆〉化問題の特殊性を中心として」『教育社会学研究』第一二集。
堀尾輝久 一九五八、「大衆国家と教育——天皇制下における〈大衆〉化問題の特殊性を中心として—承前—」『教育社会学研究』第一三集。
ジョン・W・マイヤー、清水睦美訳 二〇〇〇、「グローバリゼーションとカリキュラム——教育社会学理論における問題」『教育社会学研究』第六六集。
ましこひでのり 一九九一、「同化装置としての「国語」——近代琉球文化圏の標準語浸透における準拠集団変動・知識人・教育システム」『教育社会学研究』第四八集。
宮寺晃夫・平田諭治・岡本智周 二〇一二、『学校教育と国民の形成』学文社。
矢野眞和 二〇〇〇、「グローバリゼーションと教育」『教育社会学研究』第六六集。
ダイアン・ラヴィッチ、本図愛実監訳 二〇一三、『偉大なるアメリカ公立学校の死と生——テストと学校選択がいかに教育をだめにしてきたのか』協同出版。
ダイアン・ラヴィッチ、末藤美津子訳 二〇一五、『アメリカ 間違いがまかり通っている時代――公立学校の企業型改革への批判と解決法』東信堂。
Green, Andy 2013, *Education and State Formation: Europe, East Asia and the USA*, 2nd ed., Houndmills: Macmillan Press.

▼ブックガイド▲

マイケル・W・アップル、大田直子訳 二〇〇八、『右派の／正しい教育――市場、水準、神、そして不平等』世織書房。

教育制度の統制によって維持される、社会における不平等な権力の再生産を対象化。とくに、新自由主義と新保守主義に依拠した権力がもたらしたものを批判的に検討している。

ベネディクト・アンダーソン、白石隆・白石さや訳 二〇〇七、『定本 想像の共同体――ナショナリズムの起源と流行』書籍工房早山。

個人にとって外在的で拘束的に感じられるネイション（「国民」というまとまり）を、成員がそれを想像するプロセスに依拠して再構成する視座と方法論を提示した古典的名著。

ダイアン・ラヴィッチ、末藤美津子訳 二〇一五、『アメリカ 間違いがまかり通っている時代――公立学校の企業型改革への批判と解決法』東信堂。

かつて共通の教養を支える全米基準と学校のアカウンタビリティの重視を唱道した著者が、テストを基礎とする企業型教育改革の失敗を批判し、公教育の価値を再検討した一書。

12

少子高齢化社会と教育の課題
——人口変動と空間変容に注目して

木村　元

はじめに——〈教育と社会の学〉からの視座

本章では、アカデミズムの教育社会学（sociology of education としての教育社会学）にとどまらず、これも含む教育という固有の現象の解明を社会との関係で行う広義の教育社会学を〈教育と社会の学（study of education and society）〉として措定し、人口変動や地域の変化などにみられる空間変容について考える。こんにち日本においては、今後人口が減少していくという人類史的な転換点にあって、改めて教育と社会との関係の、マクロな歴史的な位置づけが求められている。さらに、教育自体に対する理解および教育の内側の問題と社会をどのようにつなげるかという視点もまた、求められているといえる。

教育社会学研究において人口変動は、学歴社会論や教育機会と社会移動等の枠組みで、進学行動との関連を中心に扱われてきた。そこでは人口は重要な変数ではあるが、人口を正面からテーマとするよりは、学校設置、教員の配置など教育の条件整備に向けた動向の背後にあるものとして（潮木 一九八五、喜多村 一九八九）、また階層移動研究や経済変動の背後要因（天野 一九九七、佐藤 二〇〇四）という位置づけとなっているようにみえる。こんにちの少子高齢化という転換点において、教育の営み自体により迫るには、どのように問題を把握すればいいか。子どもの進路を辿り、どのような職業や社会的地位を得たのかの検討は欠かせない作業だが、その意味が転換してきているという実状を鑑みて、教育の基盤にある生活の事実や、生活を支える福祉と教育との矛盾をはらんだ性格の検討がなされる必要がある。人口変動は、こうした教育の把握と社会との関係を捉えるための研究の枠組みを変化させていく要因でもある。行論では、こうした点を踏まえて、人口変動による教育社会学の研究の枠組みに対する影響と課題について検討を試みる。

その一環として、人口移動による空間変容も視野に入れる。人口移動は、農村から都市、伝統的セクターから近代的セクターへの労働力移動といったように、地域間移動と社会移動の相互が密接につながりあいながら構成される。それゆえ「教育と社会移動」研究が教育社会学の中核的な研究テーマとしてあり続けてきたが、戦後においてはそれと深く関わりながら、「地域と教育」という枠組みで把握された空間変容の検討も進められてきた経緯がある(久冨 一九九二)。一九九〇年代以降は、ローカルトラックの研究(吉川 二〇〇一)など、アカデミックな進路選択とは位相を異にした、若者自らが地域間移動について選択し進路を決めていく流れ等の解明が若者論とも重なりながら進められている(阿部 二〇一三)。また、地方分権への政策動向や東日本大震災などに関わる調査研究によって、地域と教育との関係への注目が促された(清水他編 二〇一三)。さらに、国家主導での「面としての平等」のオルタナティブとして、ローカルな社会のもつ資源や制約に再度注目が集まっている(苅谷他 二〇〇五など)。

一　人口転換のなかでの教育

少子高齢化社会の到来

社会移動、学歴社会研究の前提となっている進学や就職に関わる教育人口の動向は、大きくは、出生、結婚、死亡という基本的な人口動態の影響下にある。

人口減少(少子高齢化)は、一九七〇年代中頃には始まり、一・五七ショック(合計特殊出生率が当時の過去最低を更新した。一九八九年)で社会的にも顕在化する。教育社会学研究では、人材養成や求められる労働力の質を規定しているのは社会・経済システムであり、人口動態は与件とされることが一般的であった。そのなかで一九九一年には『教育社会学研究』誌(第四八集)が「社会変動と教育」を特集し、人口の「構造変動」や「家族変動」をタイトルとする論考を掲載した(岩木 一九九一、阿藤 一九九一)。二〇〇八年には、同誌(第八二集)において「人口変動と教育改革」が特集され、「日本の教育史上初めて経験する教育人口の減少という状況」を踏まえて、「人口問題」が教育社会学研究の対象として据えられた。そこにおいて、与件とされてきた人口動態の相対化の視点が示されている。たとえば若林は、人口構造の変容にともなって教育政策上の対応が求められたものとして、第一次、第二次のベビーブーム期における地方と都市の過疎・過密化の進行のなかでなされた対策は、短期的で、学校や学級の増設、統合、臨時定員増にみるような比較的単純な政策的対応によって処理されてきたとする。それに対して、その後の「少子超高齢化社会」の影響は複雑で長期にわたるものであることを指摘している(若林 二〇〇八)。

人口自体の変動を視野に入れて問題を構成する必要に迫られているのは、その影響が社会の根幹に関わり甚大であることがリアルになってきているからである。すなわち、日本社会が直面する人口変動は、少子高齢という形で出現した人口急減社会の到来を示すものであり、先進国が共通に向き合う問題である。そのなかでも非常に速いペースで進行したところに日本の特徴がある。

この点について、最も正面からアプローチしているのが歴史人口学であろう。人口動態は、歴史的に相互に深く関わり合っている社会諸領域の人口現象の局面をすくい出し、相互関連の動態を探求するための重要な情報と視点を示すところに重要性があると考える。人口変動は、社会の基層にあって、人びとの生活の集積だからである。歴史人口学のデモグラフィー(demography)は、デモは民衆、グラフィーは状態を示すというように、人びとの状況を説明する学問と捉え、人口学(ポピュレーション・スタディ)と自らを区別してデモグラフィーを「民衆誌」と訳し、人びとの生活の変化を読み取るための研究として自己規定している(速水 二〇一二)。

歴史人口学の人口転換論(阿藤 二〇〇〇)は、人口動態の変化を経済社会の発展にともない、出生率も死亡率も高水準にある発展段階(多産多死)から、出生率が高水準にあるが死亡率が低下する段階(多産少死)、さらに出生率も死亡率に追随して急速に低下し、出生率、死亡率ともに低水準に達して安定化する時期(少産少死)の三段階で捉えている。人口転換は日本においては、一七二〇年代からの三一〇〇万～三三〇〇万人の静止人口期を保った多産多死の時代を経て、明治維新期以降は多産少死の人口転換期にいたる。この転換期は、維新期以降、第二次大戦までの時期と、大戦直後のベビーブーム、ベビーバスト(出生率低下)期に分けられ、その後の少産少死の時代を迎える。この時代は、高度経済成長期と重なる出生率安定期とそれ以降の本格的な少子化時代への突入という、人類史的転換期であると指摘されている。

とくに多産少死の最終段階(第二期)の一九五〇年代には、これまでひとりの女性が四、五人を出産していたのが二人程度になる社会へ変化し、家族のあり方に大きな影響を与えることになった。その後の避妊の手立ての広範な普及などから、子どもの数が人為的にコントロール可能となり、子どもは「授かる」ものから「作る」ものとして受け入れられることになった(小山 二〇〇四)。これによって、日本の広い社会諸階層にわたって、少人数の子どもを前提にその子どもを成人まで養育する家族計画が浸透することになる。二人か三人の子どもを産み、愛情をもって接することで「よりよく育てる」ことが共通の価値とされるようになったのである。一九二〇年代に一部の都市中間層にあらわれた産むことへの調整(産児調整)の論理(新マルサス主義)が、この時期に一挙に社会全体に拡散したといえる(沢山 一九九〇)。

デモグラフィーの視座は、本格的な少子高齢化の到来という人口転換期にあって、教育社会学研究が蓄積してきた「教育と社会移動」研究、「教育と地域」研究を、家族の戦略も含めた人口動態の長期的な展開のなかで押さえ、新しい時代の研究の枠組みを示す受け皿となっているといえる。こうした視座を与える研究の枠組みを、ここでは〈人口動態と教育〉として捉えておきたい。

人口動態と生活変動

家族の戦略は生活変動への対応ともいえる。少子高齢化という人口動態は、家族にどのような生活変動を生じさせていくか。生存維持のための共同体としての家族を軸とした生活変動は、教育の動向やありようを規定するものである。近代は、人びとの生活のなかで、教育が戦略として明確に位置づけられる時期である。そもそも少子高齢化は、マスとしての人間のライフサイクルの変化に対応する社会動向であり、経済社会のあり方とも大きく連動しながらもそれに還元できない生活の固有性、自律性、さらにその営みに不可欠な物質的、社会的条件のなかで成立する生活の基盤の変動でもある。

人びとの性と死を含む労働と生活のあり方や人びとが生きていくうえで基盤となる諸関係を総体として対象に据えた議論に、生活変動論(中川 二〇〇〇)がある。家族をどう捉えるかは議論のあるところであるが、たとえば、人びとの生活のレベルで歴史を研究対象として据えてきた民衆史の立場からは、性と年齢を異にする人びとによって構成されている生存維持のための共同体として家族を捉えている(安丸 二〇〇二)。これは、近世以降、市場経済との軋轢のなかで家族を単位とする広範な人びとが生存維持のために自立してきたものとして近代化を捉えようとする立場であるが、生活変動論はこうした議論と通底するものである。そこでは、生活と環境とのあいだの一定のパターンともいうべき構造化された枠組みが形成され、その生活構造が環境の変化に対して固有の対応を引き起こすという認識で、生活主体の存立条件を捉えようとしている。

少子高齢化社会の展開とともに、家族自身が家族構成を意識的につくる戦略の浸透は、家族の規模や形態にとどまらず、その共同性のあり方に質的変化をもたらす。家族の人口学的側面の変化により、親族というヨコの関係が狭まり、核家族世代の親子というタテ関係が相対的に強化されることになった(阿藤 一九九二)。平均寿命が八〇歳を越える一方で、労働、結婚、出産、養育の価値が個別なものとなり、家族の共同性の保持に対する意識に変化が生じ、これまで自明であった家族—教育の関係構造にも影響をあたえてきている。生活変動論は、核家族のさらなる進行が家族の共同性とその成員とのあいだに乖離を引き起こしている点を指摘している(中川 二〇〇一)。そのなかで家族の内実や形態など子育ての関係自体の組みかえも促されていく可能性がある(ファインマン 二〇〇九)。

福祉と教育の矛盾関係

少子高齢化の進行は、就学を支える社会システムの構造にも影響を与え、教育の基盤を動揺させる。

少産少死の進行は、「少なく産んで大切に育てる」という表現にも表されるように、社会の教育に対する関心を高めるものである。しかし、他方で、子どもの数が減少し学校の統廃合などが進められ、学校数や教員の定数など物的人的な規模を減らすなど、就学関係を含む子ども関連分野が縮小されつつあるように、教育の領域が社会構造全体のなかで相対的に狭まっている。これに限らず、社会政策全体のなかに占める子育てや教育を中心とした子どもに関連する部門の位置の低下がもたらされているとされる(倉石 二〇一五)。倉石は、この動向を「教育そのものの周縁化」の進行として、教育と福祉の関係を掘り下げて捉える問題提起を行っている(この場合に周縁化されるのは、「教育」というより「制度としての教育」であろう。教育自体は対人援助という世界を含み込んだケアや広義のペダゴジーが領域を超えて求められ、大きな教育課題となっていくと考えられる。ここでは「制度化された教育」と読み替えて理解しておきたい)。

実際の学校は、給食、学校保健、就学助成など子どもの具体的な生活を支え、学校での教育を成り立たせるための教育福祉としての基盤部分が確保されることで維持されてきた。倉石が指摘するのは、こうした教育福祉がやせ細る現状であり、さらにこれを維持しようとするための前提条件として据えられた包括的支援である生活保障と、この教育保障が順接しないという点である。こうした状況が引き起こされる原因として、教育と福祉(生活保障)との関係を歴史的にみながら、教育が子どもの属するコミュニティの生活や生産活動とのあいだにもちうる接点を失ってきた経緯をあげている。こんにち、新自由主義的な潮流のなかでの「社会保障の〈教育〉化」(仁平 二〇〇九)という動向も含んで、その状況は広がっている。

ここで押さえておきたいのは、すでに示したように、産児制限を積極的に受け入れた新マルサス主義をへて、教育を目的とする産育行動を行う「教育的マルサス主義」を生み出している事実である。そこには子どもへの強い関心を前提とする、個別化した家族の教育戦略がある。他方、倉石の指摘するように、高齢化社会において人びとが現在および将来の生活に不安を抱き公的な生活保障への関心が高まりをみせているなかで、限りある財源の再分配を図る際に、教育福祉を充実させるための同意を形成するには、困難な状況が広がっている。その根底には、教育を自らの生活とつなげて理解する社会的基盤が脆くなっている状況がある。わが子をもてない(もたない)層の増加、社会総体として子育てに関わる人と時間の減少にともなって、教育福祉への理解が相対的に薄らいでいく動向の反映とみられる。こうした状況にともなうこの領域への公費支出の削減は、教育に多大の関心をもち投資できる層と、教育への関心を抱く余裕のない、あるいは抱かない層のなかで、より大きな格差を生み出す可能性がある。

このように少子高齢化社会の進行は、教育を支える生活基盤を大きく揺さぶっていく可能性があり、この点に着目した教育と福祉の関係に注目する〈教育とケア〉の研究の枠組みを浮かびあがらせることになろう。

二　教育人口動態——教育制度が産出する人口動態

日本の教育人口の動態

「教育人口動態」（木村編 二〇〇五）とは、国家によって組織された近代の教育制度のなかで産出される人口現象である。出生という人口動態に規定されながら、時代の教育機関（学校）に対する人びとの視線と国家の教育政策によって生み出されるものといえる。近代の教育制度は、その制度に人びとが包摂されることを通して社会に定着し、新たな教育人口現象を引き起こすが、その中心は学校制度の整備にある。教育人口動態は、就学前の教育も含み、初等、中等、高等教育への進学、在籍者の数とその比率、長期欠席者の数など、学校と人びとの関係を、就学・進学行動の量から見たものである。そこには教員や教員以外の学校を構成する成員などの数も含まれる。

学校制度が産出する教育人口、その中核にある就学者人口の拡大は、戦前においては大きくは文部省年報、戦後においては学校基本調査報告書などの国家の学事統計からうかがうことができる。ただし、その基礎データも、他のデータとの関係のなかでの批判的検討は欠かせない。その代表的なものは、二〇世紀に入って間もなく義務教育である尋常小学校の就学率が九割を越え、学校に行くことがきわめて早く定着したという説の検証である。役場文書（土方 一九九四）や壮丁学力調査（清川 二〇〇七）を踏まえた研究などによって、その数値が実態を示していないことが実証され、就学の実質的な定着は一九三〇年代くらいであることが示されている。就学人口という教育人口動態が、三〇年代までに人びとが学校に通うという行動をライフコースに位置づけたことの有力な指標として位置づけられているといえる。

こうした教育人口は、戦後、小学校六年間に続き、前期中等教育の中学校三年間を配した九年間の義務教育とする六―三制の学校制度のもとで、飛躍的に拡大することになる。その拡大の過程は、どのレベルの学校を出て人びとは社会に出るようになっていったかの変遷からうかがうことができる。一九三〇年代には(尋常)小学校から初等後教育機関へ移行していたが、戦後は制度化された義務教育課程としての中学校、六〇年代には高等学校を出ることが、社会への連絡経路となるようにメインストリームが移り、七〇年代の半ばまでに、二〇人中一九人が高等学校を出る社会を作り上げた。戦後の進学率の拡大を支えたのは、戦後のベビーブーマーたちであった。

ベビーブーム世代が高校入試の時期を迎えて、義務教育後も継続した行政の予想を超える就学行動は、結果的に強大な教育人口圧力をともなって、高等学校教育の器不足という深刻な社会問題を引き起こすことになった(相澤他 二〇一四)。そのなかで、義務教育後も就学することを前提とする学校化社会が成立、展開する。高度成長期を迎え就学は就労の条件とされ、仕事(企業)―学校―家庭が連結して一方向に流れる循環システムをつくりあげた(本田 二〇一四)。日本型の循環モデルともいわれたそのメカニズムを支えた学校と仕事の連結関係の歴史的・実態的な解明について、教育社会学は研究を蓄積してきた(苅谷他編 二〇〇〇ほか)。

教育人口の多様化

一九九〇年代を迎え低成長の時代に入ると、学校と仕事の間断のない安定した連結関係が不確実なものになった。日本の社会において人びとのライフサイクルの標準モデルが崩れることによって、そこに組み込まれていた学校は、子どもにどのように関わり、どのような力をつけるべきかという問題に向き合うことになった。こうしたなかで、改めて職業教育、職業訓練が注目されている。のみならず、入学することがそのまま卒業を意味するわけではなくなり、学校が、子どもに当該校の課程を修了させることが容易ではない状況が生じている。このように、次世代の養成を特別な時空間で行う場として、子どもを一度生活から引き離し社会に返すという近代学校の仕組みが十全に機能しなくなってきているといえる。しかし、見方を変えて、高度成長期に成立した学校化社会の形成以前の状況と比較するならば、これを特殊として捉えられるわけではない(木村 二〇一七)。卒業を前提とするのは、小学校―中学校―全日制高等学校というコアの学校制度の進学形態においてであり、その周縁の部分では、たとえば戦後発足する定時制高校が高度成長期までそうであったように、卒業することが常態であったわけではない(内田・濱沖 二〇一六)。

教育人口というカテゴリーは、日本社会においては、高度経済成長のもとでの進学者の爆発的増大や、教育投資を人的資本への投入として捉える教育投資論や教育計画論などが、教育対象の人口の把握や将来予測に関心をよせるなかで、社会的に意識されたという経緯がある。その後も教育人口は、国家の教育水準の測定にとって、あるいは学校教育の計画的維持、運営、発展を目指す施策にとって、基礎的な資料として位置づけられている(岩木 一九八六)。ところがこんにち、学校への入学者数と卒業者数にズレが生じている状況では、教育人口を把握するには、学校外や学校をサポートする諸機関をカバーする必要が出てきている。しかし、学校外の教育の場とされるフリースクールや学習支援を受けている人数の正確な把握は難しい。そもそも教育の対象となる人口をどの範囲で押さえるかということ自体が自明ではなく、「学びの場」と「居場所」を分けられるかなど、教育と福祉(医療)のあり方やそれらの関係にも関わり、教育をどのように捉えるかという問題に立ち戻ることが前提となっている。

このように、教育人口の対象把握のあり方自体が研究のパラダイムを準備しているといえ、そこに捉えられることになる教育人口動態は、日本の学校をめぐる人びとの動向や意識の深層を浮かびあがらせるといえる。

教育人口の縮小とシステムの変容

ベビーブーマー世代の大波、さらにその子どもの世代の団塊ジュニア世代を経て迎えた少子化の動向は、学校教育システムに対して直接的にさまざまな影響を及ぼしてきた。在籍者数は、小学校一九八一年、中学校一九八六年、高校一九八九年をピークとして減少に転じている。一九九二年は最も高等学校卒業者数が多かったが、大学は進学者と入学志願者のギャップは年々縮小し全入時代を迎え、高大接続の実態は大きく変化している。これまで入試が学力保持のために大きな役割を果たし大学の教育水準を保たせていたが、志願者の減少により入学のための競争が相対的に緩やかになったことで、入試がそうした役割を果たせなくなっている。そのため二一世紀を迎えて、高等学校卒業程度の学力認証を必要としたり、リメディアル教育が本格的に位置づけられることになり、選抜接続から「教育接続」へと大学入試の役割の移行を指摘する見解(荒井・橋本 二〇〇五)が示されている。入試を教育という角度から捉え直す議論はそれまでも繰り返し示されてきたが、この見解は、教育人口動態に規定される形で議論の俎上にのせようとしている点に特徴がある。同時に、学校のなかでもさまざまな変化が起きている。学校の多様化が進む都立高校の動向はその典型である。学校制度の変容にとどまらず、制度運用とそれにともなう生徒の変化も進んでいる。たとえば、日本の高等学校は少子化に対応するために一校あたりの生徒数を減らしながら学校数を維持してきた。そのなかで、いわゆる成績上位の高等学校では入学定員を維持し続けることにより、多様な学力層の生徒を迎えるようになった。この状況に対して上位校はきめ細かな指導を進めるという対応をとり、結果として生徒の学習時間が増加したが、これが同時に「自ら学び自ら考える力」を阻害するように働いているという報告はその一つである(中西 二〇一一)。この例にみるように、さまざまな層の学校でも、教育人口動態への対処の固有な現れが予想される。

学齢期人口の減少によって起こる最も直接的な問題は、教育諸機関の従事者や施設など人的、物的規模の縮小が余儀なくされる事態への対応であるとおもわれる。

その最も象徴的なものは、義務教育への影響である。学校の統廃合、さらにそれにともなう教員の採用人数など、教育を受ける側と提供する側のそれぞれの教育人口動態が、教育資源の配分のあり方を定める。そこで問われるのは、「学校の適正規模、適正配置」であり、一つの学校にはどのくらいの児童生徒を就学させることが適正なのか、そのためにどのように学校を配置すればいいのかという問題であり、さらに機会均等を制度的に保障する義務教育の財政政策、日本の学校制度を支える根幹デザインなどが大きな課題となる。一九五〇―六〇年代のベビーブーマーへの対応において、一学級の標準数をもとに必要な教員数を定める義務教育標準法(公立義務教育諸学校の学級編制及び教職員定数の標準に関する法律、一九五八年)を導入したが、さらなる少子高齢化の社会を前に、限られた財源下で、新たな枠組みとして学校選択制度と連動させたバウチャー制度の導入も選択肢となろう。それは、標準法の選択の下に斥けられたパーヘッド制(の思想)の再浮上とも捉えられる(苅谷他編 二〇〇〇)。教育の経営―実践に貫かれる学級を基盤にする学校制度の正当性、さらに日本の学級制度が前提とする履修主義の進級システム原理、さらに義務教育が子どもを学校に就学させることのみに集約されていた制度原理も含めて、新たな環境のなかで日本の学校制度の原理が問われる。

デモグラフィーというテクノロジー

教育人口動態は、民衆(デモ)と動態(グラフィー)からなるが、フーコー(一九八六)は、デモグラフィーを社会をコントロールする発明として押さえた。これは、人口を捉える技術であり、一人ひとりにコストをかけて変化させるのではなく、人口を総体として変えていく、制度としての把握であり、その観察対象である主体の検討が課題となる。

その点について、苅谷が示した「面の平等」論に注目してみたい(苅谷 二〇〇九)。日本では、小・中学校一学級あたりの標準数をもとに必要な教員数を定める義務教育標準法の制定を中核に、教員配置や施設整備などの条件整備が進められてきた。これは、子どもの人数ではなく学級という単位で教職員の定数を定めており、個人を単位に資源配分の平等を考えるのではなく、学級集団を単位に考える方式が採用されたのである。そこでは、教師と子どもの経験が組織化されたものとしての学級が日本の学校を成立させてきたという歴史のもつ民衆性(人びとの生活意識)が前提となっている。同時に、面の平等という選択は、予算をどのように根拠づけるのかという単位のつくり方であり、その技術を選択することによってのちの教育が規定される。そのなかで教育政治が生まれるのであり、教育行政学におけるアクター研究を基盤とする政治過程論や技術官僚の検討が課題となる。

学校と学校以外、教育とそれ以外の境界線が不鮮明になる状況のなかで、教育人口をどのような定義で押さえるか自体が課題となる。その前提として、教育をどのような価値観や枠組みで捉えるかが重要であるのはいうまでもない。デモグラフィーはその時期の教育の捉えられ方や価値を知る手がかりであると同時に、それに対応するように人びとが教育を変え、さらに新たに取り入れたものを含むものである。

三 空間変容と教育

「地域と教育」と地方分権

人口構造の変化は、人びとの移動や空間変容の基層の部分に大きな影響を与える。戦後の経済成長は、人口の地方から都市への移動を伴い、同時に人びとの職域への帰属意識が格段に高まることで、生活の場(居住地)と職場が乖離した。

経済成長という概念は、国民生産・所得という一つの集計概念で捉えるところに成立するのであり、この言葉がよく使われるようになるのは第二次大戦後とされる(東京大学社会科学研究所編 一九九八)。日本においては、地方からの労働力の流入で首都圏をはじめとする都市部への人口集中が進み、そこで生みだされた富が地方に行き渡ることで日本全体の成長が支えられてきた。そうした構図のもとで教育も大きく位置づけられ、この構図に規定されながら教育社会学研究の中心として「教育と社会移動」研究の存在があった。

人口減少期を迎えて、こうした成長モデルの根幹が揺らぎ、これまでの人口移動と空間変容を踏まえて、地域社会をどのようにつくり上げるのかが見直されてきている。人口増加が前提であったこれまでの社会システムの見直しが進められているのであり、そのなかで教育もこれに対応していくことが課題となる。

教育社会学会のレビューでは、戦後から一九九〇年までの人口移動と空間変容の問題についてはすでに触れたように久冨が「地域と教育」という枠組みで整理している。『教育社会学研究』誌を中心に、地域の教育力、「地域における人格形成」、地域と学校の関係に注目したものであり、以下の三期で時期区分されている。すなわち、戦後直後から一九六〇年までは、封建社会の克服という課題のもとで、教育の地方分権制とコミュニティスクールの形成を背景にしながら農山漁村などの調査研究が多く実施されたこと。ついで六〇年代から七〇年代中頃までは、高度成長の本格化の下で、公教育の中央集権の復権、進学準備教育の席巻、それに伴うように学校教育と地域や生活との結びつきが希薄になる状況が示された。その後一九九〇年代を迎えるまでの期間は「地域と学校」の再編論が生み出されはしたものの、全体としては学校と地域との乖離・齟齬が進んだことが指摘され、同時に地域を対象とした基礎的な調査研究が衰退したことが指摘されている。

九〇年代以降については、まとまったレビューは管見には入らないが、地方分権推進法の成立(一九九五年)など九〇年代半ばから本格的にはじまる地方分権化のなかで、苅谷を中心にした岩波ブックレットでの報告書(苅谷他 二〇〇五など)にみられるように、地域がどのような対応を見せるのかというモティーフにもとづく研究の動きがうかがえる。そこでは教育行政学研究と歩調を合わせるように、地方教育委員会を中心とした自治体研究、そのなかでもとりわけ財政問題や教員人事など教育のインフラに焦点を当てた研究がなされた。これらは、戦後改革期を経て高度成長期を迎えるにあたって公教育の中央集権化が進められ、国家主導の教育政策が進められてきたというそれまでの戦後教育史の定説に対して、地域の主体的なコミットメントも存在していたのであり、相対的に質の高い教育が提供されてきたという事実を明らかにしようとしている。国の政策と地域の事情を媒介する緩衝材としての地方政治・自治の役割の見直しの作業は、地域の自立性を前提的な価値として位置づけてきた戦後教育学研究の認識の枠組みを問うものでもあり、学問領域を越えた検討を課題とするものである。

地域との関わりの新動向

二〇〇八年前後には日本全体でも人口減少がはじまったが、すでにそれ以前から「地方消滅」が流布されるなど、地域差をともないながら人口減少問題は地域コミュニティに深刻な影響を与えてきている。学校の統廃合にみるように、教育の領域においてもまた多くの困難に直面している。そのなかで共通にうかがえるものは、教育の枠内だけで対処することの難しさである(篠原 二〇一六)。総合的な施策が課題とされ、住まいや生活支援などの福祉、医療など地域社会の諸システムとの関連が模索されている。福祉政策として、まちづくりや都市政策との連携、総合化の指摘があり、福祉を地理的・空間的視点から捉え直し、空間格差や社会的排除を生みにくい都市づくりの構想が求められている。そこでは福祉とは、貧困・格差への対応のみならず、地域全体の空間の豊かさを確保するためにストック面での再配分のあり方と関連したものとして位置づけられ、福祉地理学として概括する視点が示されている(広井 二〇〇九)。また、医療・ヘルスケアの領域では地域包括ケアの議論が展開している。猪飼は、地域包括ケアについて、厚生労働省の高齢者対策という枠を越えて、生活ニーズの多様化への対応、保健、医療、福祉の統合化を内容とし、ヘルスケアの地域化と包括ケア化の合成として捉えている。保健、医療、福祉の統合を阻んでいた治療医学的であった医療領域が、生活モデルへ転換しQOLに目標を移すことで、三者を一つのサービス体系に統合する動きを指摘し、さらに医療は、二〇世紀を通じて保健(公衆衛生)や福祉とは直接の接続をもたない自己完結的なケアシステムを営むようになっていたが、地域包括ケア化は、この二〇世紀的な歩みを反転させたものとしている(猪飼 二〇一一)。

これらの動きは、少子高齢化問題に対応するため、これまでの機能化された社会のあり方を見直し、社会諸領域の垣根を緩くして対応しようとするものであり、こうした地域福祉や医療の領域の動向と教育がどのように連携していくかが課題となっている。

教育と地域との連携という点では、流動化する社会における学校知識の位置づけの新傾向は、その点を考えるうえで示唆的である。地域社会は高度成長期に伴う流動化する社会に包摂されていったが、学校知識はその重要な媒体として機能し、その脱文脈化的(脱埋め込み的)機能を最大限に発揮した。しかし、さらに流動化が進んだこんにちにおいては、むしろ学校は相対的に安定した空間となり、関係形成の場としての役割も担うようになっている。こうした埋め込み機能は、高度成長期の地域社会の側からの対抗・防御の論理として押し出されることはあったが(木村 二〇一三)、こんにち労働と生活に根ざした文化の形成を課題とする「職業文化をつくる教育」(松田 二〇一三)の必要性が指摘されている。外国人労働者の受け入れ問題に目を転じると、一時的な労働の担い手から生活者としての存在へと外国人労働の問題構成が移ってきた。そのなかで、地域社会における多文化共生コミュニティづくりが課題とされながらも(依光編 二〇〇五)、実際においては「フレキシブルな労働力」として経済動向に翻弄される「顔の見えない定住化」の実態が指摘されている(梶田他 二〇〇五、松宮 二〇一〇)。近年「流動的でハイブリッドなアイデンティティ」を形成するニューカマーの子どもの成長に焦点化した、コミュニティ内での世代内部の差に注目するような研究も現れてきている(三浦 二〇一五)。さらに、地域を構成する成員の変化も新しい展開を準備する要素として位置づけられる。伝統的なコミュニティのなかに新動向をもたらすさまざまな人びとや集団への着目は、その一つである。Uターン者が活動を立ち上げ、それに関心を寄せたJターン者が積極的に参加するなど、地域に独自に生まれた文化や活動などに関わる「ハイブリッドで操作的な文化活動の運営に必要な機能的集団」はその例である(苅谷編 二〇一四)。

これらの基底には、地域への視点を促す人口動態の変動がある。広井は、人間のライフサイクルのなかで子どもの時期と高齢期が地域への「土着性」を強める時期と捉え、コミュニティの新しい動向を展望している(広井 二〇〇九)。一九四〇年から二〇五〇年の長期トレンドのなかで、人口全体に占める一四歳以下の「子ども」と七五歳以上の「高齢者」の非労働人口の割合は、戦後の高度成長期を中心に一貫して低下し、二〇〇〇年前後を底に増加に転じ、二〇五〇年に向けて上昇し続けることが指摘されている。概括的に捉えると、戦後から高度成長期を経て最近までは一貫して「地域との関わりが薄い人びとが増え続けた時代」であり、今後は「地域と関わりが強い人びと」の増加期として把握される。高度成長期は、住宅が都市の郊外に広がり職場と住居を分離して、通勤を含め人の多くの時間を職域に吸収された生活をつくりあげていた。そうした地域との関係を希薄化させていた人びとの時代から、二〇五〇年に向けては、地域と関わりが強い人びとが影響力をもつ時代を予測するものである。

このように、今後は、地域を生活のレベルで考える基盤のうえに、学校や教育も位置づけて問われることになるであろう。さらに、こうした生活の基盤として地域を考える契機となったものに、東日本大震災がある。被災地を考える際には、過疎地であることを抜きにして当該地域の問題を考えることはできないからである。この場合、地域における学校の役割や位置づけが改めて問われることになる。

四 人口動態と教育

少子化現象の劇的進行は、景気の変動とは異なって、日本の教育のあり方を長期的かつ根底的に規定するものである。そもそも人口諸現象は、社会領域の歴史的変遷と相互に深く関わり合っており、さまざまな局面をすくい出し、領域相互の関連の動態を探求するための重要な情報と視点を示しうる。その点も含めて、デモグラフィー研究からの知見をもとにした〈人口動態と教育〉という研究枠組みは、長期的な教育の動向やそれを支える生活の基盤を視野に入れた、教育を社会との関係で捉えるための包括性をもち、時代の研究の枠組み(パラダイム)の展開(転換)を浮かびあがらせるものである。少産少死への人口転換に伴う人口ボーナスは高度成長を支えることになったが、そこでの社会移動を支えた教育の役割に注目した〈経済と教育〉という枠組みだけでは捉えられない新たな状況を、〈人口動態と教育〉の研究枠組みをもちいて示すことが期待される。

教育人口動態は、大きくは人口動態に規定されながらも、社会のあり方、教育人口を産出する教育機関の自己展開のなかで、独自な動きをみせる。少子高齢化の進行が制度化された教育の周縁化を促す一方で、高度成長期からの教育のメインルートの動揺を背景に、教育人口自体の概念が外延を緩くし、広がりをみせようとしている。今後は、福祉国家・社会保障の再編(宮本 二〇一二)を視野に、教育はケアとの連携を深めることが予想されるが、両者は相反する価値も含んでおり、教育の概念が変容していくことも考えられる。

さらに、少子高齢化の進行は、これまで機能化されていた社会の諸システムを統合的に再構築する動きを促進していくとおもわれる。教育は、社会との関係でいうならば、そのなかで新たな文脈で〈コミュニティ形成と教育〉を課題としていくであろう。その場合、学校知識の意味づけや、従来までは必ずしも注目されてこなかった共同体と外国人も含めた新しい参入者との公共的な関係をどう捉えるかが課題とされる。

参照文献

相澤真一・児玉英靖・香川めい 二〇一四、『〈高卒当然社会〉の戦後史――誰でも高校に通える社会は維持できるのか』新曜社。
阿藤誠 一九九一、「家族変動と教育」『教育社会学研究』第四八集。
阿藤誠 二〇〇〇、『現代人口学――少子高齢社会の基礎知識』日本評論社。
阿部真大 二〇一三、『地方にこもる若者たち――都会と田舎の間に出現した新しい社会』朝日新書。

天野郁夫 一九九七、『教育と近代化――日本の経験』玉川大学出版部。
荒井克弘・橋本昭彦編 二〇〇五、『高校と大学の接続――入試選抜から教育接続へ』玉川大学出版部。
猪飼周平 二〇一一、「地域包括ケアの社会理論への課題――健康概念の転換期におけるヘルスケア政策」『社会政策』二(三)。
岩木秀夫 一九八六、「教育人口」日本教育社会学会編『新教育社会学辞典』。
岩木秀夫 一九九一、「人口の構造変動と教育――教育政策を焦点に」『教育社会学研究』第四八集。
潮木守一 一九八五、『教員需要の将来展望』福村出版。
内田康宏・濱沖勘太郎 二〇一六、「通信制高校における中退経験者受け入れの推移に関する研究――中退率及び在籍者年齢層の変遷を基にした一考察」『二〇一五年度日本通信教育学会研究論集』。
梶田孝道・丹野清人・樋口直人 二〇〇五、『顔の見えない定住化――日系ブラジル人と国家・市場・移民ネットワーク』名古屋大学出版会。
苅谷剛彦 二〇〇九、『教育と平等――大衆教育社会はいかに生成したか』中公新書。
苅谷剛彦・菅山真次・石田浩編 二〇〇〇、『学校・職安と労働市場――戦後新規学卒市場の制度化過程』東京大学出版会。
苅谷剛彦他 二〇〇五、『脱「中央」の選択――地域から教育課題を立ち上げる』岩波ブックレット。
苅谷剛彦編 二〇一四、『「地元」の文化力――地域の未来のつくりかた』河出ブックス。
喜多村和之 一九八九、『学校淘汰の研究――大学「不死」幻想の終焉』東信堂。
木村元 二〇一三、「戦後教育と地域社会」安田常雄編『シリーズ 戦後日本社会の歴史 第二巻 社会を消費する人びと』岩波書店。
木村元編 二〇〇五、『人口と教育の動態史――一九三〇年代の教育と社会』多賀出版。
木村元編 二〇一八、『境界線の学校史』東京大学出版会(刊行予定)。
清川郁子 二〇〇七、『近代公教育の成立と社会構造――比較社会論的視点からの考察』世織書房。
久冨善之 一九九二、「地域と教育」『教育社会学研究』第五〇集。
倉石一郎 二〇一五、「生活・生存保障と教育をむすぶもの/へだてるもの――教育福祉のチャレンジ」『教育学研究』第八二巻第四号。
小山静子 二〇〇四、「少産社会の子ども観――「作るもの」「育てるもの」としての子ども」『教育学研究』第七四巻第四号。
佐藤(粒来)香 二〇〇四、『社会移動の歴史社会学――生業/職業/学校』東洋館出版社。
沢山美果子 一九九〇、「教育家族の成立」中内敏夫編『叢書〈産む・育てる・教える〉匿名の教育史1 教育――誕生と終焉』藤原書店。
篠原岳司 二〇一六、「北海道の高校再編に見る人口減少社会の学習権保障――地域キャンパス校を事例に」日本教育学会第七五回大会シンポジウム「新自由主義国家による地域再編と教育」(北海道大学)。
清水睦美・堀健志・松田洋介編 二〇一三、『「復興」と学校――被災地のエスノグラフィー』岩波書店。

東京大学社会科学研究所編　一九九八、『20世紀システム1　構想と形成』東京大学出版会。
中川清　二〇〇〇、『日本都市の生活変動』勁草書房。
中川清　二〇〇一、「家族生活の変動と二一世紀の家族」『国立女性教育会館研究紀要』五。
中西啓喜　二〇一一、「少子化と九〇年代高校教育改革が高校に与えた影響――「自ら学び自ら考える力」に着目して」『教育社会学研究』第八八集。
仁平典宏　二〇〇九、「〈シティズンシップ／教育〉の欲望を組みかえる」広田照幸編『自由への問い5　教育――せめぎあう「教える」「学ぶ」「育てる」』岩波書店。
速水融　二〇一二、『歴史人口学の世界』岩波現代文庫。
土方苑子　一九九四、『近代日本の学校と地域社会――村の子どもはどう生きたか』東京大学出版会。
広井良典　二〇〇九、『コミュニティを問いなおす――つながり・都市・日本社会の未来』ちくま新書。
マーサ・A・ファインマン、穐山信子・速水葉子訳　二〇〇九、『ケアの絆――自律神話を超えて』岩波書店。
ミシェル・フーコー、渡辺守章訳　一九八六、『性の歴史I　知への意志』新潮社。
本田由紀　二〇一四、『社会を結びなおす――教育・仕事・家族の連携へ』岩波ブックレット。
松田洋介　二〇一三、「職業文化をつくる教育」久冨善之他編『ペダゴジーの社会学――バーンスティン理論とその射程』学文社。
松宮朝　二〇一〇、「経済不況下におけるブラジル人コミュニティの可能性――愛知県西尾市県営住宅の事例から」『社会福祉研究』一二。
三浦綾希子　二〇一五、『ニューカマーの子どもと移民コミュニティ――第二世代のエスニックアイデンティティ』勁草書房。
宮本太郎　二〇一一、「社会保障の再編構想と新しい争点」齋藤純一・宮本太郎・近藤康史編『社会保障と福祉国家のゆくえ』ナカニシヤ出版。
安丸良夫　二〇〇二、「20世紀――日本の経験」加藤哲郎・渡辺雅男編『一橋大学国際シンポジウム　20世紀の夢と現実――戦争・文明・福祉』彩流社。
吉川徹　二〇〇一、『学歴社会のローカル・トラック――地方からの大学進学』世界思想社。
依光正哲編著　二〇〇五、『日本の移民政策を考える――人口減少社会の課題』明石書店。
若林敬子　二〇〇八、「学校統廃合と人口問題」『教育社会学研究』第八二集。

▼ブックガイド▲

中川清 二〇〇〇、『日本都市の生活変動』勁草書房。
近代日本における生活の変化がどのように起こされこんにちにいたっているのか、都市の生活経験を対象に、歴史的・巨視的な生活構造上の変動過程の特徴を描き出した。

速水融 二〇一二、『歴史人口学の世界』岩波現代文庫。
人口現象の変動を歴史的に捉えようとする歴史人口学の入門書。民衆の状態を説明する(デモグラフィー)学問領域として、人口学と区別して措定されている。

若林敬子 二〇一二、『増補版　学校統廃合の社会学的研究』御茶の水書房。
財政効率や規模の観点からだけではなく、学区やコミュニティの視点から少子高齢化による学校統廃合の動向を歴史的に位置づけた。

13

「変容する産業・労働と教育との結びつき」へのアプローチ

筒井美紀

一　職業教育訓練の研究から選抜・配分の研究、正統化機能を問う研究へ

日本の教育社会学は「変容する産業・労働と教育との結びつき」を、これまでどのように研究してきたのだろうか。今後はどのような研究が必要だろうか。本章はこの問いに関する考察を展開する。そのさい、本田由紀氏の主張を最初の手がかりとしてみたい(以下敬称略)。

本田はこれまで一貫して、一元的で垂直的な基準で測られる「学力」をベースとした学校教育のありよう(垂直的多様性)が、日本社会の不平等を固定化し、人びとの創造的な生き方を妨げてきたこと、この悪しき現状を打破するには、職業的レリバンスが担保された教育実践を希求し解明しつつ、それと乖離した現実の教育のありようを(告発的に)分析すべきだと主張してきた。加えて、にもかかわらず、日本の教育社会学には、この点についてのセンシティビティが欠けてきたのだと、国際比較データをエビデンスとしつつ、強調してきた(沖津 一九九一、一九九四、本田 二〇〇二、二〇一六a、二〇一六b)。

こうした指摘は最近、鋭角さを増している。とりわけ本田(二〇一六a)がそうである。曰く、一九八〇年代初頭までは、一定程度の頻度で『教育社会学研究』に掲載されていた職業教育訓練のあり方に関する研究が、一九八〇年代

半ば以降フェードアウトしていく。そうなったのは、上述の点に敏感ではない研究者が、一九八〇年代以降の教育社会学の研究潮流に影響力を及ぼしてきたことが大きいのだ、と。同書は、苅谷剛彦、志水宏吉、広田照幸の三氏を挙げ、その業績の特徴を記述しつつ、こうした主張を展開している。

筆者からすると、首肯する箇所はありながらも、疑問が喚起されてくることもまた確かである。首肯できるのは、「教育と職業との関係における「水平的多様性」のあり方の吟味という新たな検討課題として生じて」おり、教育社会学のより若い世代では、「日本における「水平的多様性」の実証的・理論的吟味が開始されている」(同書、一九三―一九四頁)という点である。なぜなら、日本的経営が機能していた「安定的構造の時代」に比べれば、それが崩れ、job security が著しく低下したにもかかわらず job に依存せねばならない「流動的構造の時代」においては、実践的志向性を高めた研究がより要請されるだろうと考えるからだ(1)。

喚起される疑問とは、本田(二〇一六a)は、紙幅の都合もあったにせよ、それはかなり単純化した話ではないか、だからその前に詳しく見ておく点があるのではないか、というものである。それを問いのかたちで表わすと、少なくとも二つある。ひとつには、なぜ、一九八〇年代半ば以降、職業教育訓練のあり方に関する研究が、教育社会学(『教育社会学研究』)からフェードアウトし、選抜・配分に焦点化した研究が盛んになっていく(本田 二〇一六a、一八五頁)のだろうか。いまひとつには、ならば一九八〇年代初頭までは、職業教育訓練のあり方に関する研究は、どのような問題関心にもとづいて、どのくらい盛んになされていたのだろうか。

つまり、本田が批判する三氏だけではなく教育社会学研究者が置かれてきた社会的・学術的文脈を、上記二つの問いを念頭に置いて、概観してみる必要があると思うのである。かくして『教育社会学研究』掲載の関連論文を第一集から辿ってゆくと、一九六〇年代末から一九七〇年代にかけて、三つのポイントがあるのではないかという結論に至る。

第一は、職業教育訓練のあり方に関する研究と縁が深い、「産業(化)と教育」研究の難しさである。精緻化という要請に生真面目に取り組めば取り組むほど、この種の研究は個別的・事例的研究となり、産業(化)と教育の関係を一般化して全体的構造を描き出すことは難しくなる。しかるに、これを「スマートに」——全体を一挙に把握し一覧性をもって提示しつつ——精緻化したのは、社会階層や職業移動に関する数量的分析であった。

第二は、進学率の上昇によって一九六〇年代後半から加速した高学歴者の供給過剰が、選抜・配分を現実的対応課題とし、これを受けて教育社会学においては、教育訓練機能(学校で学んだことが卒業後の仕事や生活にどのように生かされているか)よりも、むしろ選抜・配分機能のメカニズムに研究のまなざしが注がれたことである。

第三は、脱構築主義の思想がもたらした、近代教育の自明性への疑義である。従来は、産業化は、前近代からの個人の解放や民主的職場の形成の契機となりつつ、疎外や搾取をもたらしうるという両義性をもつものの、教育はよりよい産業化を実現するためのエンジンだという楽観的信念があった。しかし、それが裏切られていくなかで、職業教育訓練のあり方に関する研究は、魅力を減らしていった。

つまり、変容する産業・労働と教育との結びつきを職業教育訓練の観点から解明していく研究が盛んになりにくい、内在的・外在的理由があったのだと考えるのである。以下では、上記三つのポイントについて、第二—四節で順に述べていく。第五節では、これらをふまえて、今後どのような研究が必要かを考察する。

二 「産業(化)と教育」研究の難しさ

「産業(化)と教育」研究は、一九五〇年代より、産業(の高度)化に適した人材を育成し選抜・配分する機能を教育は上手く果たせているかという問題関心のもとに、地域を単位とした実証研究が盛んであった。教育社会学のアプローチは、教育学や教育界のそれとは一線を画していた。そのことは、清水他(一九五五)の「教育界では、問題解決学習がよいとか、教科学習はだめとか、無駄な、瑣末的なカリキュラム論争が行われているが、よいとか悪いとかいう評価は、学校内部や在学期間だけできめられるものではない」(三九頁)という指摘に端的に表れている。つまり、卒業後、職場でどのような仕事に従事し、何に喜び苦悩し、どんな生活を送っているのか、いつ・なぜ離転職したのか、といった実態を解明したうえで、そこから学校の教育・選抜・配分機能を顧みようというわけである(菊池 一九五九、佐藤 一九五九、岩井 一九六一など)(2)。

一九六〇年代に入ると、こうした実態解明を主眼に置いた研究を、理論的にも洗練させようという傾向が強くなる。「工業化あるいは経済成長という有機的、動態的なプロセスにおいて教育の役割や効果を把握しようとする場合、方法的な有効性は(「成長経済学」的アプローチよりも)『労働経済学』的アプローチにおいてより大きいと思われる」(天野 一九六五、一五六頁)。つまり、労働経済学が注目され(3)、これを骨組みとした研究が発表されていく(岩内 一九六六)。ただし、必ずしもそうした研究が積み上げられていったわけではなかった。

というのも、職業は多様であり、かつ、新しいものが次々と生まれていくものだから、卒業後の職業生活の実態という観点から学校の機能を省察するというこのアプローチは、精緻化の要請に生真面目に取り組めば取り組むほど、個別研究化・事例研究化する運命を免れ得なかったし、また、職業生活の実態解明だけで多大な労力を要するからである。

それは現在も同様であろう。たとえば西村幸満は、「小池和男の「知的熟練」論が大企業大量生産システムにおける生産ライン労働者を焦点としているにも関わらず、教育社会学の議論では、ブルーカラー労働者全般を包括しているかのような錯覚を与えている」(西村 一九九七、一四三頁)と急所を突きつつ、京浜工業地帯の中小零細企業における脱技能化のプロセスを明らかにしている。だが、これに続く研究が共同的に蓄積されているかというと、そうではない。

　こうした点について岩内亮一は、「過去約二〇年間にわたって、この分野の研究の蓄積は必ずしも多くない。それは何故か」と問いを投げかけ、①マクロレベルの産業転換に比べてミクロレベルの産業転換（職務・職業構造）が学校教育制度にもたらす影響は見えにくいこと、②ミクロレベルの職務能力の変化を知るには企業調査が必要だがそれが難しいこと、③産業社会学、労働社会学、労働経済学、社会政策学などの分野の工場調査の方法論を参考にしながら教育社会学に独自な研究の内容や方法を確立する努力が十分に払われなかったこと、④唯一の例外（＝北大の教育社会学研究室と産業教育計画研究施設の共同研究）を除いて共同研究態勢がとられてこなかったこと、を原因として挙げている（岩内　一九九二）。

　変容する産業・労働と教育との結びつきに関する研究は、二つのシステムに跨る研究だから、どちらかに軸足を——教育社会学者なら通常は教育のほうに——置くことになるだろう。しかしそうだとしても、レリバンスにも着眼するならば、個別具体の職業・産業にある程度は詳しくないと、少なくとも詳しくなろうとする努力をしないといけない[4]。

　一つのエピソードを挙げよう。一九八〇年代前半、東京大学教育社会学研究室は、東日本の某県で高校や高卒採用企業の量的・質的調査を実施している（天野郁夫研究代表・高校教育総合研究会　一九八八）。企業インタビュー班の調査方法には、上記の岩内（一九九二）の指摘が当てはまっていると思う。二〇〇〇年代初頭、研究室の倉庫にブラック・ボックスと化して山と積まれていた段ボールを筆者が整理していると、その一つに、当時の調査企業一覧表や名刺、新卒採用者の実名・学校名入りリスト、マイクロカセットテープなどが入っていた。テープを書き起こしてみたところ、たとえば「（中小企業であるわが社の）入社試験は、国語、算数、社会と、ほんとうに簡単でございます」といった説明に、何の「ツッコミ」も入っていない[5]。

推察するに、訊き手には「垂直的多様性」の認識枠組みがあって、この説明で納得したのだろう——ああ、やっぱり、工業高校のトップ層を採用できる大企業とは違うんだ、と。しかるに、レリバンスにも着眼するならば、「簡単とは、具体的にどれくらいのレベルですか。それでも彼らには難しいのでしょうか。宜しければ入社試験問題を拝見できますか」と質問し、入社後の職務や異動についても聴き取りつつ、両者を突き合わせるであろう。

教育のほうに軸足を置くとしても、個別具体の職業・産業にある程度は詳しくないと、少なくとも詳しくなろうとする努力をしないといけない——これは、ちょっと気が遠くなるような要請である。なぜなら、そこには個別的・事例的研究のもつ「じれったさ」があるからだ。全体的な構造を描き出して一般化したいのだが、そこに辿り着くまでの道のりが長いのである。「本研究は事例研究ゆえ、知見の一般化には慎重にならざるを得ない」といった弁明を入れながら論文の結論を書きつつ、事例をもっと広げていく暇なぞあるのだろうかと不安になった研究者は、少なくはあるまい。

個別的・事例的研究のこうした「じれったさ」と比べると、数量的手法を駆使した社会階層・職業移動研究には「スマートさ」がある。この「スマートさ」について小方直幸は的確に表現している。平等や公正の問題をテーマとするという「伝統的アプローチに基づく重要で多くの研究が実践可能となったから」「教育社会学の経済との出会いは福音」だったのであり、統計的手法は「全体=社会の状態が一目でパッとわかるように〔中略〕提示」できるのだ、と（小方 二〇一六、九四—九五頁）。

ただしこの手法は、「能力や実力の全体像や関係性の客観的把握自体が困難なため〔中略〕教育（主に学歴）を代理指標として用いる（用いざるを得ない）」ため、「能力に対する解釈」の「氾濫も生む」（同書、九三頁）。これは教育（主に学歴）という代理指標の代償である。変容する産業・労働と教育との結びつきの個別的・事例的研究にとっては、逆にこの代償が「じれったい」と思えてくる。とはいうものの、個別的・事例的研究であっても「能力や実力」を直接に把握はできない。それはアプローチの如何を問わない、認識論的限界である。

それゆえ重要なのは、認識論的限界に居直らずに、学歴以外の有効な代理指標を用いて分析を精緻化することである。では、どのような代理指標が有効なのか。それには、個別的・事例的研究における観察と分析から仮説的に生成することと、それをふまえた変数の活用を数量的研究において試みることが、重要となろう。

三　高学歴者の供給過剰問題——選抜・配分研究へ

学説史的な整理に戻ると、「産業(化)と教育」研究は、一九五〇年代より、学校卒業後の職業生活の実態から学校の諸機能を顧みるという実証研究から、労働経済学的アプローチを取り入れた研究へと進んでいった。ところが、教育が無条件に経済発展に寄与するという期待が裏切られるようになると、「六〇年代後半から学校の社会的な役割と機能とを再吟味しようとする気運が盛り上ってきた」。「この傾向をもたらした最大の契機は、学生反乱の世界的波及と教育投資論の全般的な行き詰りであった」(市川　一九七二、七—八頁)。

後者を取り上げよう。市川昭午は、教育投資論は「国民の消費的需要やこれに即応するポピュリストの圧力におされて、教育投資＝学校拡張至上主義的方向に流されたこともあって、その成果は必ずしも期待通りにはならなかった。多くの国々において職業の学歴構成は学歴資格者の需要というプルファクターよりは、学校拡張による高学歴者の増加に伴うプッシュファクターによって規定されるようになった」と述べる(同書、八頁)。

同時期に潮木守一もまた、高学歴社会への移行は「一方において高等教育卒業者全体としての「非特権化」が進行するとともに、他方においては、特定の職業的地位が高等教育卒業者でなければ容易に到達しえないという形で、高等教育卒業者の「特権化」が進行して行く」(潮木　一九七一、一四頁)事態を生んでいると指摘した。

つまり一九六〇年代後半より、高学歴者の特権化・非特権化をともなう供給過剰が、社会的にも学術的にもクローズアップされることになった。後者についていえば、「学校は、供給過剰の高学歴者をいかに選抜・配分しているか」という問いが、「学校は、生徒・学生をいかに教育訓練しているか」という問いを追い越していくのである。

この追い越しは、教育社会学の理論志向とも重なった。「今日、学校の本質や機能、その存在価値や役割限界が問われるようになっ」てはいるものの、「教育構造ないしは学校制度全体としての役割・機能の分析として体系化されるには至っていない」し、教育がその外部に対してもつ「マイナス機能」を等閑視しないためには、「これまでの研究がとかく陥りがちであった護教論化〔教育をその外部からの批判や攻撃から護ろうという意識の強さによって研究内容が方向づけられること〕の傾向」を払拭しなければならない(市川 一九七二、四、一〇頁)。

この指摘は、その後の学校社会学研究にとって大きな刺激・指針となったと考えられる。その証拠に、「学校社会学の動向」と題する一〇年後のレビューでは、「多くの領域に共通にみられる傾向は〔中略〕第一に、学校における諸現象を独自の社会現象としてとらえ、それを社会学的に考察・説明しようとする研究が目立ってきたこと。これは、教育実践への貢献を第一義とするのではなく、方法論の問題を実践論から一応切り離して考えようとする研究姿勢の明確化を意味する。第二に、学校の内部の過程に注目する研究が増えてきたことである。これは、インプット―アウトプット分析のみによって学校の諸機能をとらえようとする従来の立場を克服し、学校の諸機能が現実に生み出される学校内部の諸過程に着目しようとする研究視点の転換を意味する」(武内他 一九八二)と総括されている。

ところで周知のとおり、日本の教育システムは中央統制の力が強く、全国的な同質性(もちろん、ある水準での、だが)を長期にわたって維持してきた。思うにこのことは、学校社会学者による選抜・配分の「スマートな」研究を可能にした。学校の同質性を前提に、いくつかサンプリングした学校での質的・量的調査によって、「日本の学校」という一般化ができたからである。もちろん「スマート」といっても、手間暇のかかる地味な作業があってこそのことなのだが、そうだとしても、前節で見た「産業(化)と教育」の個別的・事例的研究が知見の一般化に至るまでのプロセスと比べれば、やはり「スマート」ではないかと思われる。

話を戻すと、武内他(一九八二)のさらに一〇年後、「学校社会学研究の展開」というレビューで耳塚寛明は次のように述べている。「六〇年代から七〇年代に行われた選抜をめぐる研究の多くは方法的には、進学機会の規定要因に関する計量的研究が精緻化され、学校内部における選抜過程への関心が現れるようになる(中略)八〇年代以降にもっとも大きな関心を集めることになったのは、高等学校の学校格差をめぐる諸問題で(中略)高等学校を中心とした学校の選抜機能に関する研究は、あたかもトラッキング概念を中心に進展してきたといってよい状況にある。しかし(中略)トラッキングとはそもそも、(ときとして本人も気付かないうちに)進路選択のオプションが「制度的に」制約されることを描いた、「告発的」概念であった。日本の高等学校の階層構造が、こうした正当性を欠いた、告発に足る選抜機能を果たしているかどうか、再検討の余地がある」(耳塚 一九九三、一二〇―一二二頁)。

日本の高校の階層構造は、正当な選抜機能を果たしているかもしれない、という疑義が表明されている。現実はそうではないかもしれない。しかしいずれにせよ、ここにうかがえるのは、外国から「輸入」した概念を援用してよしとするのではなく、日本の現実に根ざした選抜・配分機能の実証的解明を進めていく方向性である。これは然るべき方向性だが、いまから顧みれば、教育訓練機能が同様の重要性をもって取り上げられなかったのは、日本社会が「安定的構造の時代」にあったからである。「暗黙に会社の安定が前提になっていれば、教育について何を語っても心配はなかった。会社に送り込みさえすれば、学校も安心だった。しかし、今日のように、新卒者の就職難と若者の高い失業率が続くと、学校教育の力量が問われることになる」(矢野 二〇〇〇、一二頁)――もちろん、「何を語っても」というのは言葉の綾だが。

つまり、job security の著しい低下にもかかわらず job に依存せねばならない「流動的構造の時代」においては、選抜・配分機能のメカニズムに加えて教育訓練機能(＝上記「学校教育の力量」)に着眼した研究もまた、再び重要になってくる。ハルゼー他編(一九六一＝一九六三)に再録されたイギリス文部省「クラウザー報告」が力説するように、「若い人たちが、将来生計をたてるに必要なさまざまの資格(ここでの qualification とは狭義の「資格」ではなく、資質や能力なども意味する)を獲得できるような道を開いてやる責任」(邦訳一四頁)が、より切迫したかたちで問われてくるのだ。

四　脱構築主義のインパクト——近代教育の自明性・正統性への疑義

ただし、一九七〇年代から台頭し、一九八〇年代により明白になった脱構築主義思想のインパクトの後では、「若い人たちが、将来生計をたてるに必要なさまざまの資格を獲得できるような道を開いてやる」ことに資するような研究には、一九五〇——一九六〇年代のような率直さをもっては取り組めないことも、教育社会学の初期値的常識である。というのも、学校教育とは良きものであり、民主的社会に相応しい人格の形成と、近代産業社会での生産に適した判断力のある人材の育成という使命を果たすものであるという命題は、「偽り」のものとして暴かれてきたからだ。学校は相対的自律性を有しながら、それ自身の活動に合わせて社会の支配的価値を変換し生徒に伝達し、しかもそれを自明視させる(正統化する)という機能を果たしているのだ——乱暴を承知で短くまとめるなら、一九七〇年代以降、カリキュラムの社会学やペダゴジーの社会学はこのように述べてきた。

一九六〇年代までのカリキュラム研究・授業研究を、教育課程・教授過程をこのような管理・統制・正統化の次元で読み解く研究と比べると、実に対照的であることがよくわかる。たとえば、教育工学的アプローチを採る西本洋一は、「急テンポで発展し続ける現在の社会情勢のもとでは、初期の教育経験はある程度短くして、職業経験と併行して、リアル・タイム方式(＝情報工学を応用した教育機器の活用)により必要とされる新知識や技術を習得せしめていくほうがはるかに実質的効果を上げうるのではなかろうか」(西本 一九六八、三三頁)と、急速な産業化に対応する、カリキュラムや教授方法の転換方法を追究している。

しかるに、たとえば田中統治は、「従来、わが国のカリキュラム研究においては編成、方針上の当為論や実践的な編成方法論が支配的であり、教育社会学が固有に保持する社会学的パースペクティブを有効に駆使しえないという方法論上の弱点が見られ」るから、「全体社会の分業形態ならびに成層化についてのメリトクラティックな競争原理や選抜イデオロギーが、学校組織の官僚制的構造基盤を通して浸透する過程」(田中 一九七九、一二八、一四四頁)を解明することが課題だと指摘している。

いかにして経済の変化に教育を適合させるかという、すでに明示的に存在する問いから始まる研究と、見え隠れするものの未だ言い当てられていない問いを発見することから始める研究の、どちらに取り組むか。学校は管理・統制・正統化機関であるという命題を了解した後では、前者のタイプの研究、すなわち「将来役立つ職業教育」や「生徒に意義が感じられる実践的訓練」などの研究をすることは、「資本家の手先」となったような気持ちにされなくもない。近代教育の自明性・正統性への疑義から始まる研究は、「研究者は現実の枠内に制約されることを嫌い、問題の解決よりも問題の設定を好む」(市川 一九九〇、九六頁)ことも相俟って、より大きな知的挑戦意欲をかき立てたのかもしれない。

しかし、「このように教育社会学が近代批判の学としての性格を強め」たとしても、「教育は近代社会の基底をなす社会制度であり、社会防衛のための巨大な装置である」(加野 一九九九、三一頁)。この装置が機能障害を起こしているなら、「現場の修復作業を行わなければならないから、「役に立つ」ことが強調され〔中略〕「役に立つ」ことを目指した瞬間に問いの前提が固定され」てしまう宿命を、「現実の教育が少しでも良くなるようにという社会防衛論の位置に立つ立場」(同書、三二頁)の研究は、受け入れざるを得ない。

とはいえそれは、永久に受け入れるのではなく、あくまでも一旦は、である(だから「宿命」ではない)。なぜなら、「どうしたらもっとつながりのよいカリキュラムになるだろうか」「この課程の修了生に、社会でやっていくための元手を充分に与えているだろうか」といった「実践的な編成方法論」において、生徒の身になって(つまり受苦(passion)を覚悟して)頭を捻ってみれば――これこそ、先に引用したクラウザー報告がやるべしと指摘したことだ――自らの管理・統制・正統化ぶりを顧みざるを得ないからだ。しかるに、現場の教師と研究者がこのような認知的・情念的自己省察性をもっていないならば、学校はその管理・統制・正統化機能を維持・強化し続け、研究はその現状を厚く記述し鋭く分析しながらも、どこか「響いてこない」言明を産出し続けるのではなかろうか。

したがって、変容する産業・労働と教育との結びつきを、職業教育訓練のあり方に関する研究として構想するならば(筆者はこの立場である)、脱構築主義思想が提示する近代教育の自明性・正統性への疑義を、上述のように受苦を覚悟しつつ引き受ける必要があると思う。

少し大きな話をしたので、個別的なレビューに戻りたい。第一節で本田(二〇一六a)を引用して述べたように、教育社会学のより若い世代では、職業教育訓練のあり方に関するものとして、プレグナントな研究が産出されていると思う(松田 二〇一三、片山 二〇一四、小黒 二〇一三など)。筆者がプレグナントだと述べるのは、研究対象とした職業教育訓練の、外部社会での有用性がどの程度高いものになっているのかが、まだまだよくわからないからである。この点について、片山悠樹と小黒恵の研究を例に挙げて説明しよう。

片山(二〇一四)は、工業高校の教師が、批判的思考力が身につかないただの作業体験だとして、かつては否定していた「物作り」を、一九九〇年代以降の産業・技術変動(製造業の危機)のなかで、中小企業の見学や交流を契機に、その技術力の素晴らしさや人材育成の丁寧さに惹きつけられ、そこでの生産を「ものづくり」として積極的に受容していき、教師らが「望ましい」理念や価値を読み込みながら(=再文脈化(バーンスティン 一九九六=二〇〇〇)しながら)、

「専門性」を再構築していく過程を分析している。

そして同論文は結論部分で、「知識の「レリバンス化」過程の分析」を提唱する（同書、四〇頁）。しかし同論文は、外部社会での有用性があることの根拠を「「ものづくり」教育は製造業で評価されている」（同書、三九頁）という一般的事実に置いてまとめている。もし、企業の側にも踏み込んだ分析が進められないならば、言説研究の域に留まらざるを得ず、（技術的）機能主義的アプローチで分析すべき次元へとは降り立たないのではないか。

さらに研究を広げるのであれば、工業高校の教師が中小企業の現場を見てどのように知的・精神的に揺さぶられたのか（ここは critical moment である）、そのあとカリキュラムや授業の仕方をどう変えたか、生徒の反応はどう変わったか、就職先企業の評価はどう変わったか、卒業生はどんな仕事をし、高校での経験をどう認識・評価しているか、といった点に踏み込む必要があるだろう。つまり、工業高校と企業とのあいだの分類 classification（疎隔の程度）が、なぜ・どのように弱まったか（＋C→－C）という、組織の関係性変容全体の解明という方向性である。

小黒（二〇一三）は都内私立高校の普通科の福祉専門コースを対象に、「柔軟な専門性」（本田 二〇〇九）が、生徒の学習と進路選択にどのような影響を及ぼしているのかを、教師と生徒と卒業生への聴き取り（計二七人）、授業観察（計六時間）によって解明している。同論文は、「柔軟な専門性」概念を用いて普通科高校専門コースのありようを開示的に描出すると同時に、この概念自体を精緻化するためのワンステップともなっている。同論文は、「柔軟な専門性」概念が、個体主義的能力観にもとづいておらず、関係性のなかで自己／他者を認識・承認しつつ、関係性を拓いていく――もちろんそれは予定調和では決してない――ことを含意した概念であることを上手く活用している。

ただしやはり、外部社会での有用性がどの程度高いものになっているのかについては、よくわからないのである（もちろん同論文は、生徒の学習と進路選択への影響が解明目的だから当然だが）。それは、対象者への聴き取りという方法に、大部分を負った研究だからであろう。もしかすると生徒の「〇〇を経験して〇〇ができるようになった」という語りは、実態（つまり、他者が認識しているリアリティ）とはかなりかけ離れた、自己成長の物語でしかないかもしれない。あるいはまた、生徒は言語化が得意ではなく、経験を充分に語れない・書けないかもしれない。それゆえ、さらに研究を広げるとすれば、授業や実習現場や卒業後の職場を観察する（できれば映像に撮る）という方法が必要だろう。

本節は、教育社会学への、脱構築主義のインパクトから始め、最後は、変容する産業・労働と教育との結びつきに関する研究のなかで、職業教育訓練のあり方に関する直近の研究について述べた。言えるのは、直近のプレグナントな研究は、脱構築主義のインパクトを消化し分析を展開しつつ、かつ、機能主義的アプローチによって解明される次元への目配りもしている、ということである。葛藤理論と機能主義理論とは、その視座や分析のフェーズが異なり、したがって前者は後者を代替しない。それゆえ、後者の比重を増やした研究が望まれよう。

五　結論にかえて——今後の研究に関する私論

本章を開始した手がかりとしての本田（二〇一六a）に戻ってみよう。同書は、一九八〇年代半ば以降、苅谷・志水・広田の三氏が教育社会学のヘゲモニーを握ったのだという物語を展開している。だが、たとえそうであるにせよ、変容する産業・労働と教育との結びつきに関する研究の、今後の方向性を検討するには、ここまで概観してきたように、「産業（化）と教育」研究の難しさ、脱構築主義のインパクトの大きさ、葛藤理論と機能主義理論のバランスを取ったアプローチの難しさ、に立ち返って考えてみるほうが、より生産的ではなかろうか。

「産業（化）と教育」研究の難しさとは、精緻化という要請に生真面目に取り組めば取り組むほど、この種の研究は個別的・事例的研究となり、産業（化）と教育の関係を一般化して全体的構造を描き出すことは難しくなる、と述べた。葛藤理論と機能主義理論のバランスを取ったアプローチの難しさとは、職業教育訓練という現象に存在する言説的次元（言説が現象を「〜である」と意味づける）を分析に織り込みながら、生産世界という知識の正統性が存在する場のありようをも分析することの難しさである。しかも両者は、脱構築主義のインパクトをふまえておく必要がある。

以上の立ち返りから、今後の研究課題について二点、私論を述べたい。

第一に、一般性と個別性の、また、機能主義理論と葛藤理論のいずれかの極に偏らないような、産業・労働と教育との結びつきに関する研究をするには、範囲を広げすぎては無理である。そこでひとつの方法としては、地域社会をユニットにするというやり方があるだろう。こうした方法を採る、より積極的な理由としては、産業・労働と教育との結びつきに関わるアクターが、学校と企業のみならず、自治体、就労支援や中小企業支援のＮＰＯ、社会福祉団体など多岐にわたっていること、「都市ないし国の産業の多くは、依然として、ローカルな需要と供給から構成されている」がゆえ、「普通の生活者」は「ローカル性が重要ではないかという生活実感」をもって暮らしていること（矢野 二〇〇〇、一八―一九頁）が挙げられる。産業・労働はいまなおローカリティが高いのだから、それに定位した研究は重要だと考えるのである。

筆者自身のことを述べさせていただくと、上記のように考えてここ一〇年、大阪府下のある地域をフィールドに、生活・就労・産業支援の研究をしている（筒井他編 二〇一四、筒井 二〇一六a、二〇一六b）。だが、教育社会学の軌道から外れてしまった惑星のように感じる。学校外部を自分なりに把握したうえで、学校内部へと軸足を戻そうと思っているが、「独り科研」でノロノロと作業している。学校の内部・外部を対象とする共同研究を組織し継続すべしという、前述した岩内亮一の指摘（岩内 一九九二）を重く受けとめねば、と自戒する。

第二に、教育社会学は、「学習者アイデンティティ（learner identity）」（Coll and Falsafi 2010）の（再）構築と、そうした場の制度的保障についても、研究テーマとして取り組んでいくべきであろう。[6]「学習者アイデンティティ」とは、状況派（社会文化的）心理学の概念である。そこでは、さまざまな社会的な場への参加とアイデンティティの構築とが不可分に捉えられており、また「学習者アイデンティティ」の構築は、諸々の社会的スキルのみならず、経験を意味づける元手としての諸概念が修得されてこそ可能になる、と考えられている――紙幅の都合上、ほんの表面的なことしか述べられないが、状況派心理学のこの概念は、分析的な道具立てとしては決して新しくないことは理解されよう。けれども、「流動的構造の時代」の分析に用いることは、以下に述べるような理由から、決して陳腐ではないと思うのである。

教育社会学においては、「学習者アイデンティティ」は、その構築のミクロな研究と同時に、構築の場の制度的保障というメゾないしマクロ・レベルで研究することが可能である。いずれのタイプの研究も、善く／良くあること＝well-being という意味での人間の福祉向上を問う研究に他ならない。この点については、松原治郎が早くも一九六〇年代に指摘していた。曰く、教育は「激しい地域社会の変動、産業基盤のみでなく、生活基盤全体の変化に対処して、それに適応しうる人間能力の水準を高めるという重大な課題」（松原 一九六五、一二頁）を有し、「直接人間の福祉向上を意味するものであり、また間接的にその福祉向上を誘導する要因たりうるもの」（同書、五頁）だからである。

ここでいう福祉とは、政策や事業という意味での welfare ではなく、善く／良くあること＝well-being を指しており、「学校教育は民主的産業社会の発展の担い手を形成する」といった教育の自明性を、当時の社会的文脈に即して問い直す視点であったと思う。というのも、一体どうやって生きていくのが幸福なのか、何を学んでいくことが物心両面での豊かな生活につながるのか――流動的な状況にさらされた不安な生活者として、その根っこから生じてくる問いに応答し合うような学習の場、つまり学習者として形成し合う場を、制度的に再編成していくことが不可欠だという問題意識が、そこにあったと考えるからである。

松原がこうした重要な指摘をなしたのち、日本社会は「安定的構造の時代」を謳歌してきた。だが、いまや再び「流動的構造の時代」である。松原の問題意識は、今日的な文脈で再び重要性を帯びてくる。かくして教育社会学は、次のように問うていくことが必要だろう。すなわち、job security の著しい低下にもかかわらず job に依存せねばならない時代においては、どのような制度的保障があれば、人びとは「学習者アイデンティティ」を(再)構築し、相対的・主観的な安定性と納得性を維持できるのか、と。職業的レリバンスの研究は、こうした方向にも拡充していける、と考えるのである。(7)

注

(1)この点では、臨床教育社会学を展開している酒井朗(二〇〇四)や、生徒や学校の現実をつぶさに解明し、その現実に根差したボトムアップの教育改革を提唱している菊池栄治(二〇一六)と共通するものがあると考える。

(2)これらの研究の、産業に向けるまなざしは両義的なものである。なぜなら、戦前までの諸産業と人びとの生活には前近代が残存するのに対して、戦後さらに急速に発展する諸産業は、学校教育(とくに一般教育)によって形成される民主的態度や合理的精神を必要とする(はずだ)と前提している一方で、産業への隷属や疎外もまた、いつでもあり得る、と懸念しているからである。

(3)ここでいう労働経済学は、「社会政策との親和性が高く、非新古典派的な経済観や現実の法制度を重視する」「制度派」(伊佐 二〇一五、四四頁)のそれであり、既存統計データの加工を中心に、記述的な時系列推移やクロス表が用いられている。今日の主流である、統計的に洗練された「新古典派」労働経済学、つまり「個々の経済主体の合理的選択と労働市場による調整メカニズムを重視するアプローチ」(伊佐 二〇一五、四四頁)、とは異なることに留意。

(4)そのさい、職業分類が「時間概念であるキャリアに、ある程度「職業」という一貫性があることを想定している」が、「厳密にはそれが成り立つ世界は(中略)限られている」(梅崎 二〇一六、七五—七六頁)という点にも留意が必要である。

(5)筆者は、研究室の先輩方が実施したこの企業調査の恩恵を受けている。その調査企業一覧表の企業に対して、その二〇年後に追跡的な聴き取り調査ができた。

(6)「学習者アイデンティティ(learner identity)」というコンセプトの重要性は、寺崎里水氏が筆者との議論のなかで教示してくださったことである。

(7)本稿は、二〇一七—二〇一九年度・日本学術振興会・科学研究費補助金研究(基盤C)「地場産業と地域社会の活性化に内蔵化された就労支援に関する教育・労働社会学的研究」（筒井美紀研究代表、課題番号17K04711）の研究成果の一部である。

参照文献

天野郁夫　一九六五、「産業革命期における技術者の育成形態と雇用構造」『教育社会学研究』第二〇集、一五六―一七三頁。
天野郁夫研究代表・高校教育総合研究会　一九八八、『高等学校の進路分化機能に関する研究』トヨタ財団助成研究報告書。
伊佐勝秀　二〇一五、「日本における労働経済教育の過去と現在――教科書サーベイによるアプローチ」『社会政策』第七巻第二号、四三―五五頁。
市川昭午　一九七二、「学校とは何か――役割・機能の再検討」『教育社会学研究』第二七集、四―一八頁。
市川昭午　一九九〇、「政策志向の社会諸科学」『教育社会学研究』第四七集、九五―一〇〇頁。
岩井竜也　一九六一、「産業構造の変化と中等教育」『教育社会学研究』第一六集、二一―二三頁。
岩内亮一　一九六六、「伝統産業の展開と学校機能の変容――陶磁器産地における事例」『教育社会学研究』第二一集、一四六―一六〇頁。
岩内亮一　一九九二、「産業構造の転換と人材養成――重化学工業化から情報化・ＭＥ化へ」『教育社会学研究』第五一集、八八―一〇七頁。
潮木守一　一九七一、「高等教育の国際比較――高等教育卒業者の就業構造の比較研究」『教育社会学研究』第二六集、二―一六頁。
梅崎修　二〇一六、「教育とキャリアを繋げる政策はなぜ迷うのか？――取引費用から整理する教育・市場・雇用」『教育社会学研究』第九八集、七一―九〇頁。
小方直幸　二〇一六、「教育社会学における能力の飼いならし」『教育社会学研究』第九八集、九一―一〇九頁。
沖津由紀　一九九一、「「システム間関係の比較歴史社会学」の可能性――日本における相対的学力重視規範の成立・定着をめぐって」『教育社会学研究』第四九集、一五四―一七一頁。
沖津由紀　一九九四、「教育内容の制度化過程――学習指導要領（算数・数学）の内容の変遷より」『教育社会学研究』第五四集、八五―一〇六頁。
小黒恵　二〇一三、「普通科高校専門コースにおける学習と進路選択」『東京大学大学院教育学研究科紀要』第五三巻、三一―四一頁。
片山悠樹　二〇一四、「工業教育における「ものづくり」の受容過程」『教育社会学研究』第九五集、二五―四六頁。
加野芳正　一九九九、「科学知としての教育社会学」『教育社会学研究』第六四集、二一―三七頁。
菊池栄治　二〇一六、「「質保証」問題と学びの構造転換――高校教育研究による再構築」『教育社会学研究』第九八集、五一―七〇頁。
菊池幸子　一九五九、「都市教育」『教育社会学研究』第一四集、九二―一〇五頁。

酒井朗 二〇〇四、「教育臨床の社会学――特集にあたって」『教育社会学研究』第七四集、五―二〇頁。
佐藤守 一九五九、「徒弟制教育の問題――漆器家内工業を中心にして」『教育社会学研究』第一四集、一五四―一六五頁。
清水義弘・日比行一・河野重男 一九五五、「静岡県富士郡における中学卒業者の就職と転職――地域社会における学校の一つの役割について」『教育社会学研究』第七集、三一―四〇頁。
武内清・苅谷剛彦・浜名陽子 一九八二、「学校社会学の動向」『教育社会学研究』第三七集、六七―八二頁。
田中統治 一九七九、「学校カリキュラムにおける教育知識の構成と伝達――高等学校を中心として」『教育社会学研究』第三四集、一三八―一四八頁。
筒井美紀 二〇一六a、「自治体による就労支援事業の外部委託とその課題――「動く企画」の調整と支援人材の育成」『日本労働研究雑誌』五八(六)、五三―六二頁。
筒井美紀 二〇一六b、「大阪府における地域雇用政策の生成に関する歴史的文脈の分析――就労困難者支援の体系化に対する総評労働運動の影響」『日本労働社会学会年報』第二七号、一〇七―一三二頁。
筒井美紀・櫻井純理・本田由紀編著 二〇一四、『就労支援を問い直す――自治体と地域の取り組み』勁草書房。
西村幸満 一九九七、「中小零細企業の生産システムと脱技能化過程――大田区機械工業を事例として」『教育社会学研究』第六〇集、四三―六〇頁。
西本洋一 一九六八、「工業化と教育革新」『教育社会学研究』第二三集、二九―四二頁。
A・H・ハルゼー他編、清水義弘監訳 一九六一＝一九六三、『経済発展と教育――現代教育改革の方向』東京大学出版会。
バジル・バーンスティン、久冨善之・長谷川裕・山﨑鎮親・小玉重夫・小澤浩明訳 一九九六＝二〇〇〇、『〈教育〉の社会学理論――象徴統制、〈教育〉の言説、アイデンティティ』法政大学出版局。
本田由紀 二〇〇二、「九〇年代におけるカリキュラムと学力」『教育社会学研究』第七〇集、一〇五―一二三頁。
本田由紀 二〇〇九、『教育の職業的意義――若者、学校、社会をつなぐ』筑摩書房。
本田由紀 二〇一六a、「教育と労働の関係をめぐる社会観の差異――「資本主義の多様性」論に基づく考察と検証」『教育学研究』第八三巻第二号、一四〇―一五三頁。
本田由紀 二〇一六b、「教育と職業との関係をどうつなぐか――垂直的／水平的多様性の観点から」佐藤学・秋田喜代美・志水宏吉・小玉重夫・北村友人編『岩波講座　教育　変革への展望　第二巻　社会のなかの教育』岩波書店、一六九―一九八頁。
松田洋介 二〇一三、「職業文化をつくる教育――バーンスティン理論から職業教育の可能性を考える」久冨善之・小澤浩明・山田哲也・松田洋介編『ペダゴジーの社会学――バーンスティン理論とその射程』学文社、七八―九八頁。

松原治郎　一九六五、「地域開発と教育――その理論と現実」『教育社会学研究』第二〇集、五―二一頁。
耳塚寛明　一九九三、「学校社会学研究の展開」『教育社会学研究』第五二集、一一五―一三六頁。
矢野眞和　二〇〇〇、「グローバリゼーションと教育」『教育社会学研究』第六六集、五―二〇頁。
Coll, César and Falsafi, Leili 2010, "Learner identity: An educational and analytical tool", *Revista de Educación*, 353, Septiembre-Diciembre, pp. 211-233.

▼ブックガイド▲

A・H・ハルゼー他編、清水義弘監訳　一九六一＝一九六三、『経済発展と教育――現代教育改革の方向』東京大学出版会。

第二次世界大戦後の経済成長・社会変貌のなかで書かれた半世紀以上前の書物。脱構築主義のインパクトを受けていない分、逆に論点・主張が直截であり、学説史的知識がスルスルと整理されていく。

松原治郎　一九六五、「地域開発と教育――その理論と現実」『教育社会学研究』第二〇集、五―二一頁。

産業・労働と教育との結びつきに関する研究は題材に事欠かないが、重要なのは、いかなる人間像を措定しているのかを問うことである。実証研究には存在論的な確認作業が不可欠であることが痛感される論文。

まとめと展望

教育社会学の「総合評価」の試み

本田由紀

はじめに

本書の最後に位置する本章には、ここまでの各章での議論をふりかえりながら、改めて教育社会学の過去・現在・将来を論じるという、難しい役割が課せられている。それは、教育社会学に対して総合的な評価を加えるということに他ならない。およそ評価というものには指標が必要であり、その指標を評価者が恣意的に設定することは正当でない。それゆえここでは、教育社会学自身がこれまで自らの存在意義や特長として主張してきた事柄を、評価指標として召喚することにする。

教育社会学のテキストなどでは、教育社会学の意義として、主に以下の点が述べられている[1]。それぞれ、指摘の例を付して示す。

A. 教育にかかわる規範や自明性の相対化

「この「文化価値の社会学的相対化」という指向は、本質的には今日も変わらない、この学問のアイデンティティだと思います」(久冨・長谷川編 二〇〇八、一頁)、「〈教育の社会学〉は、こうした「当たり前」に疑問を向けることを通じて、教育という営みが社会現象としてどのような特徴をもつのかを解明しようとする学問といえる」(苅谷 二〇〇〇、ii頁)。

B．教育を全体社会や他の諸領域との関係において把握すること

「つまり教育は聖なる営為ではなく社会システムの一部をなす社会的なサブシステムなのであり、その意味でまさに「教育は社会の奴隷」という否定しがたい側面を持っている。そして、そこにこそ教育事象を社会学的に検討し理解する意味があるといえるのである」(岩永 二〇〇七、一四頁)、「教育社会学は教育と他の社会制度との関連に焦点をあててそれ〔現実の対象化——引用者注〕を行うのである」(近藤 二〇一〇、六頁)。

C．科学的・実証的方法論

「その探求において科学の方法を自覚的に用いるところに教育社会学の特徴がある」(近藤 二〇一〇、六頁)、「教育社会学の方法的基盤をなす社会学では、実証的および意味解釈的なアプローチのいずれかまたは両者を用いることによって、現実の社会事象とその背景の科学的な理解が目指されるのである」(岩永 二〇〇七、二〇頁)。

D．実践的有用性

「したがって教育社会学という学問は、まずもって事実としての教育を客観的、実証的に把握することに専念するが、その研究を通して現実の教育活動や社会問題としての教育課題の改善、解決、変革に貢献しうるのである」(柴野 一九八五、四頁)、「わが国の教育社会学には、大きく分けて、二つの方向がこれまで存在したし、現在でも存在している。一つは、教育研究の一分野として自己主張する方向である。教育関係者がつぎつぎと直面するような教育問題の解決をめざして課題設定を行い、彼らの問題や関心に応えようとする。〔中略〕もう一つは、社会科学、とりわけ社会学のなかで存在意義を主張する方向である」(菊池 一九九二、七頁)。

E．テーマや視点の独自性

「教育学や社会学のように、過去の研究遺産の重さを背負わなかったという「自由」を享受できた反面、なにか魅力的なテーマを探さなければならないという「宿命」をもっていました。〔中略〕具体的には、たとえば入学試験や試験

地獄などがテーマとなったのですが、当時としては、卑近にすぎて「品位」を欠くと一部のひんしゅくをかうこともあったと思います」(菊池・竹内　一九九二、二四一頁、菊池の発言)。

これら以外にも評価の指標はありうるかもしれないが、少なくとも上記の五点が教育社会学者によって自らの研究の意義・強みとして主張されてきたということは確実である。このうちＡＢＣは社会学に、Ｄは教育学に、そしてＥは教育社会学が両者の境界に位置することに由来している。これら五つの評価指標に照らして、教育社会学はこれまで実際に何を達成してきたのか。そして現状をふまえて、これからはどのような方向に向かうべきなのか。これらの問いについて、本書の第Ⅰ部・第Ⅱ部・第Ⅲ部の各章での議論の内容に依拠しつつ、改めて検討を加えてみたい(2)。なお、冒頭の序章では、すでに教育社会学の七〇年が概観されているが、内容面から序章は第Ⅰ部とあわせて第一節で取り上げる。

一　教育社会学とその外部

本書の第Ⅰ部は、教育社会学がその〝外部〟との間にどのような関係を取り結んできたかを主題とし、〈1〉対・学問(他の諸学)、〈2〉対・社会、〈3〉対・政策、〈4〉対・教育という四つの側面について、それぞれ第1章から第4章までの各章が論じている。これら四側面における外部との関係形成は、いずれも教育社会学にとってアンビバレンスを含むものである。〈1〉に関しては教育社会学は他の諸学との差異化により自らの存在意義を主張するが、同時に他の諸学との連携をも必要とするというアンビバレンス、〈2〉〈3〉〈4〉に関してはそれらが教育社会学にとって研究対象であるとともに何らかの貢献をも期待される対象であるというアンビバレンスである。あらゆる関係性が作用・反作用的な双方向性を含むものであるからには、このアンビバレンス＝両面性こそを教育社会学は自らの存立の資源としてきたともいえる。しかしその対外的アンビバレンスの自覚的な処理と、そのために必要な自己反省性を、現在の教育社会学は十分に備えているのだろうか。以下では、(1)項で序章と第1章、(2)項で第2章から第4章までをそれぞれ取り上げ、先述のA~Eの評価指標に即した各章の議論の整理と、それをふまえた筆者の見解を示してゆく。

(1) 学問的布置構造の中の教育社会学

第I部に先立つ序章において中村は、①欧米社会学との関係、②教育学との関係、③日本社会自体の変容との関係という三点に注目しつつ、教育社会学をふりかえっている。このうち①②は第I部の主題のうち〈1〉対・学問に、③は〈2〉対・社会に、それぞれ該当する。中村は、①の不透明化と②の強化が生じていることを指摘した上で、「現状は、①および②については、かつてほど強く斯学の動向を左右するものではなくなっている。今日では、③の影響が強く、それが①や②に対する関わり方に影響を与えているようにさえ見える。そして、③の背後には、歴史も事情も異なるさまざまな社会に共通して影響を及ぼすような大きな力(それをグローバリゼーションと呼びたい人は呼ぶであろうもの)があるように思われてならない」と結んでいる。

また第1章で広田は、教育社会学の〈1〉対・学問的側面を整理している。それによれば、教育社会学は八〇年代までに「方法論的態度としての「純粋科学」志向性」を通じて「多様な主題に知的な挑戦を拡げていたとともに、「教育という事象の固有性」という視点を教育学と共有し、不平等への批判という領域仮説をもった学問として発展してきていた」。しかし、九〇年代以降は経済学など他の社会科学の浮上と教育学との関係改善が進展し、今後は実証性という点では経済学と、規範理論という面では教育学と、いっそうの対話が求められるとしている。

この序章と第1章の間には、前者が欧米の社会学理論を、後者が社会学以外の経済学等の社会科学を、それぞれ力点を置いて取り上げているという違いはあるが、教育社会学の現状についての指摘としては一致する面も多い。それは第一に、実証性の精度が高くない研究の増加（本章冒頭で述べた評価指標のCに関連）、第二に、個々の研究が明示的・暗示的に依ってたつ規範的前提が安易になっていること（評価指標DおよびAに関連）、第三に、それらが教育社会学の学問としての確立・安定化に由来していること（評価指標Eに関連）、である。

第一の、実証性の問題について、序章は「政策的ないし実践的インプリケーションと称して、脆弱な資料的根拠しかないにもかかわらず規範的言明が結論的に付加される研究も珍しくはなくなった」とし、規範の優勢が実証性の水準を低下させている場合があることを示唆している。第1章では、他領域における実証研究の進展により教育社会学がそれを強みにできなくなっただけでなく、「調査方法の安易さや実証水準の不十分さが、かえって気になるような事態すら生まれかけている」とも指摘されている。さらには、実証性にこだわり続けることが、固有の「狭さ」すなわち「理論的考察」の不足をもたらしているとも述べている。

第二の、規範的前提の安直さについては、序章では「貧困はなくさなければならないし、学力はあげなければならないし、フリーターは減らさなければならない」といった命題がすでに研究に織り込まれており、それに反する知見は出しにくく、順接する知見であれば実証性が不足していても出しやすい、とされる。また第1章では、教育社会学はこれまで「不平等問題の是正」という価値を共有してきたが、近年は「平等」という価値が政策的に重視されなくなってきたことから、政策的価値や教育学の規範理論の検討が必要になっているとしている。すなわち、序章からの上記の引用の中の傍点部分は、いまだ教育社会学は（貧困や学力や雇用形態などの面で）「平等」という価値に固執しているとし、第1章はすでにそれだけでは有効でなくなっていると述べている。

この、評価指標D（特定の価値や規範に即した有用性）に関わる問題は、その裏面として、評価指標Aつまり規範の相対化についても教育社会学は不十分であるということを含意している。教育に関する「当たり前を疑う」という、半ば常套句化した教育社会学の特長が、「平等」という、教育社会学自身が暗黙裡に共有し依拠してきた規範に対しては、適用されてこなかったということになるからである。

そして第三の、教育社会学の学問としての確立・安定化については、序章では「制度的基盤を足掛かりとして、日本の教育社会学は現在に至るまで拡大・発展し続けてきた」、第1章では「学問的なアイデンティティを確立するという課題は、一九七〇年代までで終わっていた」といった表現で述べられている。しかし、こうした拡大・発展や学問的アイデンティティの確立により、独自の研究対象を発掘することによる「ゲリラ的」(菊池 一九九九)な戦略の必要性や、そこから生じる魅力の発揮は減退したおそれがある(評価指標E)。しかも確立や発展に安住することにより、前述の実証性(評価指標C)や規範面での吟味(評価指標D・A)の精錬も疎かにされつつあるおそれがあるとすれば、それは一つの学問としての教育社会学の活力にとってきわめて憂慮すべきことと言わざるをえない。

以上の三点は、序章と第1章における教育社会学に関する共通の指摘である。しかし序章と第1章の間には、指摘の内容だけでなく、その論じ方という点でも、共有された特徴を見出すことができる。その一つは、グローバル化やネオリベラリズムといった世界共通の動向が教育社会学の学問的布置に影響していると考えていること、もう一つは、社会学——特に日本国内における——との近年の関係についての記述が薄いことである。

前者の点は、「グローバルに動き始めている何物かが、欧米にも日本にも同じように作用し始めているようにも見える」(序章)、「一九七〇年代には英米で、一九八〇年代には日本でも、福祉国家の見直しの文脈、すなわち小さな政府による効率的な国家を目指す改革論が、力を得るようになってきた」(第1章)といった記述に表れている。後者の点は、序章では「欧米社会学ないし日本の社会学自体に、輸入ないし導入すべきパラダイムが見えにくくなっている」、第1章では「教育社会学と社会学との関係については、相互の往来や交流は以前よりも深まってきているけれども、(中略)制度的地位や養成方式の点に由来する「疎遠で良好な関係」が基本的には続いている」などの限定的な記述はあるが、社会学との関係についてそれ以上の議論がないということである。

序章と第1章の論じ方に関する、これら二つの共通点は何を意味するのか。ここで提示したい解釈は、教育社会学が社会学の中の独特な一分野であるという自己認識が教育社会学内部でほぼ自明視されるようになったことによって、社会とは何か、世界の中で日本という社会がもつ特性とは何か、といった、社会学では今なお瑞々しい問いが、教育社会学においては往々にして閑却されてしまっているのではないかということである。これは評価指標Bに関わる事柄である。

教育社会学は、「教育という固有の対象をもつ特殊社会学として、しかもその対象の特殊性ゆえに特殊社会学のなかでも特異な地位をもつものとして、自らを確立」(藤田　一九九二。本書第1章での引用部分)し、また「教育という事象を、他の社会的な事象とは異なる価値や性格をもったものとみなしていた」(第1章)。つまり教育社会学は、教育という特別な事象を研究対象とする社会学という、いわば特権性に居直ってきたのではないか(3)。それにより、社会そのものの成り立ちや、その長期的な変動の様態、社会間もしくは国家間での偏差・変異を解明するという根源的な問題意識を枯渇させているのではないか。特に近年の社会変動については、グローバル化やネオリベラリズムなどの万能用語によって全世界的な動向として押さえておけばいいというような、やはり安易な仕草が教育社会学の中で流通してしまっているのではないか。そして「親学問」たる社会学は——その内部はきわめて多様で一括りにはできないとはいえ——、教育社会学よりもずっと真摯に、社会への問い(評価指標B)、あるいは「公共性」「ジャスティス」などを含む規範への問い(評価指標D)に、取り組み続けているのではないか(4)。

もしこうした危惧が当てはまる面があるとすれば、教育社会学は社会学との「疎遠で良好な関係」に慣れ切ったことで、多くのものを失ってきたのかもしれない。研究者個々人の交流を超えた、分野としての社会学との関係性を改めて活性化する必要性について、真剣に検討する必要があると考える。

(2) 教育社会学と研究対象との関係

続く第2章では〈2〉対・社会、第3章では〈3〉対・政策、第4章では〈4〉対・教育という、それぞれの側面について、教育社会学の現状が検討されている。第2章は主に評価指標A(相対化)・B(社会の把握)と、第3章・第4章は評価指標D(有用性)と密接に関連する内容である。

第2章で苅谷は、日本の教育社会学が「近代(化)」を「キャッチアップ型近代(化)」と同義とみなし、その達成以前の時期には日本の状況を「後進性」として、また達成されたとされる時期には逆に日本の状況を「優位性」として表象し、さらに達成後には日本の状況を「ポスト近代」として描くという、認識上の習性《クセ》を色濃くもってきたと指摘する。そのような習性《クセ》は、教育社会学のみならず日本の政策立案者等にも通底しており、それは教育社会学が「存在被拘束性」の影響から逃れられていないことを意味すると、第2章では述べられている。これは他でもなく、教育社会学にとって自負であったはずの評価指標A(相対化)が、「近代」という概念については実際には達成されてこなかったということを含意している。

ただ蛇足ながら述べておきたいのは、日本の教育社会学における「近代(化)」や社会変動の扱われ方は、常に「キャッチアップ型近代(化)」と重ね合わせられてきたわけではなく、第2章での整理よりもずっと多様性と厚みを持っているということである。主に戦前期を指す言葉としての「近代日本」、あるいは終わりなく続く「モダニティ」、そして「近代」という概念に拘泥せず事実に即した時期区分や現象記述、さらには「大衆教育社会」といった別の言葉を用いてその確立とゆらぎという「キャッチアップ型近代」論と同様のストーリーを描く例、など、教育社会学における時代認識は単一ではない。

しかし、ここからは筆者の解釈であるが、第2章の指摘が教育社会学の一部についてであるとしても正鵠を得ているとすれば——筆者自身(本田 二〇〇五)が第2章の分析の俎上に載せられているため自省を込めて論じざるをえないが――、教育社会学がそのように平板で一面的な「(キャッチアップ型)近代」認識を採用してきた理由はやはり、直前の(1)項で述べた、「社会」やその変動の捉え方の不徹底(評価指標B)、ひいては親学問たる社会学の展開への「キャッチアップ」の不十分さにあるのではないか。社会学では、すでに一九九〇年代から、従来の「近代化論」の失効・解体と、一次データに基づく「複数の近代化」「比較近代化論」の解明の必要性が提起されている(佐藤 一九九八、油井 二〇〇六など)。そのような、理論的・方法論的・認識論的な「社会」との根底的な対峙を忘れてしまってはいないか。教育社会学はやはりそう自問する必要がある。

第3章と第4章では、それぞれ政策および教育(現場)という、教育社会学にとって研究対象であるとともに貢献が期待されている外部との関係が検討される。先述のように政策や教育(現場)という主題は評価指標D(有用性)そのものに該当するが、以下で見るように両章の論点は他の評価指標まで広く包含している。

第3章で矢野は、そのタイトル「政策科学への遠い道」が端的に示すように、教育社会学が政策科学たりうるために要求される課題が、かつてよりいっそう厳しくなっていると論じている。曰く、「教育問題を取り巻く環境はますます複雑化し、将来の予測を難しくし、政策科学的な見方も一意的に定まらず、混迷している」のである。

矢野は具体的に三つの困難を挙げている。第一に、「政策科学がインターディシプリナリ・アプローチを必要とするのは必然である」にもかかわらず、「専門家は、自分の専門のディシプリンやエビデンスは他のアプローチよりも優れていると思い込んで、互いに他を排除する悪癖をもっている」ため、「教育社会学の開放性を今までの伝統以上に広げることが何よりも大切」であるということ。これはディシプリンやエビデンスという点で評価指標C(実証性)と関わる。第二に、「社会が求めている教育と現実の教育との間にある困難」、すなわち「教育のアウトプットではなく、ラーニング・アウトカムズの重視が、今の大学改革の柱になっている」ことに、大学教育問題の混乱と難しさがある。アウトカムとは「社会にどれだけの影響を与えたか」を意味しており、そこに何らかの望ましさの判断が入ることから、これはまさに評価指標D（有用性）に関わるし、その判断基準を絶えず吟味する必要があるという点では評価指標A（相対化）とも関連する。第三に、「教育問題が、教育システムの枠を超えてさらに大きくなったことに伴う困難」、言い換えれば「教育システムを設計するためには、社会システムのレベルから設計しなければならない」ということ。これは社会全体についての把握・認識を必要とする点で評価指標Bと不可分である。

以上をまとめ直せば、教育社会学にとって、政策やその帰結をどのように把握するか、いかなる観点から評価するか、そしていかなる社会を目指し何を提言するかというらいずれの面についても、政策科学を名乗るうえでのハードルが「絶望的に」高くなってきているということに他ならない。そのハードルを越えるためには評価指標A〜Dをいずれも満たすことが求められるようになっているが、いずれの面でも教育社会学の現状は心許ない。

では、教育（現場）に対してはどうか。第4章で酒井は、教育社会学と教育（現場）との間の有意性構造のズレの大きさと、調査の際の現場への参加の度合いの高さという二軸から成る四象限を設定し、ズレが大きく参加の度合いが低いケースを除いた他の三つの象限について、それぞれ検討を加えている。

有意性構造のズレは大きいが参加の度合いは高いタイプAは、「教育社会学を教育学から自立させて学として存立させている理論基盤の一端を担って」おり、またその知見が結果的に「教育現場の担当者をエンパワーする」場合があると第4章では述べている。他方で、有意性構造のズレが小さい場合、参加の度合いが高ければ（タイプB）、「現場と問題関心を共有し、そこに入り込んでデータを収集し」、課題解決や取り組みの価値づけにより現場に貢献しうる。そして参加の度合いが低くとも（タイプC）、政策や教育現場の関心に沿った「エビデンス」――たとえば学力格差や学校事故――を示すことでそれらに対して影響を及ぼしてきたとされる。

このように、第4章では、酒井のいうタイプA・B・Cのいずれの研究も意義があるとした上で、タイプAはそうした研究に対するニーズの低下や調査実施の困難さ、タイプBは応用研究への変質、タイプCは現場の実状や意図との乖離という課題をもはらんでいることを指摘し、結局は学問と実践との「微妙なバランス」が重要であるという、教育社会学が従来から繰り返してきた解が改めて提示されている。

このような、タイプA〜Cのいずれにも得失があるという第4章の総括の仕方自体が、「バランス」のとれたものである。しかし、その「バランス」は、有意性構造という軸がはらむ、本質的な問題を先送りするだけにすぎないとも考えられる。タイプAの研究は、有意性構造のズレ自体は高くとも、教育（現場）の潜在的順機能を知見として提示するものであれば、現場を「エンパワーする」であろう。しかし、潜在的逆機能を指摘する、つまり批判的な指摘をするような研究であれば、それは現場には受け入れられないであろうし、その批判が現場のみではなく社会構造や歴史的経路に深く根差したもの——「脱構築」派のように——であるほど、実践的有用性をもつ規範学の性格は希薄になる。逆に、タイプBやCのように、どのような研究方法であれ現場や政策のニーズに沿った主題や指標を用いた研究は、教育をめぐる通念や価値観を上塗りし強化し続ける危険を避けがたい。

「バランス」という穏健な解決策でやり過ごし続けることは、教育社会学の延命には役立つかもしれないが、学問としての活性化や高水準化を損なうことにつながりうる。菊池城司（一九九二）は、「この二つの方向〔事実学と規範学——引用者注〕は、つきつめると相容れない。つきつめないで、現実の教育社会学は、この両極の間を微妙に動きながら、現実には共存している。この共存が、わが国の教育社会学の最大の長所であると同時に短所であるのかもしれない」と述べている。

その「短所」から目をそむけないとすれば、第3章が「絶望」とともに示したように、評価指標を一挙に包括的に満たすことを目指す戦略を考えてみる必要があるのではないか。つまり、**「社会」の構造的把握に立脚しつつ**（評価指標B）、**独自の主題を取り上げ**（評価指標E）、**良質な調査と分析に基づいて**（評価指標C）、**現在は社会や教育社会学自身が自明視している規範や価値を相対化し**（評価指標A）、**有効なオルタナティブ**（評価指標D）**を示してゆくという〈包括**

戦略〉である。

ここで重要なのは、現状の規範や価値を相対化した上で他の可能性を提示する場合に、評価指標AとDは両立するということである。教育の「エンパワメント」は、既存の実践や政策、その背後にある規範をそのまま肯定・追認するような研究においてのみ生じるのではない。「他でもありうる可能性」を説得的に示すというやり方こそが、教育社会学固有の「エンパワメント」の手法であると考えてみる必要がある。そのような包括戦略を目指さない限り、事実学であると同時に規範学でもあるという教育社会学の自己記述、もっと言えば評価指標A〜Eを強みとして掲げてきた教育社会学の自己宣伝は、欺瞞的なものに終わるであろう。

二　教育社会学の方法と理論

第Ⅰ部が教育社会学とその〝外部〟との関連を扱っていたのに対し、第Ⅱ部は教育社会学の〝内部〟的な構成要素としての方法と理論を主題とする四つの章から成る。本節(1)項では「量」と「質」の方法論についてそれぞれ論じた第5章と第6章を、(2)項では「理論」と「歴史」についてそれぞれ論じた第7章と第8章を検討する。

(1) 教育社会学の方法論

第5章と第6章で論じられている方法論の問題は、実証性についての評価指標Cと直接に対応しているが、それだけでなく他の評価指標とも多面的にかかわってくる。

第5章で中澤は、計量分析に関する多岐にわたる論点を提示している。過去二〇年間の変化として中澤はまず、「国際機関によって実施された大規模調査の分析が可能になったこと」を挙げる。ただし、「国際比較による教育の成果の違いは、教育システムそのものが原因というより、経済格差、社会保障政策など、教育外システムに原因が求められることも少なくない」ことには注意が必要とも指摘している。

続いて、因果分析の条件と類型について整理がなされ、「方法や用いられる指標は、分析者の社会観を強く反映していることもある」としている。章全体を通じて、「分析手法をただ機械的に利用するのではなく、技法の背景にある思想を意識すること」、「分析の意義と限界の両面を意識し詳らかにすること」の重要性が説かれている。

北澤による第6章では、デュルケムの『自殺論』の方法論がもつ限界として「少数者(≠他者)理解」、「相互行為過程」、「社会的事実の構築性」を捉えることができないという点を挙げ、質的研究がその限界を補完し乗り越える意義をもつことを論じている。

しかし、相互行為過程の外側に社会構造があると想定するエスノグラフィー研究と、社会構造が相互行為を通じて構成されると捉えるエスノメソドロジーおよび構築主義の研究との間で、質的研究の内部に明確な分岐が存在する。

さらに、分析対象の数の少なさが「分析知見の一般化」がどこまで可能かという問題を質的研究にもたらしているが、現実の多元性すなわち「局所的な現実」の存在および日常言語を用いた相互行為の形式構造の一般性という観点からの反論が可能であるとしている。こうして質的研究は「実に多様な広がり」をもつが、特定の具体的なフィールドで「実際に生起している相互行為を観察する」という点では共通していると述べている。

二つの章が示唆しているのは、計量的方法であれ質的方法であれ、発展や高度化とともにその内部で複数の分岐が生じており、実証的手法が「ささら状」(本田 二〇一三)に細分化し始めているということである。言い換えれば、評価指標Cに関して多様化が生じており、「そのいずれを選択し、いかに適切な形で分析に用いるかという、より上位の課題」(同書)に教育社会学は直面しているといえる。

そして、その分岐の背後には、二つの章がいずれも言及しているように、「社会観」の相違が横たわっている。ガウス的接近法とゴルトン的接近法の分岐（第5章）、社会構造に関する「実在か構築か」の分岐（第6章）といったように、「社会」をどのように想定するかに関して、「解消不能な断絶」が方法論の選択には潜在している。これは、評価指標Bに関しても、共通認識の達成などがそう容易ではないことを意味する。

ただし、それぞれの章は特定の手法や「社会観」の排他的優位性を主張することを慎重に抑制しているが、「推し気味」のニュアンスで書かれている手法はある。それは、第5章では、実験的因果推論が想定するような普遍的法則性に懐疑的なゴルトン的接近法であり、ダンカンやブルデューらの研究がそれに含まれる。第6章では、「社会は人間の産物である」という命題を徹底したエスノメソドロジーや構築主義の立場である。

このような暗示的選択を明示化していくことは、社会観相互の戦いを終わらせるというよりもいっそう激化させることにつながるかもしれないが、それを避けて通ることはできないであろう。

なお、ここで第6章に対して筆者の（おそらく陳腐であろう）疑問を述べておくならば、社会的事実の構成過程を問題化するとしても、マクロな社会構造の存在を抹消しきることはできないのではないか。たとえば相互作用で用いられている言葉や概念は、その時々の相互作用において新しく生み出されているのではなく、使い続けられ様々なコノテーションを纏いつかせ特定の反応を引き出しがちな性質を帯びている。そして相互作用のあり方そのものが、それに参加している集団や場の編成に影響されている。教育システムや経済格差、社会保障政策などの教育外システムのあり方も、相互作用に反映されているとみなすことは妥当であろう。そうしたマクロな状況が相互作用によって再生産されるプロセスを解き明かすことは重要であるとしても、構成過程のみに特化して注目する立場に固執することは、むしろ研究の展開可能性を痩せさせてしまうのではないか。

さらに、他の評価指標に関しても両章を検討すると、まず評価指標A（相対化）については第6章では「正統化された現実」の相対化といった表現で触れられているが、第5章では全体として計量的手法の限界への自覚を喚起してはいるものの「規範の相対化」について明確に論じてはいない。ただ、末尾近くで変数の多様性に言及している部分には、評価指標Aにかかわる重要な論点が含まれていると考える。すなわち、量的研究で採用される変数そのものが、社会的現実を相対化するどころか、逆に上塗りし強化する可能性である。典型的には、「学力」や「職業威信」といった抽象概念を変数化して分析に用いる場合、そうした概念化を通じた「社会的現実の構成」を、教育社会学自身が紛れもなく行っていることになる。これは計量分析の陥穽として、より自覚化されるべきことであると考える。

では、評価指標D(有用性)についてはどうか。第5章では、第三節の(2)項において、計量分析の知見と教育現場での専門性との埋めがたい溝が言及されている。しかし第6章ではこの点についての議論はほぼ見られない。この欠如が逆に照らし出しているのは、質的研究、特にエスノメソドロジーや構築主義の研究が、評価指標Dを視野の外に置きがちであるということであろう。これについてはすでに第4章のタイプAに関する議論で触れられているが、質的研究の従事者がより正面から引き受けるべき課題であると考える。

最後に評価基準E(テーマ・視点の独自性)については、いずれの章でもほとんどとりあげられていないが、実証研究の精緻化が、「お家芸」的な特定のテーマ——たとえば「学力格差」や「教室秩序」——を繰り返し追究するにとどまり、新鮮な主題の開拓が手薄になる事態を生んでいないかということについても考えてみる必要があるだろう。

(2) 教育社会学の認識論

第Ⅱ部後半の第7章と第8章は、それぞれ「理論」と「歴史研究」を主題としている。

第7章における久冨の議論は、各種の「理論」を紹介・検討するというものではなく、(教育)社会学(理論)と研究対象との本質的な関係を問い直すことを目的として展開されている。久冨によれば、(教育)社会学(理論)は研究対象に内在する固有な価値を相対化することによって「破壊」するという側面(これは評価指標Aに該当する)と、逆に対象との協働や対話を通じて価値もしくは倫理性の実現に寄与するという側面(これは評価指標Dに該当する)の両面性をもっている。しかしもともと社会学は「民主主義的な社会科学」として始まったのであるからには、政治性と倫理性を帯びた「教育実践」に貢献しそれを発展させることにこそ、教育を研究する社会学の任務があると久冨は主張している。

行論の中には、清水義弘の現状肯定的・経済従属的な姿勢や、黒崎勲・苅谷剛彦らによる教育現場の「階級・階層の問題への無自覚さ」という認識に対する強い批判が含まれている。これは、先に検討した第4章において議論の外に置かれていた、現場との有意性構造のズレが大きくかつ教育現場への参加の度合いが小さい四つ目のタイプの教育社会学が、評価指標D(有用性)に関して問題をもつことの指摘であるといえる。

この第7章を、日本へのバジル・バーンスティンの理論の紹介や貧困地域および教員の調査を含む久冨の豊富な研究実績を念頭に置いて読むならば、その主張は本章第一節で述べた〈包括戦略〉と合致する内容に他ならないと考えられる(久冨 一九九三、久冨編 一九九三など)。第7章では、評価指標D——特にその中でも「民主主義」という価値——を久冨がきわめて重視しているがゆえに、そのような明示的な価値の選択という性質が希薄であるタイプの教育社会学への強い否定となって表れているのだが、それは裏返せば評価指標Dと他の評価諸指標との両立を要請しているということでもある。「民主主義」とは何か、それは他のありうる諸価値との間にいかなる順接的もしくは背反的関係をとるのかについては、吟味の余地が広く残されているが、第7章の議論は、教育社会学者に対して、依って立つ価値・規範の意識的選択を鋭く迫るものである。

続く第8章で今田は、教育社会学の歴史研究を①移動・選抜研究、②社会史研究、③ジェンダー史研究の三つに分類し、一九九〇年代におけるそれらの「ブーム」と、その後の「終息」の経緯を整理している。今田によれば、①は「問いの空洞化」により、②はネオリベラリズムとのシンクロにより、③はポストフェミニズムとネオリベラリズムが結びつくことにより、それぞれ困難を抱えるようになっている。今後の展望としては、③については第三波フェミニズムに可能性が見いだされ、教育社会学の歴史研究全体としては、問い・事例・方法における独自性の模索が必要であると結論されている。

②の社会史研究が、近代批判・国家権力批判・ポストモダン論と結びつくことによってネオリベラリズムを促進してきたという、主に広田照幸(二〇〇六)に依拠したこの章の見方が、どれほど当てはまっているかについては異論もあると思われる。章末近くで「社会の関心に結びついた問いを設定しつづけてきた」とされる近年の研究群が、ネオリベラリズムを煽っているとは考えにくいからである。

しかし、①②③の歴史研究のいずれもが、特定の社会認識(評価指標B)に基づいて、「現在」を「過去」によって相対化する(評価指標A)ことを意図しつつも、実は暗黙の裡に価値的選択をする結果になっていた(評価指標D)とすれば、その指摘がもつ意味は重い。独自の問いや事例(評価指標E)の点では豊かな蓄積をもつとされる歴史研究は、今田が最後に指摘しているように方法論(評価指標C)の吟味・精錬とともに、依って立つ価値や立場の自覚化や明示(評価指標D)によって、ネオリベラリズム等を無自覚に誘導することを回避しうるのではないだろうか。ここでもやはり、磁針は〈包括戦略〉の方向を指している。

三　新たなイシューが教育社会学に問いかけるもの

本書の第Ⅲ部は、これからの教育社会学にとって重要さを増していくと考えられる五つの主題——貧困とケア、アイデンティティ、国家とグローバル化、人口と空間、産業と労働——をそれぞれ議論する五つの章から成る。これらのイシューは、これまで(機会の)「平等」の観点から教育を通じた選抜・配分の様相を検討することを核としてきた教育社会学にとっては、どちらかといえば周辺的な主題とされてきたと思われる。しかし、そのような周辺を拡張することにこそ、教育社会学の新たな展開や活性化の可能性が見いだされるのではないか。そのためには、各主題に取り組むうえでどのようなポイントを押さえておくことが必要か。五つの章は、こうした問いへの応答に取り組んでいる。

まず第9章で倉石は、「貧困」と「ケア」という主題の重要性を、「排除／包摂」という、近年の教育社会学内部でも広く普及してきた概念の批判的検討とともに論じている。「貧困」と「ケア」は、いずれも規範的・倫理的判断、個人の実存、実践との結びつきを伴う「重苦しい」テーマであるがゆえに教育社会学からは遠ざけられがちであったが、前者は「社会的排除」、後者は「包摂」の概念を導入することで教育社会学の内部で位置づけを得ることが可能になった。しかしこれらの概念は、暴力や抑圧を含む「関係モデル」への感度の鈍さという弱点を持っていると倉石は述べる。

「貧困やケアという新たな課題は、価値判断と実践との結びつきを要請し、ブラックボックスとしての「教育」というこれまでのあり方に清算を迫るような側面をもっている。こうした重い課題を担っていくには、新たな教育社会学者像も求められているだろう」。倉石のこのような記述に込められているのは、評価指標D（有用性）と正面から相対することの要請である。さらに、「包摂」のためのミクロな実践の背後に、「貧困や格差という危機の高まりに対し、富の再分配を行うことなく、個々の生の向上や改善の累積によって対処しようとする〈政治〉の存在」を看取するためには、マクロとミクロが一体となった社会の構造の把握（評価指標B）や、それを可能にする方法論の彫琢（評価指標C）が不可欠である。

続く第10章において仁平は、アイデンティティという概念――「私は誰か」という問題――をめぐる研究の動向と展望を論じている。これまでのアイデンティティ研究は、アイデンティティを獲得できていない状況を問題視するものから、階層、学力、ジェンダー、エスニシティなどに即した様々なアイデンティティを持つことのネガティブな側面(自己排除、セクシズム、エスノセントリズム、本質主義など)もしくはポジティブな側面(対抗的アイデンティティ、アイデンティティ・ポリティクス)を描く研究へ、そしてアイデンティティの構築性や多元性に注目する研究へと展開を遂げてきた。その過程では、因果論/社会化論的視点と、構築・変容・実践を捉えようとする視点との間の分岐が重要であった。しかし近年では、自己アイデンティティの柔軟なコントロールこそをミドルクラス的な有利な非認知的資本とみなす、すなわち後者を前者に回収するような見方や、アイデンティティの起源として遺伝にまで遡行するような状況、すなわち前者が後者に利用されている事態を指摘する研究も現れている。そうした中で、教育社会学は個人の家庭背景などの過去の情報がアイデンティティに影響するという因果論/社会化論的な研究を主に蓄積してきたが、仁平はそのような「教育社会学的アイデンティティ」観が社会に還流している可能性と、その解除の必要性を指摘している。

個人の社会的被規定性を様々な手法で描き、暴こうとしてきた教育社会学が、「教育社会学的アイデンティティ」の産出・強化に寄与してきた危険があるとすれば、それは結局のところ、評価指標A～Eのいずれについても不徹底さをはらんでいたということを含意する。「教育」への焦点化そのものが因果論/社会化論的研究への暗黙の誘因となっているとすれば、そのことへの反省はまさに「教育社会学のアイデンティティ」の再編成・再構築の必要性を突き付けていることになる。

第11章では岡本が、国民国家と教育の関わりに関する研究蓄積を整理している。「国家」や「国民」が近代の構築物であり、教育はその重要な装置であるという認識は、教育社会学の初期からすでに見られたが、それらを相対化する視線を持つ研究は一九八〇年代以降に増加してきた。他方で九〇年代以後、グローバル化の進展についての認識が社会に広がるに伴い、学校教育を国民統合のために自覚的に活用しようとする教育行政の動き、すなわち教育におけるナショナリズムの強化が顕在化してきた。これからの教育社会学にとって課題となるのは、「「国家」と「国民」の組み合わせを必ずしも自明視することなく、社会的凝集のあり方の一つとしての「国家」が行う教育の機能と限界を対象化すること、また、「国民」の意味内容の変容を捉えていくこと」であると岡本は述べている。

現実として進行するグローバル化と、価値的に追求されるグローバル化、それに対する反作用としてのナショナリズムの強化とは、世界の中での各「国家」の地政学的・国際関係的な状況に応じて、複雑に異なる様相を見せていると考えられる。特に日本に関しては、ねじれた歴史的な経路依存のもとで、「国家」としての自律性の回復と、きわめて閉鎖的で排外的・復古的な思想が浮上している事態からの脱却という、非常に困難な課題に直面しており、教育という「国家」支配の強い社会領域はその典型的なアリーナの一つとなっている。岡本はこうした主題への教育社会学の研究蓄積を肯定的に評価しているが、課題の切実さに比して現在の研究関心の向けられ方が十分であるかどうかについては疑問も抱かれる。明示的なイデオロギーのみならず、「国家」「国民」といったカテゴリー自体の相対化がよりいっそう追究されるべき現代的状況にある(評価指標A)と同時に、研究者の自覚的な価値選択や展望(評価指標D)が特に迫られるテーマであることからも、今後の教育社会学にとって重い宿題となってゆくと予想される。

第12章では木村が、人口変動と空間変容という主題について、少子高齢化という切り口から議論している。少子高齢化とはまさに人口動態の変化に関する現象であり、それは家族や福祉のあり方や変化と密接にかかわっているだけでなく、教育人口が縮小する中で教育システムをどのように設計するかという課題を浮上させている。また教育社会学における「地域と教育」に関する研究は、学校教育を経由した社会移動の一環としての地域移動に対して関心を寄せてきたが、今後は人口減少に伴う「地域と関わりが強い人びと」の増加により、地域を生活基盤として捉える観点の重要性が増大していると木村は指摘する。

木村が述べているように、日本で世界に先駆けて急速に進行している少子高齢化と人口減少という社会現象を把握するためには、教育のみならず家族、福祉、労働、そして地域性などの様々な社会的要素を総合的に視野に入れることが不可欠となる(評価指標B)。また、学歴・職業威信・収入などの変数で一元的な上下関係として把握されてきた「社会階層」「社会的地位」を、特定の地域内でのより包括的もしくは多元的な「生活の質」へと拡張して把握することや、「地域」を都道府県等の行政区画単位という変数で捉えることを超えて人々の実感に即した生活空間として描き出してゆくことなども求められる。すなわち、これまでの教育社会学の「定番」的な研究を乗り越えてゆく必要性を、この主題もやはり浮上させているのである。

第Ⅲ部最後の第13章で筒井は、拙稿(本田 二〇一六)を叩き台としつつ、日本の教育社会学において産業・労働と教育との結びつきを職業教育訓練の観点から解明する研究が発展しなかった理由として、次の三つを挙げている。第一に、職業の多様性や変化の速さのため、職業生活の実態解明だけで多大な労力を要し、また個別事例の研究となってゆく傾向があるということである。その「じれったさ」に比べ、社会階層・職業移動の計量的研究はきわめて「スマート」だが、分析の中で重要な位置を占める「能力や実力」については代理指標に甘んじざるをえない。第二に、進学率の上昇がもたらした高学歴者の供給過剰は、学校の教育訓練機能よりも選抜・配分機能の計量的研究——それもやはり「スマート」である——へと関心の重心が移動する状況をもたらした。第三に、脱構築主義がもたらした近代教育の自明性・正統性への懐疑、学校の管理・統制・正統化機能の暴露を経て、研究者は「将来役立つ職業教育」といった「社会防衛論的」な研究テーマに取り組むことに消極的となった。これらの困難をふまえた上で、筒井は今後の展望として、地域社会および「学習者アイデンティティ」に照準した研究の可能性を提示している。

筒井の指摘に従えば、これまでの教育社会学では、手法の「スマートさ」(評価指標C)、進学率の上昇という社会現象(評価指標B)、脱構築主義の影響を受けた相対主義的立場(評価指標A)という少なくとも三つの要因により、教育と労働との関係という研究主題の追究が手薄になっていた。言い換えれば、教育社会学においては評価指標ABCを遵守しようとすることが、暗黙の裡に研究対象の選択に偏りをもたらしてきたことになる。それは、評価指標自体の間違いというよりは、その遵守の仕方の不徹底さ、もしくは教育社会学の制度化・安定化によって、残る二つの評価指標DとE——社会的課題を鋭敏に捉える独自の主題の設定・発見——が、相対的に後退してきたことによるものと考えられる。もしそうであるならば、第一節で提唱した〈包括戦略〉の徹底、すなわち評価指標D・Eに即したA・B・Cの再構成により、乗り越えうる部分もあると考えられる。

この第13章では、現在と将来の産業・労働のあり方は「流動的構造の時代」という一言のみで表現されているが、AI等の新技術の発展により職業構造や雇用・労働のあり方が今後短期間に大変動を遂げるという予測は、教育社会学の外部では多数現れている(5)。そうした労働需要側の変化と、直前の第12章の主題であった労働供給側の変化が一挙に生じていることは、教育と産業・労働との関係の把握をいっそう難しくしている。しかし、社会構造の根幹ともいえるこの主題を、教育社会学が閑却し続けているわけにはゆかない。

以上に見てきたように、教育社会学にとって今後重要となると考えられる五つのイシューについて論じた第Ⅲ部の各章は、総じていずれも、これらのイシューに取り組むうえで従来の教育社会学がはらんできた偏りや弱さを照らし出し、「新たな教育社会学者像」(第9章)を創り上げてゆく必要性を提起するものであった。それは、教育社会学自身が掲げてきた五つの評価指標を、改めて自覚的に、かつ徹底して追求することの必要性が示されたということでもある。

四　教育社会学のあやうさと可能性

ここまで、本書の各部・各章を、本章冒頭で設定した五つの評価指標に照らしながらまとめ直してきた。章によりクローズアップされる側面は当然ながら異なるが、いずれの章においても、従来の教育社会学の研究が、自ら強みとして主張してきたはずの五つの指標に関して不十分・不徹底であったことがそれぞれ指摘されている。

まず評価指標A「教育にかかわる規範や自明性の相対化」については、教育社会学自身が「平等」(第1章)や「(キャッチアップ型)近代」(第2章)という規範や認識を暗黙裡に採用してきたこと、あるいは教育社会学が分析の際に使用する変数(第5章)や分析枠組みによって「教育社会学的アイデンティティ」(第10章)などの産出に寄与してきたことが指摘されている。対象を相対化したそぶりをしつつ、自らを相対化しきれていない教育社会学の姿がここにはある。

評価指標B「教育を全体社会や他の諸領域との関係において把握すること」については、「社会とは何か」(序章、第1章)、(日本の)「近代とは何か」(第2章)、「社会システムをどう設計するか」(第3章)、「社会は実在するのか構築されるのか」(第6章)、「貧困や格差を生み出す〈政治〉とは何か」(第9章)といった、社会全体の把握をめぐる本質的な問いが、教育社会学において希薄化・後景化してきているという示唆が、各章からは得られる。教育社会学が、社会学の一分野を標榜しつつ、教育を対象としていることの特権性によって社会学の重要課題をスルーし得てきたことの代償は大きかったと言わざるをえない。

評価指標C「科学的・実証的方法論」については、「脆弱な資料的根拠」に基づく研究の増加(序章)や「調査方法の安易さや実証水準の不十分さ」(第1章)、「自分の専門のディシプリンやエビデンス」への過信(第3章)といったように、もはや方法論を独自の強みとして主張しうるのかどうかについての疑念や危機意識が繰り返し示されている。また、一方では教育社会学における方法論の分岐や対立(第5章、第6章)、他方では方法論の非明示(第8章)、さらには「スマートな」分析手法への傾斜が問題設定の偏りをもたらしていること(第13章)といった形で、方法論の意識化そのものが不全化している状況をうかがわせる指摘もある。

評価指標D「実践的有用性」については、安易な規範的前提の選択(序章、第1章)、「現場や政策のニーズ」の批判なき採用（第4章）といったように、社会で流通している規範や方向性に吟味なく従いがちな傾向が指摘されている。逆に、特定の規範に準拠することの否認（第6章）、貧困やケアという価値判断と不可分の課題の回避（第9章）など、規範や価値の選択や明示を迂回する姿勢を示す研究の例も数多い。しかし、特定の研究主題の選択自体に研究者の価値・規範が反映されているのであり、それを免れうるかのような態度はまやかしにすぎない。第3章が論じている「アウトカム」の選択や社会システムの設計に取り組むのであれば、先の評価指標Bとともに「あるべき社会」をどう考えているかという分析者のスタンスについて、きわめて自覚的でなければならない。その意味で、第7章のように研究者の依って立つ規範や目指す社会のあり方——第7章の場合は「民主主義」——を積極的に告白した上での研究が今後は重要化する可能性がある。

最後の評価指標E「テーマや視点の独自性」については、「学問的アイデンティティ」の確立（第1章）により、以前ほどは教育社会学の独自性として主張されにくくなっている可能性がある。本書の各章でも、歴史研究における独自のテーマの開拓の重要性（第8章）を除き、評価指標Eへの言及は限られている。しかし、教育社会学が教育学と社会学の積集合の位置にあるという事実に変わりがない限り、それら二つの「親学問」のいずれにも吸収されてしまわないためには、評価指標Eを追求する必要性も失われることはないはずである。

このように、現在の教育社会学には、A～Eのいずれの指標についても、あやうい面が多々観察される。こうした状況を超えてゆくための一つの提案として、本章では、評価指標A～Eを改めて自覚化し、可能な限り一挙にそれらを高い水準で満たす〈包括戦略〉を提案してきた。誇大妄想的な理想論にすぎないと言われればそれまでである。しかし、理想を失い、慣性の中に自閉するようになったときに、その学問領域は勢いと輝きを喪失するだろう。たった七〇年で衰退するには早すぎる。「新たな教育社会学者像」の模索へと、果敢に取り組むべきときであると考えたほうが、より豊饒な将来へとつながるはずだ。

注

(1)日本教育社会学会の学会誌『教育社会学研究』においても繰り返し教育社会学の性格規定が行われてきたが(本田 二〇一三)、一般読者や初学者を対象としたテキスト(教科書)のほうが、教育社会学の意義が明確に提示されていることから、ここではテキストにおける記述に依拠する。
(2)以下の本章で、教育社会学に対して厳しい指摘をする場合、それはすべて筆者自身にも当てはまるものと考えている。
(3)この点で、「教育社会学」を自らの専門分野と自認する者の中で、同時に「社会学」をも専門分野と自認している者よりも、同時に「教育学」を専門分野と自認している者の方が多く、さらには「社会学」「教育学」のいずれをも専門分野と自認していない者が最多であるという齋藤崇徳(二〇一三)の分析結果は示唆的である。
(4)これに関する書籍・論文はきわめて多数にのぼるが、たとえば簡潔なレビューとして北田暁大(二〇〇七)などを参照。
(5)たとえば、Frey and Osborne (2017)、「働き方の未来 2035」懇談会(二〇一六)、山崎憲(二〇一七)など。

参照文献

岩永雅也 二〇〇七、「教育社会学の視座」岩永雅也・稲垣恭子編『新版 教育社会学』日本放送出版協会。
苅谷剛彦 二〇〇〇、「はしがき」同他『教育の社会学――〈常識〉の問い方、見直し方』有斐閣。
菊池城司 一九九二、「教育社会学の「パラダイム」展開」柴野昌山・菊池城司・竹内洋編『教育社会学』有斐閣。
菊池城司 一九九九、「教育社会学の日本的展開」『教育社会学研究』第六四集。
菊池城司・竹内洋 一九九二、「これからの教育社会学」柴野昌山・菊池城司・竹内洋編『教育社会学』有斐閣。
北田暁大 二〇〇七、「分野別研究動向(理論)――領域の媒介」『社会学評論』五八(一)。
久冨善之 一九九三、『競争の教育――なぜ受験競争はかくも激化するのか』旬報社。
久冨善之編著 一九九三、『豊かさの底辺に生きる――学校システムと弱者の再生産』青木書店。
久冨善之・長谷川裕編 二〇〇八、『教師教育テキストシリーズ5 教育社会学』学文社。
近藤博之 二〇一〇、「学校化社会へのアプローチ」近藤博之・岩井八郎編『現代教育社会学』有斐閣。

齋藤崇徳 二〇一三、「J-GLOBAL登録分野から見る研究者の学問的アイデンティティ」本田由紀・齋藤崇徳・堤孝晃・加藤真「日本の教育社会学の方法・教育・アイデンティティ——制度的分析の試み」『東京大学大学院教育学研究科紀要』五二巻。

佐藤俊樹 一九九八、「近代を語る視線と文体——比較のなかの日本の近代化」高坂健次・厚東洋輔編『講座社会学1 理論と方法』東京大学出版会。

柴野昌山 一九八五、「教育社会学の基本的性格」同編『教育社会学を学ぶ人のために』世界思想社。

「働き方の未来２０３５」懇談会 二〇一六、「働き方の未来２０３５——一人ひとりが輝くために 報告書」。

広田照幸 二〇〇六、「教育の歴史社会学——その展開と課題」『社会科学研究』第五七巻第三・四合併号。

藤田英典 一九九二、「教育社会学研究の半世紀」『教育社会学研究』第五〇集。

本田由紀 二〇〇五、『多元化する「能力」と日本社会——ハイパー・メリトクラシー化のなかで』ＮＴＴ出版。

本田由紀 二〇一三、「教育社会学の反省はいかなる軸をめぐってなされてきたか」同他「日本の教育社会学の方法・教育・アイデンティティ——制度的分析の試み」『東京大学大学院教育学研究科紀要』五二巻。

本田由紀 二〇一六、「教育と職業との関係をどうつなぐか——垂直的／水平的多様性の観点から」佐藤学・秋田喜代美・志水宏吉・小玉重夫・北村友人編『岩波講座 教育 変革への展望 第二巻 社会のなかの教育』岩波書店。

山崎憲 二〇一七、「広がるクラウド・ワーキング」『情報労連Report』二〇一七年三月号。

油井清光 二〇〇六、「比較近代化論とグローカル化論——理論形成論へのエスキス」『社会学評論』五七(一)。

Frey, C. B. and M. A. Osborne 2017, "The future of employment: How susceptible are jobs to computerisation?" *Technological Forecasting and Social Change*, Vol. 114, pp. 254-280.

倉石一郎(くらいし・いちろう)
1970年生．京都大学大学院人間・環境学研究科教授．教育社会学．『包摂と排除の教育学――戦後日本社会とマイノリティへの視座』(生活書院)，『アメリカ教育福祉社会史序説――ビジティング・ティーチャーとその時代』(春風社)など．

仁平典宏(にへい・のりひろ)
1975年生．東京大学大学院教育学研究科准教授．社会学．『「ボランティア」の誕生と終焉――〈贈与のパラドックス〉の知識社会学』(名古屋大学出版会)，『市民社会論――理論と実証の最前線』(共著，法律文化社)など．

岡本智周(おかもと・ともちか)
1971年生．筑波大学人間系(大学院人間総合科学研究科)准教授．教育社会学，共生社会学．『国民史の変貌――日米歴史教科書とグローバル時代のナショナリズム』(日本評論社)，『共生の社会学――ナショナリズム，ケア，世代，社会意識』(共編著，太郎次郎社エディタス)など．

木村 元(きむら・はじめ)
1958年生．一橋大学大学院社会学研究科教授．教育学，教育史．『日本の学校受容――教育制度の社会史』(編著，勁草書房)，『学校の戦後史』(岩波新書)など．

筒井美紀(つつい・みき)
1968年生．法政大学キャリアデザイン学部教授．教育社会学，労働社会学．『就労支援を問い直す――自治体と地域の取り組み』(共編著，勁草書房)，『殻を突き破るキャリアデザイン――就活・将来の思い込みを解いて自由に生きる』(有斐閣)など．

執筆者

広田照幸(ひろた・てるゆき)
1959年生．日本大学文理学部教授．教育社会学．『教育システムと社会――その理論的検討』(共編，世織書房)，『教育は何をなすべきか――能力・職業・市民』(岩波書店)など．

苅谷剛彦(かりや・たけひこ)
1955年生．オックスフォード大学教授．現代日本社会論，社会学．『階層化日本と教育危機――不平等再生産から意欲格差社会(インセンティブ・ディバイド)へ』(有信堂高文社)，『教育と平等――大衆教育社会はいかに生成したか』(中公新書)など．

矢野眞和(やの・まさかず)
1944年生．東京工業大学名誉教授．社会工学，教育経済学．『大学の条件――大衆化と市場化の経済分析』(東京大学出版会)，『教育劣位社会――教育費をめぐる世論の社会学』(共著，岩波書店)など．

酒井 朗(さかい・あきら)
1961年生．上智大学総合人間科学部教授．教育臨床社会学，教育社会学．『進学支援の教育臨床社会学――商業高校におけるアクションリサーチ』(編著，勁草書房)，『教育臨床社会学の可能性』(勁草書房)など．

中澤 渉(なかざわ・わたる)
1973年生．大阪大学大学院人間科学研究科准教授．教育社会学，社会階層論．『なぜ日本の公教育費は少ないのか――教育の公的役割を問いなおす』(勁草書房)，『格差社会の中の高校生――家族・学校・進路選択』(共編著，勁草書房)など．

北澤 毅(きたざわ・たけし)
1953年生．立教大学文学部教授．教育社会学，逸脱行動論．『質的調査法を学ぶ人のために』(共編，世界思想社)，『「いじめ自殺」の社会学――「いじめ問題」を脱構築する』(世界思想社)など．

久冨善之(くどみ・よしゆき)
1946年生．一橋大学名誉教授．教育社会学．『豊かさの底辺に生きる――学校システムと弱者の再生産』(青木書店)，『日本の教師，その12章――困難から希望への途を求めて』(新日本出版社)など．

今田絵里香(いまだ・えりか)
1975年生．成蹊大学文学部准教授．教育社会学，ジェンダー研究．『「少女」の社会史』(勁草書房)，『セクシュアリティの戦後史』(共編著，京都大学学術出版会)など．

責任編集

本田由紀

1964年生．東京大学大学院教育学研究科教授．教育社会学．『多元化する「能力」と日本社会——ハイパー・メリトクラシー化のなかで』(NTT出版)，『社会を結びなおす——教育・仕事・家族の連携へ』(岩波ブックレット)など．

中村高康

1967年生．東京大学大学院教育学研究科教授．教育社会学．『進路選択の過程と構造——高校入学から卒業までの量的・質的アプローチ』(編著，ミネルヴァ書房)，『大衆化とメリトクラシー——教育選抜をめぐる試験と推薦のパラドクス』(東京大学出版会)など．

教育社会学のフロンティア 1

学問としての展開と課題

2017年10月11日　第1刷発行

編　者　日本《にほん》教育《きょういく》社会《しゃかい》学会《がっかい》
本田由紀《ほんだゆき》　中村高康《なかむらたかやす》

発行者　岡本　厚

発行所　株式会社 岩波書店
〒101-8002 東京都千代田区一ツ橋 2-5-5
電話案内 03-5210-4000
http://www.iwanami.co.jp/

印刷・理想社　カバー・半七印刷　製本・中永製本

ISBN 978-4-00-026134-0　Printed in Japan